अपनी टीम के लीडर्स को विकसित कैसे करें

जॉन सी. मैक्सवेल

अनुवाद : डॉ. सुधीर दीक्षित

MANJUL
मंजुल पब्लिशिंग हाउस

MANJUL

मंजुल पब्लिशिंग हाउस

कॉरपोरेट एवं संपादकीय कार्यालय

• द्वितीय तल, उषा प्रीत कॉम्प्लेक्स, 42 मालवीय नगर, भोपाल-462003

विक्रय एवं विपणन कार्यालय

• सी-16, सेक्टर 3, नोएडा, उत्तर प्रदेश - 201301, इंडिया

वेबसाइट : www.manjulindia.com

वितरण केन्द्र

अहमदाबाद, बेंगलुरू, कोच्चि, कोलकाता, चेन्नई,
हैदराबाद, मुम्बई, नई दिल्ली, पुणे

जॉन सी. *मैक्सवेल और जिम डॉरनैन द्वारा लिखित मूल अंग्रेजी पुस्तक*
डेवलपिंग द लीडर्स अराउंड यू का हिन्दी अनुवाद

Developing the Leaders Around You by *John Maxwell* – Hindi Edition

यह हिन्दी संस्करण 2005 में पहली बार प्रकाशित
16वीं आवृत्ति 2025

मूल अंग्रेजी संस्करण थॉमस नेल्सन,
(हार्परकोलिन्स क्रिसटियन पब्लिशिंग इन्कॉरपोरेटिड का भाग),
यूनाइटेड स्टेट्स के सहयोग से प्रकाशित

ISBN 978-81-8322-025-5

हिन्दी अनुवाद : डॉ. सुधीर दीक्षित

मुद्रण व जिल्दसाज़ी : रेप्रो इंडिया लिमिटेड

अपनी टीम के लीडर्स को विकसित कैसे करें

जॉन सी. मैक्सवेल

''आप यह काम अकेले नहीं कर सकते। अगर आप सचमुच सफल लीडर बनना चाहते हैं, तो आपको अपने आसपास दूसरे लीडर्स को तैयार करना होगा। आप बड़ी तस्वीर देखते हैं, परंतु आपको उस मानसिक तस्वीर को साकार करने के लिए दूसरे लीडर्स की आवश्यकता होती है।''
–डॉ. जॉन सी. मैक्सवेल

क्या आप लीडरशिप के अगले स्तर तक चढ़ने के लिए तैयार हैं? इसका मतलब है अपने समय और संसाधनों का निवेश करके दूसरों को तैयार करना, ताकि वे आपके साथ प्रगति कर सकें। *अपनी टीम के लीडर्स को विकसित कैसे करें* एक उत्कृष्ट पुस्तक है, जो इस काम को करने का तरीक़ा बताती है।

सशक्त रणनीतियों और शाश्वत सुझावों के साथ जॉन मैक्सवेल उस जीत के माहौल का वर्णन करते हैं, जो तब उत्पन्न होता है जब लीडर्स प्रोऐक्टिव तरीक़े से अपने आसपास के लोगों का मार्गदर्शन करते हैं। यह पुस्तक बताती है कि आप अपने मिशन को किस प्रकार संप्रेषित करें और लीडर्स की ड्रीम टीम कैसे बनाएँ। इस पुस्तक के सिद्धांतों की मदद से आप अपने संगठन की कायापलट कर सकते हैं और संगठन तथा उसके लोगों को अधिक विराट सफलता तक पहुँचा सकते हैं।

चुनौती को स्वीकार करें! चाहे आपका संगठन ज़मीनी स्तर पर हो या आसमान छू रहा हो, आप इसमें प्रगति कर सकते हैं। आप लोगों को उनकी पूर्ण क्षमता तक पहुँचाकर और उनका विकास करके अपने संगठन की प्रगति को तीव्र कर सकते हैं। जब आपके संगठन के लोगों की जीत होगी, तो सबकी जीत होगी!

यह पुस्तक उन लोगों को समर्पित है,
जिन्होंने मुझे विकसित किया :

लैरी मैक्सवेल, मेरे भाई को,
जिन्होंने मानसिक विकास करने की मेरी इच्छा को प्रोत्साहित किया;

ग्लेन लैदरवुड, मेरे जूनियर हाई संडे स्कूल के शिक्षक को,
जिन्होंने ईश्वर के प्रति आस्था को प्रेरित किया;

डॉन नेफ़, मेरे हाई स्कूल के बास्केटबॉल कोच को,
जिन्होंने मुझमें जीतने की इच्छा भरी;

एल्मर टाउन्स, पादरी और मित्र को,
जिन्होंने अपनी क्षमता तक पहुँचने की मेरी
इच्छा को बलवती बनाया;

और सबसे बढ़कर अपने पिता मेल्विन मैक्सवेल को,
जो आजीवन मार्गदर्शक रहे।

मैं आज लीडर इसीलिए हूँ,
क्योंकि आपने मुझे विकसित करने में अपना समय लगाया।

विषय-सूची

1

लीडर का सबसे अहम सवाल

क्या मैं क्षमतावान लीडर्स को तैयार कर रहा हूँ?

एक रात को देर तक काम करने के बाद मैंने *स्पोर्ट्स इलस्ट्रेटेड* उठाई। मैं आशा कर रहा था कि इसे पढ़ने से मुझे नींद आ जाएगी, परंतु हुआ बिलकुल उलटा। इसके पिछले कवर पर एक विज्ञापन छपा था, जिसे देखने के बाद मैं सोचने पर मजबूर हो गया। विज्ञापन में जॉन वुडन की तसवीर थी, जो कई वर्षों तक यू.सी.एल.ए. ब्रूइन्स के कोच थे। तसवीर के नीचे यह वाक्य लिखा था, "जो खिलाड़ी गेंद को बास्केट में डालता है, उसके दस हाथ होते हैं।"

जॉन वुडन बास्केटबॉल के बेहतरीन कोच थे। उन्हें "वेस्टवुड का जादूगर" कहा जाता था। बारह साल तक वे यू.सी.एल.ए. के कोच रहे और इस दौरान उनकी टीम ने दस बार राष्ट्रीय बास्केटबॉल चैंपियनशिप जीती। इस खेल में इतनी ज़बर्दस्त प्रतियोगिता है कि लगातार दो बार चैंपियनशिप जीतना भी बहुत मुश्किल होता है, परंतु जॉन वुडन के नेतृत्व में यू.सी.एल.ए. ने लगातार सात बार चैंपियनशिप जीती। निश्चित रूप से बेहतरीन खेल, अच्छी कोचिंग और कड़ी मेहनत के बिना यह संभव नहीं था, परंतु यू.सी.एल.ए. की सफलता की कुंजी यह थी कि इसके कोच वुडन टीमवर्क की अवधारणा के प्रति पूरी तरह समर्पित थे।

वे जानते थे कि अगर आप लोगों का मार्गदर्शन करना चाहते हैं और उन्हें लीडर्स के रूप में विकसित करना चाहते हैं, तो आपको ये काम करने होंगे : (1) उनके वास्तविक स्वरूप की सराहना करना; (2) यह विश्वास करना कि वे अपना सर्वश्रेष्ठ प्रदर्शन करेंगे; (3) उनकी उपलब्धियों की सराहना करना; और (4) उनके लीडर के रूप में अपनी व्यक्तिगत ज़िम्मेदारी को स्वीकार करना।

कोच बियर ब्रायंट ने भी इसी भाव को व्यक्त करते हुए कहा था : मैं अरकान्सस का एक नौसिखिया हूँ, परंतु मैंने यह सीख लिया है कि टीम को एक सूत्र में कैसे बाँधा जाता है। मैंने सीख लिया है कि टीम में कुछ लोगों को ऊपर कैसे उठाया जाता है और बाक़ियों को शांत कैसे किया जाता है, जब तक कि टीम अंततः एक ही सुर में नहीं धड़कने लगे। मैं हमेशा सिर्फ़ तीन बातें कहता हूँ : "अगर कोई चीज़ बिगड़ जाती है, तो यह मैंने की है। अगर कोई चीज़ आधी अच्छी होती है, तो यह हमने की है। अगर कोई चीज़ सचमुच बहुत अच्छी होती है, तो यह मेरे साथियों ने की है।" टीम के जीतने के लिए बस इतने की ही ज़रूरत होती है। बियर ब्रायंट ने लोगों के दिल भी जीते और मैच भी। कुछ साल पहले तक कॉलेज फुटबॉल के इतिहास में सर्वाधिक मैच जीतने वाले कोच का ख़िताब उनके नाम पर था। उनके कार्यकाल में उनकी टीम ने 323 मैच जीते थे।

सर्वोच्च सफलता प्राप्त करने वाले एक प्रतिशत महान लीडर्स का अध्ययन करने पर हम पाते हैं कि उनमें एक चीज़ समान होती है। वे जानते हैं कि लीडर का सबसे महत्त्वपूर्ण काम यह है कि अच्छे लोगों को टीम में शामिल किया जाए और उन्हें टीम में बनाए रखा जाए। संगठन अपनी उत्पादकता नहीं बढ़ा सकता, परंतु लोग बढ़ा सकते हैं। किसी संगठन में जो संपत्ति सचमुच बढ़ती है, वह उसके लोग हैं। सिस्टम पुराने पड़ जाते हैं, इमारतों में दरार पड़ जाती है, मशीनें घिस जाती हैं, परंतु लोग प्रगति कर सकते हैं, विकास कर सकते हैं और अधिक प्रभावकारी बन सकते हैं, बशर्ते उनका लीडर ऐसा हो, जो उनकी क्षमता और उनके महत्त्व को समझता हो।

लीडर का सबसे महत्त्वपूर्ण काम यह है कि अच्छे लोगों को टीम में शामिल किया जाए और उन्हें टीम में बनाए रखा जाए।

सबसे महत्त्वपूर्ण बात और इस पुस्तक का अनिवार्य संदेश यह है कि आप यह काम अकेले नहीं कर सके। अगर आप सचमुच सफल लीडर बनना चाहते हैं, तो आपको अपने आसपास दूसरे लीडर्स को तैयार करना होगा। आपको एक टीम बनानी होगी। आपको एक ऐसा तरीक़ा खोजना होगा, ताकि दूसरे आपकी भविष्यदृष्टि (vision) को देखें, उस पर अमल करें और उसे साकार करने में योगदान दें। लीडर बड़ी तसवीर देखता है, परंतु अपनी मानसिक तसवीर को हक़ीक़त में बदलने के लिए उसे दूसरे लीडर्स की ज़रूरत होती है।

ज़्यादातर लीडर्स के पास अनुयायी होते हैं। वे मानते हैं कि बहुत से अनुयायी होना ही लीडरशिप की कुंजी है। बहुत कम लीडर्स अपने आसपास दूसरे लीडर्स को रखते हैं, परंतु जिन संगठनों के लीडर्स ऐसा करते हैं, उन्हें बहुत फ़ायदा होता है। इससे न सिर्फ़ ऐसे लीडर्स का बोझ हल्का हो जाता है, बल्कि उनका सपना भी साकार हो जाता है और उस सपने का विस्तार भी होता है।

लीडर्स को दूसरे लीडर्स तैयार करने की ज़रूरत क्यों है

आपके आसपास लीडर्स रहें, यह सुनिश्चित करने की कुंजी यह है कि आप अच्छे लोगों को खोजकर उन्हें अपनी टीम में शामिल करें और फिर उनकी सर्वोच्च क्षमता के अनुसार उन्हें लीडर्स के रूप में तैयार करें। महान लीडर्स दूसरे लीडर्स तैयार करते हैं। मैं आपको बता दूँ कि ऐसा क्यों होता है :

लीडर के सबसे क़रीबी लोग उसकी सफलता के स्तर को तय करते हैं

तीस साल की लीडरशिप के दौरान मैंने सबसे बड़ा लीडरशिप सिद्धांत यह सीखा है कि लीडर के सबसे क़रीबी लोग ही उसकी सफलता के स्तर को तय करते हैं। इस कथन का नकारात्मक पहलू भी सच है : लीडर के सबसे क़रीबी लोग ही उसकी असफलता के स्तर को भी तय करते हैं। दूसरे शब्दों में, जो लोग मेरे सबसे क़रीब हैं, वे "या तो मुझे बना देंगे या फिर मिटा देंगे।" मेरी लीडरशिप का सकारात्मक या नकारात्मक परिणाम इस बात पर

निर्भर करता है कि मुझमें अपने सबसे क़रीबी लोगों को लीडर के रूप में विकसित करने की कितनी योग्यता है। यह मेरे इस मूल्यांकन की योग्यता पर भी निर्भर करता है कि मेरे संगठन में आने वाले लोग मुझे और मेरे संगठन को क्या दे सकते हैं। मेरा लक्ष्य अनुयायियों की भीड़ इकट्ठा करना नहीं है। मेरा लक्ष्य तो ऐसे लीडर्स का विकास करना है, जो आमूलचूल परिवर्तन कर दें।

एक पल के लिए ठहरें और अपने संगठन में अपने सबसे क़रीबी पाँच-छह लोगों के बारे में सोचें। क्या आप उनका विकास कर रहे हैं? उनके लिए आपकी योजना क्या है? क्या वे विकास कर रहे हैं? क्या वे आपका बोझ उठाने में समर्थ हैं?

मेरे संगठनों में लीडरशिप के विकास पर निरंतर ध्यान दिया जाता है। पहले प्रशिक्षण सत्र में ही मैं नए लीडर्स को यह सिद्धांत बता देता हूँ : *संगठन के लिए भावी लीडर के रूप में आप या तो संपत्ति (asset) होंगे या फिर दायित्व (liability)।* मैं इस सत्य को यह कहकर रेखांकित करता हूँ, "जब भी कोई समस्या सामने आती है यानी संगठन में जब कोई 'आग' लग जाती है, तो लीडर के रूप में आप ही अक्सर सबसे पहले घटनास्थल पर पहुँचते हैं। उस समय आपके हाथों में दो बाल्टियाँ होती हैं। एक में पानी होता है और दूसरे में पेट्रोल। अगर आप उस 'आग' पर पेट्रोल की बाल्टी डाल दें, तो आग और भड़क सकती है। दूसरी ओर, अगर आप उस पर पानी की बाल्टी डाल दें, तो वह बुझ सकती है।"

आपके संगठन का हर व्यक्ति भी दो बाल्टियाँ लेकर चलता है। लीडर को यह सवाल पूछना चाहिए, "मैं उन्हें पानी डालने का प्रशिक्षण दे रहा हूँ या पेट्रोल डालने का?"

संगठन की विकास क्षमता का सीधा संबंध कर्मचारियों की क्षमता से है

लीडरशिप सम्मेलनों को संबोधित करते हुए मैं अक्सर यह कहता हूँ, "लीडर का विकास होगा, तो संगठन अपने आप विकास करेगा।" कोई भी कंपनी या संगठन तब तक विकास नहीं कर सकता, जब तक कि उसके लीडर्स खुद का विकास नहीं करें।

मुझे अक्सर यह देखकर हैरानी होती है कि संगठनों में उन क्षेत्रों पर बहुत ज़्यादा धन और ऊर्जा ख़र्च की जाती है, जिनसे विकास नहीं होता। अगर कर्मचारियों को ग्राहक की सेवा का उचित प्रशिक्षण नहीं दिया गया है, तो फिर यह विज्ञापन देने से क्या लाभ होगा कि ग्राहक सर्वोपरि है? ग्राहक तत्काल यह फ़र्क़ जान लेंगे कि कर्मचारियों को सेवा का प्रशिक्षण दिया गया है या नहीं। रंगीन ब्रोशर और आकर्षक स्लोगन अयोग्य लीडरशिप को कभी नहीं बचा सकते।

लीडर का विकास होगा, तो संगठन अपने आप विकास करेगा।

1981 में मैं कैलिफ़ोर्निया के सैन डिएगो में स्काईलाइन वेस्लीयन चर्च का वरिष्ठ पादरी बना। इस धर्म समुदाय में 1969 से 1981 तक औसतन 1,000 लोग रहे थे। ऐसा लग रहा था, जैसे यह इसकी सीमा बन चुकी थी। जब मैंने लीडरशिप की ज़िम्मेदारी सँभाली, तो मैंने पहला सवाल यह पूछा था, “विकास क्यों थम गया है?” मुझे इसका जवाब खोजना था, इसलिए मैंने पहली स्टाफ़ मीटिंग में एक भाषण दिया, जिसका शीर्षक था, *द लीडरशिप लाइन*। मेरी अवधारणा यह थी, “लीडर्स से संगठन का स्तर तय होता है।” मैंने मार्कर बोर्ड पर एक लाइन खींचकर उस पर लिखा,

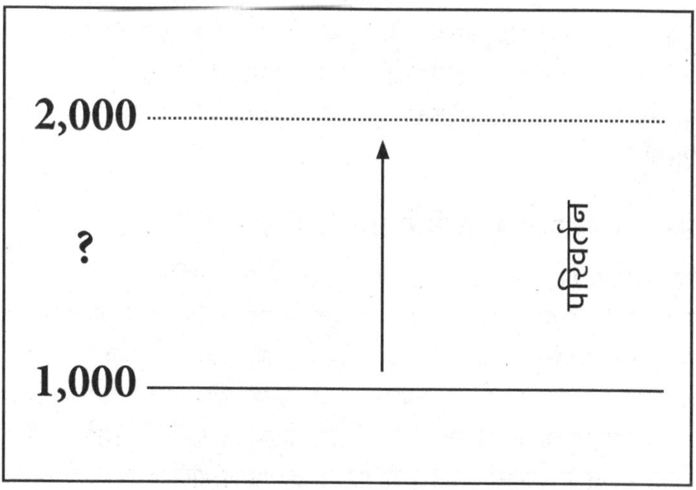

“1,000,” फिर मैंने अपने स्टाफ़ को बताया कि पिछले तेरह सालों से स्काईलाइन की औसत उपस्थिति 1,000 बनी हुई है। मैंने कहा कि मैं जानता था कि मेरा स्टाफ़ 1,000 लोगों का प्रभावकारी ढंग से नेतृत्व कर सकता है, परंतु मैं यह नहीं जानता था कि क्या यह 2,000 लोगों का भी नेतृत्व कर सकता है। फिर मैंने बिंदुओं वाली एक लाइन खींचकर उस पर लिखा, “2,000,” इसके बाद मैंने इन दोनों लाइनों के बीच में एक प्रश्नवाचक चिह्न लगा दिया। नीचे लिखे 1,000 से ऊपर लिखे 2,000 तक मैंने एक तीर बनाकर उस पर लिख दिया, “परिवर्तन।”

यह मेरी ज़िम्मेदारी थी कि मैं उन लोगों को प्रशिक्षण दूँ और अपने नए लक्ष्य पाने के लिए आवश्यक परिवर्तन करने में उनकी मदद करूँ। मैं जानता था कि अगर लीडर्स ख़ुद में सकारात्मक परिवर्तन कर लेंगे, तो विकास अपने आप हो जाएगा। मैं जानता था कि मुझे उनकी मदद करनी होगी, ताकि वे ख़ुद को बदल लें, अन्यथा मुझे उन्हें सचमुच बदलना पड़ेगा और उनकी जगह पर नए लोगों को भर्ती करना पड़ेगा।

> *हर चीज़ लीडरशिप के साथ उठती और गिरती है।*

1981 से 1995 तक मैंने स्काईलाइन में यह भाषण तीन बार दिया। आख़िरी बार, ऊपर वाली लाइन पर 4,000 की संख्या लिखी हुई थी। संख्याएँ बदलती रहीं, परंतु भाषण नहीं बदला। लीडर्स की शक्ति की बदौलत ही संगठन में शक्ति होती है। कमज़ोर लीडर्स का मतलब है कमज़ोर संगठन। सशक्त लीडर का मतलब है सशक्त संगठन। हर चीज़ लीडरशिप के साथ उठती और गिरती है।

संभावित लीडर्स बोझ उठाने में मदद करते हैं

बिज़नेसमैन रोलैंड यंग ने कहा था, “मैं स्व-निर्मित व्यक्ति हूँ, परंतु अगर मुझे यह काम दोबारा करना पड़े, तो मुझे लगता है कि मैं किसी और की मदद लेना चाहूँगा!” आम तौर पर लीडर्स दूसरे लीडर्स को विकसित करने में इसलिए असफल होते हैं, क्योंकि या तो उनमें प्रशिक्षण की कमी होती है या फिर दूसरों को अपने साथ जोड़ने और प्रोत्साहित करने के उनके नज़रिए दोषपूर्ण होते हैं। अक्सर लीडर्स में यह ग़लत धारणा होती है कि उन्हें अपने

क़रीबी लोगों के साथ मिलकर काम करने के बजाय उनसे प्रतिस्पर्धा करना है। महान लीडर्स की मानसिकता अलग होती है। *प्रोफ़ाइल्स इन करेज* में राष्ट्रपति जॉन एफ़. कैनेडी ने लिखा है, "आगे बढ़ने का सबसे अच्छा तरीक़ा दूसरों के साथ मिलकर आगे बढ़ना है।" इस तरह की सकारात्मक बात सिर्फ़ तभी हो सकती है, जब लीडर में परस्पर-निर्भरता का नज़रिया हो और वह दोनों पक्षों की जीत वाले संबंधों के लिए समर्पित हो।

लोगों के बारे में लीडर्स क्या सोचते हैं, उससे बहुत फ़र्क़ पड़ता है। इस बारे में निम्न निष्कर्ष पर ध्यान दें :

प्रतिस्पर्धा से जीतना	सहयोग से जीतना
दूसरों को शत्रु मानना	दूसरों को मित्र मानना
स्वयं पर ध्यान केंद्रित करना	दूसरों पर ध्यान केंद्रित करना
दूसरों के प्रति शंका रखना	दूसरों का समर्थन करना
जीत तब होती है, जब आप अच्छे हों	जीत तब होती है, जब आप या दूसरे लोग अच्छे हों
जीत आपकी क्षमताओं से निर्धारित होती है	जीत कई लोगों की क्षमताओं से निर्धारित होती है
छोटी जीत	बड़ी जीत
थोड़ी ख़ुशी	बहुत-सी ख़ुशी
कुछ लोग जीतते हैं, कुछ हारते हैं	सभी लोग जीतते हैं

पीटर ड्रकर ने सही कहा था, "किसी एक्ज़ीक्यूटिव को इस कारण कभी तकलीफ़ नहीं उठानी पड़ी कि उसके कर्मचारी सशक्त और प्रभावकारी थे।" मेरे आसपास के लीडर्स कई तरीक़ों से मेरा बोझ कम करते हैं। यहाँ पर दो सबसे महत्त्वपूर्ण बातें बताई जा रही हैं :

वे मुझे अच्छी सलाह देते हैं।

लीडर के रूप में मैं कई बार ऐसी भी सलाह सुनता हूँ, जो मैं सुनना

नहीं चाहता, परंतु जिसे सुनना ज़रूरी होता है। अपने आसपास लीडर्स रखने का यही लाभ होता है - आपके आसपास ऐसे लोग होते हैं, जो यह जानते हैं कि निर्णय कैसे लिए जाते हैं। अनुयायी आपको वह बताते हैं, जो आप सुनना चाहते हैं। लीडर्स आपको वह बताते हैं, जिसे सुनना ज़रूरी होता है।

मैंने हमेशा अपने सबसे क़रीबी लोगों को प्रोत्साहित किया है कि वे मुझे निर्णय लेने से पहले सलाह दें। निर्णय लेने से पहले दी गई सलाह बहुत महत्त्वपूर्ण होती है। निर्णय लेने के बाद दी जाने वाली सलाह का कोई महत्त्व नहीं होता है। कॉलेज फुटबॉल के कोच अलेक्स अगासी ने एक बार कहा था, "अगर आप मुझे सचमुच सलाह देना चाहते हैं, तो शनिवार की दोपहर को एक से चार बजे के बीच सलाह दें, जब आपको यह करने के लिए मैच के बीच में पच्चीस सेकंड का समय मिले। मुझे सोमवार को सलाह नहीं दें। सोमवार को तो मैं ख़ुद समझ जाता हूँ कि मुझे क्या करना चाहिए था।"

उनमें लीडरशिप की मानसिकता होती है।

सहयोगी लीडर्स सिर्फ़ अपने लीडर की तरह काम ही नहीं करते हैं, वे उसकी तरह सोचते भी हैं। इससे वे लीडर का बोझ हल्का कर देते हैं। निर्णय लेने, विचारमंथन करने और दूसरों को सुरक्षा व दिशा देने जैसे क्षेत्रों में यह अमूल्य होता है।

मेरा अधिकांश समय सम्मेलनों और कार्यक्रमों में भाषण देने में बीतता है, इसलिए मुझे ऑफ़िस से दूर रहना पड़ता है। इस स्थिति में यह अनिवार्य है कि मेरे संगठनों में ऐसे लीडर्स हों, जो मेरे बाहर रहने पर प्रभावकारी ढंग से काम कर सकें। और वे ऐसा करते भी हैं। ऐसा इसलिए होता है, क्योंकि मैंने ज़िंदगी भर क्षमतावान लीडर्स को खोजा और विकसित किया है। परिणामों को देखकर मैं बहुत संतुष्ट हूँ।

बोझ उठाने में हिस्सेदारी की लीडरशिप मानसिकता का उदाहरण हमें टॉम वॉरशैम के हंसों से संबंधित इस वर्णन में देखने को मिलता है :

> हंस ठंड में दक्षिण दिशा में जाते समय अँग्रेज़ी के अक्षर "वी" के आकार में उड़ते हैं। आख़िरकार, विज्ञान ने यह दिलचस्प कारण ढूँढ़ लिया है कि वे इस तरह से क्यों उड़ते हैं। शोध से पता चला

है कि जब समूह का कोई भी पक्षी अपने पंख फड़फड़ाता है, तो उसके ठीक पीछे उड़ रहे पक्षी के लिए उड़ना आसान हो जाता है। अकेला पक्षी जितनी दूर उड़ सकता है, उसकी तुलना में "वी" आकार में पूरा समूह 71 प्रतिशत ज़्यादा दूर तक उड़ लेता है। *(जो लोग एक ही दिशा में जाते हैं और जिनमें टीम भावना होती है, वे ज़्यादा दूर तक और ज़्यादा आसानी से यात्रा कर लेते हैं, क्योंकि वे एक-दूसरे के सहयोग से यात्रा करते हैं।)*

जब भी कोई हंस इस आकार से बाहर आता है, तो उसे उड़ने में मुश्किल होने लगती है, क्योंकि अब वह अकेला पड़ गया है। इसलिए जल्दी ही वह फिर से आकार में लौट आता है, ताकि अपने ठीक सामने उड़ने वाले साथी की ऊपर उठाने वाली शक्ति का लाभ ले सके। *(अगर हममें हंसों जितनी बुद्धि हो, तो एक ही दिशा में यात्रा करते समय हम भी एक साथ बने रहेंगे।)* जब सबसे आगे उड़ने वाला हंस थक जाता है, तो वह "वी" आकार में पीछे आ जाता है और दूसरा हंस उसकी जगह ले लेता है। *(मुश्किल काम करते समय अदला-बदली करने से लाभ होता है।)*

पीछे उड़ रहे हंस प्रोत्साहन की ध्वनि निकालकर आगे उड़ने वाले हंसों को तेज़ उड़ते रहने के लिए प्रोत्साहित करते हैं। *(इसकी तुलना करके यह देखें कि हम पीछे से क्या कहते हैं?)*

और जब कोई हंस बीमार पड़ जाता है या बंदूक की गोली से घायल होकर गिर जाता है, तो उसके दो साथी आकार से बाहर आ जाते हैं और नीचे उतरकर उसकी मदद तथा रक्षा करते हैं। वे उस हंस के साथ तब तक रहते हैं, जब तक वह या तो दुबारा उड़ने क़ाबिल नहीं हो जाए या फिर मर नहीं जाए। इसके बाद वे अपने दम पर उड़ने लगते हैं या फिर किसी अन्य समूह के साथ "वी" आकार में तब तक उड़ते हैं, जब तक कि वे अपने समूह तक नहीं पहुँच जाते। *(अगर हममें हंसों जितनी बुद्धि हो, तो हम भी एक-दूसरे को इतना ही सहयोग देंगे।)*

इससे यह साबित होता है कि जिसने भी "मूर्ख हंस" वाली कहावत बनाई थी, उसे हंसों के बारे में पर्याप्त ज्ञान नहीं था।

लीडर ही क्षमतावान लीडर्स को आकर्षित कर पाता है

एक जैसे पक्षी सचमुच साथ-साथ उड़ते हैं। मैं मानता हूँ कि एक लीडर ही दूसरे लीडर को जान सकता है, उसका विकास कर सकता है और उसे सामने ला सकता है। मैंने यह भी पाया है कि एक लीडर ही दूसरे लीडर को आकर्षित कर सकता है।

इसके लिए पहला क़दम तो यह है कि आप क्षमतावान लीडर्स को आकर्षित करने में सक्षम हों। परंतु मैंने लीडरशिप के पदों पर कई ऐसे लोग भी देखे हैं, जो यह काम करने में सक्षम नहीं होते हैं। सच्चे लीडर्स क्षमतावान लीडर्स को आकर्षित करने में इसलिए सक्षम होते हैं, क्योंकि :

- लीडर्स उन्हीं की तरह सोचते हैं।
- लीडर्स ऐसी भावनाएँ व्यक्त करते हैं, जो दूसरे लीडर्स भाँप लेते हैं।
- लीडर्स क्षमतावान लीडर्स को आकर्षित करने वाला माहौल बनाते हैं।
- लीडर्स अत्यधिक क्षमतावान लोगों से ख़तरा महसूस नहीं करते हैं।

एक लीडर ही दूसरे लीडर को जान सकता है, उसका विकास कर सकता है और उसे सामने ला सकता है।

उदाहरण के लिए, जो व्यक्ति लीडरशिप की स्थिति में 1 से 10 के पैमाने पर "5" पर होगा, वह "9" को आकर्षित नहीं कर पाएगा। क्यों? क्योंकि लीडर्स में व्यक्तियों का आकलन करने की क्षमता होती है और वे सिर्फ़ उन्हीं लीडर्स की ओर आकर्षित होते हैं, जो उनके समान या उनसे ऊँचे स्तर पर हों।

जिस लीडर के आसपास सिर्फ़ अनुयायी होते हैं, उसे काम करवाने के लिए हमेशा अपने ही संसाधनों का उपयोग करना पड़ता है। अगर बोझ कम करने के लिए दूसरे लीडर्स नहीं हों, तो वह थक जाएगा और उसके हौसले पस्त हो जाएँगे। क्या आपने हाल ही में खुद से पूछा है, "क्या मैं थक गया हूँ?" अगर इसका जवाब हाँ है, तो शायद आपके पास इसका कोई अच्छा कारण होगा, जैसा कि इस मज़ेदार कहानी में बताया गया है :

> दुनिया में कहीं पर एक ऐसा देश है, जिसकी जनसंख्या 22 करोड़ है। इनमें से 8.4 करोड़ लोगों की उम्र साठ साल से ज़्यादा है, इसलिए काम करने के लिए सिर्फ़ 13.6 करोड़ लोग ही बचते हैं। 9.5 करोड़ लोगों की उम्र बीस साल से कम है, इसलिए काम करने के लिए सिर्फ़ 4.1 करोड़ लोग ही बचते हैं।
>
> 2.2 करोड़ लोग सरकारी कर्मचारी हैं, इसलिए काम करने के लिए सिर्फ़ 1.9 करोड़ लोग ही बचते हैं। 40 लाख लोग सेना में हैं, इसलिए काम करने के लिए सिर्फ़ 1.5 करोड़ लोग ही बचते हैं। राज्य और नगर के ऑफ़िसों में काम करने वालों की संख्या यानी 1.48 करोड़ लोगों को घटा दें, तो काम करने के लिए सिर्फ़ 2 लाख लोग ही बचते हैं। 1.88 लाख लोग अस्पताल या पागलख़ाने में हैं, इसलिए अब काम करने के लिए सिर्फ़ 12,000 लोग ही बचते हैं।
>
> दिलचस्प बात यह है कि इस देश में 11,998 लोग जेल में हैं, इसलिए बोझ उठाने के लिए सिर्फ़ दो ही लोग बचते हैं। यानी आप और मैं! और मैं आपको यह बता दूँ कि सब कुछ ख़ुद करते-करते मैं थक गया हूँ!

अगर आप सारा बोझ ख़ुद नहीं उठाना चाहते, तो आपको लीडर्स तैयार करने की ज़रूरत है।

जो लीडर्स क्षमतावान लीडर्स का मार्गदर्शन करते हैं, वे अपनी प्रभावकारिता को कई गुना बढ़ा लेते हैं

कुछ समय पहले एक सम्मेलन में मैनेजमेंट विशेषज्ञ पीटर ड्रकर ने मेरे तीस लीडर्स और मुझे यह लगातार चुनौती दी कि हम लीडर्स तैयार करें और उन्हें मार्गदर्शन दें। पीटर ने हमसे पूछा, “आपकी जगह कौन लेगा?” वे लगातार इस बात पर ज़ोर देते रहे, “वारिस के बिना कोई सफलता पूरी नहीं होती।”

उस सम्मेलन से मैं इस संकल्प के साथ लौटा कि मैं *ऐसे लीडर्स तैयार करूँगा, जो अन्य लीडर्स को तैयार कर सकें।* अब मैं यह समझ चुका था कि लीडर्स को सिर्फ़ संगठन में लाना ही पर्याप्त नहीं है। मुझे उन लीडर्स को *बहुगुणित* (multiply) करना होगा। इसके लिए मैंने अपने लीडर्स को लक्ष्य

बनाने और प्राथमिकता निर्धारित करने की सूक्ष्म कला का प्रशिक्षण दिया। मैं चाहता था कि लीडर्स हमारे लक्ष्यों को गहराई से समझ लें और इसके बाद संगठन के दूसरे लोगों को इस तरह प्रशिक्षण दें, ताकि भविष्य में वे उनका स्थान ले सकें या बोझ उठाने में उनकी मदद कर सकें।

लीडर्स तैयार करने के लिए मैंने अपने संगठन के संचालक मंडल (board of directors) पर ध्यान केंद्रित किया। 1989 में हमारे बोर्ड के आधे सदस्य नए थे। उस समय संगठन के सामने एक चुनौती यह थी कि उसे 3.5 करोड़ डॉलर के रिलोकेशन प्रोजेक्ट पर महत्त्वपूर्ण निर्णय लेना था। मैं इस बात से चिंतित था कि क्या अनुभवहीन लोग इतने बड़े निर्णय ले पाएँगे। बहरहाल, बोर्ड की अगली बैठक में मेरे डर ग़लत साबित हुए, जब मुझे पता चला कि बोर्ड के पुराने, अनुभवी सदस्यों ने हर नए सदस्य को मार्गदर्शन दिया था। बोर्ड के पुराने सदस्यों ने मेरे शब्दों और संदेश पर अमल किया था, जिसका लाभ बोर्ड के नए सदस्यों को मिला। नए सदस्य पुरानी टीम के मार्गदर्शन में काम करते हुए यहाँ तक पहुँचे थे। यह देखकर मैंने एक महत्त्वपूर्ण सबक़ सीखा : *नए लीडर्स को बनाने और उन्हें प्रेरित करने के लिए लीडर्स उनकी लीडरशिप क्षमता में विश्वास प्रदर्शित करते हैं तथा उनकी क्षमता बढ़ाने में मदद करते हैं, हालाँकि कई बार तो नए लीडर्स को अपनी क्षमता का ज्ञान ही नहीं होता है।*

वारिस के बिना कोई सफलता पूरी नहीं होती।

बोर्ड के साथ हुए अनुभव ने मुझे दिखा दिया कि जब लोग इकट्ठे यानी साथ-साथ मिलकर काम करते हैं, तब कितना कुछ हो सकता है। जब लोग किसी साझे लक्ष्य के लिए काम करते हैं, तो वे अपने विकास की क्षमता को तो *बढ़ाते* ही हैं, अपनी शक्ति को भी कई गुना बढ़ा लेते हैं। अपनी इस बात की पुष्टि के लिए मैं यह उदाहरण देना चाहूँगा :

> मिडवेस्टर्न के एक मेले में बहुत से दर्शक जमा थे। ये लोग घोड़ों द्वारा वज़नी घोड़ागाड़ी खींचने की प्रतियोगिता देखने आए थे। चैंपियन घोड़े ने 4,500 पाउंड वज़न वाली गाड़ी खींची। दूसरे नंबर पर आए घोड़े ने 4,400 पाउंड वज़न वाली गाड़ी खींची।

कुछ लोगों के मन में यह जानने की जिज्ञासा हुई कि ये दोनों घोड़े मिलकर कितना वज़न खींच सकते हैं। अलग-अलग वे लगभग 9,000 पाउंड वज़न खींच सकते थे, परंतु जब दोनों को साथ-साथ टीम की तरह बाँध दिया गया, तो उन्होंने 12,000 पाउंड से ज़्यादा वज़न खींचा।

विकसित लीडर्स संगठन के भविष्य का विस्तार करते हैं

हाल ही में मुझसे एक सम्मेलन में कहा गया कि मैं इस विषय पर बोलूँ : *"विकास के लिए अपने संगठन के तंत्र को कैसे बदलें?"* मैंने विनम्रता से इनकार कर दिया। मेरा मानना है कि तंत्र (structure) विकास में मदद तो कर सकता है, परंतु यह विकास उत्पन्न नहीं कर सकता। जॉर्ज बार्ना ने कहा था, "बेहतरीन संगठन में बेहतरीन लीडर्स और ख़राब तंत्र तो हो सकते हैं, परंतु मैंने आज तक ऐसा कोई बेहतरीन संगठन नहीं देखा, जहाँ बेहतरीन तंत्र और ख़राब लीडर हों।" तंत्र बुरे और अच्छे संगठन के बीच का अंतर हो सकता है, परंतु अच्छे और बेहतरीन संगठन के बीच का अंतर लीडरशिप है।

हेनरी फ़ोर्ड यह बात जानते थे। उन्होंने कहा था, "आप मेरी फ़ैक्ट्रियाँ छीन लें, मेरी इमारतें जला दें, परंतु मुझे मेरे कर्मचारी दे दें और मैं अपने बिज़नेस को दोबारा खड़ा करके दिखा दूँगा।" हेनरी फ़ोर्ड ऐसी कौन-सी बात जानते थे, जो लीडरशिप के पदों पर बैठे बहुत से लोग नहीं जानते हैं? वे जानते थे कि इमारतें और अफ़सरशाही विकास के लिए अनिवार्य नहीं हैं। कंपनी को इस पर ध्यान केंद्रित नहीं करना चाहिए कि क्या किया जा रहा है। कंपनी को तो अपना ध्यान इस बात पर केंद्रित करना चाहिए कि वह क्या हासिल करने की कोशिश कर रही है। मैंने देखा है कि किसी संगठन में लोग किसी ख़ास तरीक़े से काम सिर्फ़ इसलिए करते हैं, क्योंकि अफ़सरशाही के अनुसार वह काम उसी तरीक़े से किया जाना चाहिए, भले ही उस वजह से संगठन के लक्ष्य प्राप्त करने में बाधा पहुँच रही हो। तंत्र का निर्माण प्रक्रियाओं के बजाय कार्यों के आसपास होना चाहिए।

अक्सर हम उस समुदाय की तरह बन जाते हैं, जिसने एक नया पुल बनाया :

> एक छोटे क़स्बे के निवासियों ने एक नया पुल बनाया। फिर उन्होंने फ़ैसला किया कि इसकी रक्षा के लिए एक चौकीदार को नियुक्त करना चाहिए। उन्होंने ऐसा ही किया। किसी ने इस तरफ़ ध्यान दिलाया कि चौकीदार को तनख़्वाह भी देनी पड़ेगी, इसलिए उन्होंने एक लेखापाल को भी नियुक्त कर दिया। उसने यह सुझाव दिया कि एक कोषाध्यक्ष भी रखना चाहिए। चौकीदार, लेखापाल और कोषाध्यक्ष पर निगरानी रखने के लिए एक प्रशासक को नियुक्त करना भी ज़रूरी था, इसलिए निवासियों ने यह भी किया। कुछ समय बाद नगरपालिका ने अनुदान राशि में कटौती कर दी और कर्मचारियों की छँटनी करनी पड़ी। इसलिए उन्होंने उस चौकीदार को नौकरी से निकाल दिया!

संगठन के दाँवपेंचों या बाहरी दिखावे के जाल में फँसकर यह कभी नहीं भूलें कि आपको क्या हासिल करना है।

मेरे पिता ने मुझे यह सिखाया था कि किसी भी संगठन में लोग या कर्मचारी सबसे महत्त्वपूर्ण होते हैं; वे बाक़ी सभी चीज़ों से ज़्यादा महत्त्वपूर्ण होते हैं। मेरे पिता सोलह साल तक कॉलेज के प्रेसिडेंट रहे थे। एक दिन जब हम कैंपस की बेंच पर बैठे थे, तो उन्होंने मुझे बताया कि कैंपस के सबसे महँगे लोग सबसे ज़्यादा तनख़्वाह वाले लोग नहीं थे। सबसे महँगे लोग तो वे थे, जो उत्पादन नहीं कर रहे थे। उन्होंने यह स्पष्ट किया कि लीडर्स विकसित करने में समय और धन ख़र्च होता है। यही नहीं, आम तौर पर आपको लीडर्स को ज़्यादा तनख़्वाह भी देनी पड़ती है, परंतु ऐसे लोग अमूल्य संपत्ति होते हैं। वे सहयोगियों के सर्वश्रेष्ठ स्वरूप को आकर्षित करते हैं, अधिक उत्पादक होते हैं और संगठन के मूल्य को बढ़ा देते हैं। उन्होंने चर्चा के अंत में यह कहा, “ज़्यादातर लोग तभी अच्छा काम करते हैं, जब उनकी ऐसा करने की इच्छा होती है। लीडर्स तब भी अच्छा काम करते हैं, जब उनकी ऐसा करने की इच्छा नहीं होती।”

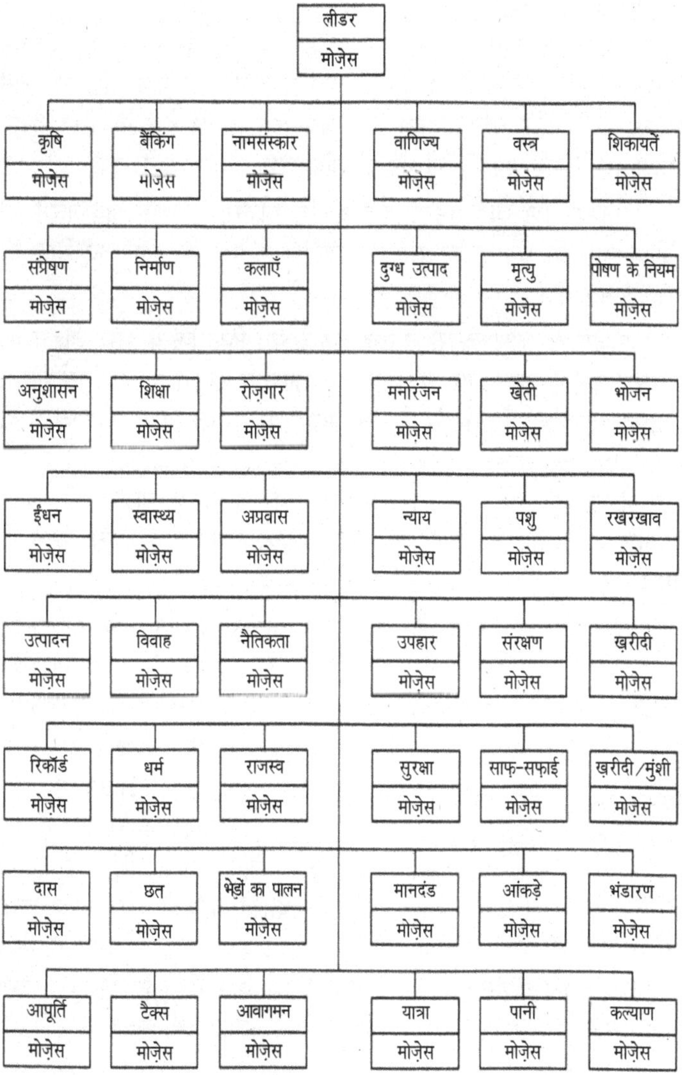
लीडर
मोज़ेस
कृषि
मोज़ेस
बैंकिंग
मोज़ेस
नामसंस्कार
मोज़ेस
वाणिज्य
मोज़ेस
वस्त्र
मोज़ेस
शिकायतें
मोज़ेस
संप्रेषण
मोज़ेस
निर्माण
मोज़ेस
कलाएँ
मोज़ेस
दुग्ध उत्पाद
मोज़ेस
मृत्यु
मोज़ेस
पोषण के नियम
मोज़ेस
अनुशासन
मोज़ेस
शिक्षा
मोज़ेस
रोज़गार
मोज़ेस
मनोरंजन
मोज़ेस
खेती
मोजेस
भोजन
मोज़ेस
ईंधन
मोज़ेस
स्वास्थ्य
मोज़ेस
अप्रवास
मोज़ेस
न्याय
मोज़ेस
पशु
मोज़ेस
रखरखाव
मोज़ेस
उत्पादन
मोज़ेस
विवाह
मोज़ेस
नैतिकता
मोज़ेस
उपहार
मोज़ेस
संरक्षण
मोज़ेस
ख़रीदी
मोजेस
रिकॉर्ड
मोज़ेस
धर्म
मोज़ेस
राजस्व
मोज़ेस
सुरक्षा
मोज़ेस
साफ़-सफ़ाई
मोज़ेस
ख़रीदी/मुंशी
मोज़ेस
दास
मोज़ेस
छत
मोज़ेस
भेड़ों का पालन
मोज़ेस
मानदंड
मोज़ेस
आंकड़े
मोज़ेस
भंडारण
मोज़ेस
आपूर्ति
मोज़ेस
टैक्स
मोज़ेस
आवागमन
मोज़ेस
यात्रा
मोज़ेस
पानी
मोज़ेस
कल्याण
मोज़ेस

आप जितने ज़्यादा लोगों का नेतृत्व करते हैं, आपको उतने ही ज़्यादा लीडर्स चाहिए

मोज़ेस ओल्ड टेस्टामेंट के महानतम लीडर थे। उनके सामने पंद्रह करोड़ शिकायत करने वाले लोगों को दूसरी जगह ले जाने की चुनौती थी। यह काम कठिन था... और थकाने वाला भी। जैसे-जैसे उनका देश विकसित हुआ, मोज़ेस थकने लगे और लोगों की आवश्यकताएँ अधूरी रहने लगीं।

समस्या क्या थी? समस्या यह थी कि मोज़ेस हर काम ख़ुद करने की कोशिश कर रहे थे। उनका *संगठन चक्र* पिछले पृष्ठ पर दिए गए चित्र की तरह दिखता है।

मोज़ेस के ससुर जेथरो ने उन्हें यह सुझाव दिया कि वे दूसरे लीडर्स को खोजकर उन्हें नियुक्त और प्रशिक्षित करें, ताकि वे लीडरशिप की ज़िम्मेदारियों में उनका हाथ बँटाएँ। मोज़ेस ने इस सलाह पर अमल किया और जल्दी ही उन्होंने ऐसे कई लीडर्स तैयार कर लिए, जो उनका बोझ उठाने में उनकी मदद करने लगे। परिणाम? इस परिवर्तन की वजह से मोज़ेस की शक्ति में वृद्धि हुई और वे लोगों की तमाम आवश्यकताओं को पूरा करने में समर्थ हुए।

ज़िग ज़िग्लर कहते हैं, "सफलता अपनी योग्यता का अधिकतम दोहन करना है।" मैं मानता हूँ कि किसी लीडर की सफलता की परिभाषा यह है : *उसके अधीन काम करने वालों की योग्यताओं का अधिकतम दोहन*। एन्ड्र्यू कारनेगी ने इसे इस तरह स्पष्ट किया था : "मैं अपनी क़ब्र के पत्थर पर यह लिखवाना चाहता हूँ कि यहाँ वह व्यक्ति लेटा है, जो इतना बुद्धिमान था कि वह अपने से ज़्यादा ज्ञानी लोगों को अपनी सेवा में लाया।" मेरी इच्छा है कि आगामी पृष्ठ बिलकुल ऐसा ही करने में आपकी भी मदद करें।

किसी लीडर की सफलता की परिभाषा यह है : उसके अधीन काम करने वालों की योग्यताओं का अधिकतम दोहन।

❖ ❖ ❖

2

लीडर की सबसे मुश्किल चुनौती

क्षमतावान लीडर्स के लिए माहौल तैयार करना

जो लोग हमारी योग्यताओं में विश्वास दिखाते हैं, वे हमें प्रेरित करने से भी ज़्यादा बड़ा काम करते हैं - वे एक ऐसा माहौल बना देते हैं, जिसमें हमारे लिए सफल होना ज़्यादा आसान हो जाता है। लीडर्स को आकर्षित करने वाला माहौल तैयार करना किसी भी संगठन के लिए बहुत महत्त्वपूर्ण है। यह संगठन के लीडर का काम है। लीडर को सक्रिय होना होगा; उसे उत्पादक कार्यों की पहल करनी होगी और उसे संगठन में परिवर्तनों को प्रोत्साहित, निर्मित और आदेशित करना होगा। उसे एक ऐसा माहौल बनाना होगा, जिसमें क्षमतावान लीडर्स विकसित हो सकें।

लीडर को परिवेश में परिवर्तन का कारक बनना चाहिए

किसी भी संगठन लीडर को परिवेश या माहौल में परिवर्तन का कारक बनना चाहिए। उसे थर्मामीटर नहीं, थर्मोस्टेट बनना चाहिए। पहली नज़र में यह हो सकता है कि हम इन दोनों उपकरणों को ग़लती से एक जैसा समझ लें, क्योंकि दोनों ही गर्मी को नाप सकते हैं। बहरहाल, सच तो यह है कि दोनों बिलकुल अलग हैं। थर्मामीटर निष्क्रिय होता है। यह परिवेश का तापमान तो

नापता है, परंतु यह उस परिवेश को बदलने के लिए कुछ नहीं कर सकता। दूसरी ओर, थर्मोस्टेट सक्रिय होता है। यह निर्धारित करता है कि परिवेश कैसा होगा। यह परिवेश को बदल देता है।

अगर लीडर का नज़रिया सही हो और संगठन का माहौल सकारात्मक हो, तो लोग महान काम करने के लिए प्रोत्साहित हो सकते हैं। जब निरंतर सफलता मिलती है, तो संवेग (momentum) उत्पन्न होता है। कई बार तो सकारात्मक विकास के विजयी माहौल और नकारात्मक विकास के पराजित माहौल के बीच का इकलौता अंतर संवेग ही होता है।

कोई भी लीडर संवेग के महत्त्व को नज़रअंदाज़ नहीं कर सकता :

संवेग होने पर लीडर वास्तविकता से बेहतर नज़र आता है।
संवेग होने पर अनुयायियों का प्रदर्शन बेहतर होता है।
संवेग नहीं होने पर लीडर वास्तविकता से कमतर नज़र आता है।
संवेग नहीं होने पर अनुयायियों का प्रदर्शन कमतर होता है।

परिवर्तन के कारकों में संवेग सबसे महत्त्वपूर्ण है। हमने अपने संगठन में जितने भी सफल परिवर्तन किए हैं, उनमें से 90 प्रतिशत से ज़्यादा इसलिए हुए, क्योंकि हमने परिवर्तन करने से पहले संवेग उत्पन्न किया था।

संवेग के महत्त्व को अधिकतम करने के लिए लीडर को यह करना होगा : (1) *जल्दी ही* इसे पहचानना सीखना होगा; (2) *तत्काल* इसके प्रमुख तत्वों को जानना होगा; और (3) *हमेशा* इसमें संसाधनों का निवेश करना होगा।

अगली बार जब आपको अपनी कंपनी के परिवेश या माहौल को बदलना मुश्किल लगे, तो भौतिकी के इस आसान नियम को याद कर लें : पानी 212 डिग्री पर उबलता है, परंतु 211 डिग्री तक यह सिर्फ़ गर्म पानी ही रहता है। सिर्फ़ एक डिग्री (आधे प्रतिशत से भी कम वृद्धि) गर्म पानी और शक्ति के उबलते स्रोत के बीच का अंतर बन जाती है। सिर्फ़ एक डिग्री की वजह से भाप उत्पन्न हो सकती है, जो कई टन वज़नी ट्रेन को चला सकती है। इसी एक डिग्री को संवेग (momentum) कहते हैं।

कुछ संगठनों के लीडर्स क्षमतावान लीडर्स तैयार करने के लिए उपयुक्त माहौल बनाने के महत्त्व को नहीं पहचानते हैं। वे नहीं जानते हैं कि इससे

कितना फ़र्क़ पड़ता है। एडवर्टाइज़िंग एक्ज़ीक्यूटिव विलियम बर्नबाक यह जानते थे कि इससे कितना ज़्यादा फ़र्क़ पड़ सकता है। उन्होंने एक बार कहा था, "जब दूसरी एजेंसियाँ मेरे कर्मचारियों को अपनी एजेंसी में खींचकर ले जाने की कोशिश करती हैं, तो मुझे हमेशा हँसी आती है। उन्हें पूरे परिवेश को खींचकर ले जाना होगा। किसी फूल के खिलने के लिए आपको सही बीज की ज़रूरत होती ही है, साथ ही सही मिट्टी की भी ज़रूरत होती है।" जब तक किसी संगठन का लीडर इस बात को नहीं समझ लेगा, तब तक वह सफल नहीं होगा, भले ही वह अपनी कंपनी में कितने ही योग्य व्यक्तियों को ले आए। क्षमतावान लीडर्स को पुष्पित और पल्लवित होने के लिए सही माहौल की ज़रूरत होती है। इसीलिए सबसे पहले सही माहौल बनाना चाहिए। हो सकता है ख़राब माहौल वाले किसी संगठन का लीडर किसी स्वस्थ संगठन के "समृद्ध" माहौल से किसी क्षमतावान लीडर को खींचकर अपने यहाँ लाने में कामयाब हो जाए। बहरहाल, वह क्षमतावान लीडर नए माहौल में पुष्पित और पल्लवित नहीं होगा, जब तक कि लीडर के पास अपने संगठन के माहौल को "मरुस्थल" से "उपजाऊ भूमि" में बदलने का पुराना अनुभव नहीं हो।

परिवर्तन के कारकों में संवेग सबसे महत्त्वपूर्ण है।

माहौल और विकास के बीच के संबंध को समझने के लिए प्रकृति की ओर देखें। मछलीघरों में मछलियों को देखने के शौकीन एक व्यक्ति ने लंबे समय तक अवलोकन के बाद यह निष्कर्ष दिया कि मछलीघरों में शार्क बहुत लोकप्रिय है। इसका कारण यह है कि शार्क अपने माहौल के अनुरूप ढल जाती है। अगर आप किसी छोटी शार्क को पकड़कर उसे किसी छोटी-सी जगह में रख दें, तो वह उसी जगह के अनुपात में बढ़ेगी। यह भी हो सकता है कि उम्र बढ़ जाने के बाद भी वह छह इंच से ज़्यादा लंबी नहीं हो। परंतु अगर आप उसे समुद्र में छोड़ दें, तो वह अपने सामान्य आकार में विकसित हो जाती है।

यही क्षमतावान लीडर्स के बारे में भी सही है। संगठन में आते वक़्त वे भी आम तौर पर छोटे ही होते हैं। अगर संगठन में दमघोंटू माहौल हो, तो हो सकता है कि वे हमेशा छोटे ही बने रहें और बहुत कम विकास कर पाएँ। सिर्फ़ लीडर ही अपने संगठन के माहौल को नियंत्रित कर सकता है।

वह परिवर्तन का कारक है। वह विकास के लिए उपयुक्त माहौल बनाता है।

अपेक्षित लीडरशिप शैली के मॉडल बनें

प्रख्यात मेडिकल मिशनरी अल्बर्ट श्वेट्ज़र के अनुसार, "उदाहरण दूसरों को प्रभावित करने की सबसे प्रमुख वस्तु नहीं है... यह एकमात्र वस्तु है।" आकर्षक माहौल बनाने में लीडरशिप का मॉडल बनना भी शामिल है। लोग मॉडल का अनुसरण करते हैं। मॉडल सकारात्मक होगा, तो प्रतिक्रिया भी सकारात्मक होगी। मॉडल नकारात्मक होगा, तो प्रतिक्रिया भी नकारात्मक होगी। लीडर जो करता है, वही उसके आसपास के क्षमतावान लीडर्स करते हैं। लीडर जिन चीज़ों को महत्त्व देता है, उसके अनुयायी भी उन्हीं चीज़ों को महत्त्व देते हैं। लीडर के लक्ष्य उनके लक्ष्य बन जाते हैं। लीडर टीम की गति तथा दिशा निर्धारित करता है। जैसा ली आयाकोका ने कहा था, "बॉस की गति ही टीम की गति बन जाती है।" कोई लीडर दूसरों से वह नहीं माँग सकता, जो वह ख़ुद नहीं देता हो।

जब आप और मैं लीडर्स के रूप में विकास तथा सुधार करेंगे, तो हमारे नेतृत्व में चलने वाले लोग भी यही करेंगे। हमें यह याद रखना चाहिए कि हमारा अनुसरण करने वाले लोग उतनी ही दूर तक जा सकते हैं, जितनी दूर तक हम जाएँगे। अगर हमारा विकास ठहर जाता है, तो नेतृत्व करने की हमारी योग्यता भी ठहर जाती है। व्यवहार कुशलता या तकनीकें व्यक्तिगत विकास की जगह नहीं ले सकतीं। जो चीज़ हमारे पास नहीं है, हम उसके मॉडल नहीं बन सकते। इसलिए आज ही सीखना और विकास करना शुरू कर दें। जल्दी ही आप देखेंगे कि आपके साथ ही आपके आसपास के लोग भी विकास करने लगेंगे। लीडर के रूप में मैं मूलतः महान सिद्धांतों और दूसरे महान लीडर्स का अनुसरण करता हूँ।

लीडर और संगठन की क्षमता पर ध्यान केंद्रित करें

जैसा कि मैंने पहले कहा है, जो लोग हमारी क्षमता में विश्वास करते हैं, वे हमें प्रेरित करने से भी ज़्यादा बड़ा काम करते हैं - वे एक ऐसा माहौल बना देते हैं, जिसमें हमारे लिए सफल होना ज़्यादा आसान हो जाता है। इसका विपरीत भी सच है। जब कोई लीडर हमारी क्षमता में विश्वास नहीं करता है,

तो हमारे लिए सफल होना बहुत मुश्किल हो जाता है। यह लगभग असंभव हो जाता है। अगर हम अपने संगठन की सफलता चाहते हैं, तो लीडर के रूप में हम अपने अनुयायियों के साथ ऐसा नहीं होने दे सकते।

सफलता सुनिश्चित करने के लिए हर भावी लीडर की क्षमता को पहचान लें और संगठन की आवश्यकताओं के अनुरूप उसका विकास करें। इससे दोनों पक्षों की जीत की स्थिति निर्मित होती है। मार्गदर्शन देने वाले लीडर की जीत होती है, क्योंकि उसके अधीन काम करने वाला "उगता सूरज" बेहतरीन प्रदर्शन और उत्पादन कर रहा है। संगठन की जीत होती है, क्योंकि लक्ष्य प्राप्त हो रहे हैं। क्षमतावान लीडर की जीत होती है, क्योंकि उसका विकास और सुधार हो रहा है। उसका भविष्य उज्ज्वल नज़र आता है।

इस विचार का एक बहुत बढ़िया अमल 101 प्रतिशत के सिद्धांत में नज़र आता है : *उस एक चीज़ का पता लगा लें, जिसे आप क्षमतावान लीडर की सबसे बड़ी योग्यता मानते हैं और फिर उसे क्षेत्र में उसे 101 प्रतिशत प्रोत्साहन दें।* अगर आप क्षमतावान लीडर की व्यक्तिगत क्षमताओं पर ध्यान केंद्रित करेंगे, तो इससे उसके सकारात्मक विकास, आत्मविश्वास और सफलता को प्रोत्साहन मिलेगा।

क्षमतावान लीडर की आवश्यकताओं (इच्छाओं) पर ध्यान केंद्रित करें

लोग अक्सर महान सफलता को कई चीज़ों के साथ जोड़ते हैं : क़िस्मत, सही समय (टाइमिंग), परिस्थिति या नैसर्गिक योग्यता। किसी व्यक्ति की सफलता का रहस्य अक्सर एक ऐसा गुण लगता है, जिसका पता लगाना मुश्किल होता है। शिकागो विश्वविद्यालय ने अग्रणी कलाकारों, खिलाड़ियों और बुद्धिजीवियों के जीवन पर पाँच साल तक अध्ययन किया। इस अध्ययन का उद्देश्य यह पता लगाना था कि वे किस वजह से सफल हुए। इस शोध में डॉ. बेंजामिन ब्लूम ने विभिन्न क्षेत्रों के बीस सर्वोच्च लोगों का साक्षात्कार लिया। इनमें विभिन्न क्षेत्रों के प्रोफ़ेशनल्स शामिल थे, जैसे पियानोवादक, ओलिंपिक तैराक, टेनिस खिलाड़ी, मूर्तिकार, गणितज्ञ और न्यूरोलॉजिस्ट। ब्लूम और उनके शोधकर्ताओं की टीम ने यह रहस्य जानने की कोशिश की कि ये सफल लोग किस तरह विकसित हुए। अध्ययन के परिप्रेक्ष्य को व्यापक बनाने के लिए

उन्होंने उनके परिवारों और अध्यापकों से भी बातचीत की। रिपोर्ट का निष्कर्ष यह था कि इन लोगों को असाधारण सफलता नैसर्गिक योग्यता की वजह से नहीं, बल्कि प्रबल प्रेरणा, संकल्प और इच्छा की वजह से मिली।

महान लीडर्स अपने अधीनस्थों की इच्छाएँ जानते हैं। यह सच है कि क्षमतावान लीडर्स अपने लीडर के ज्ञान और योग्यता का सम्मान करते हैं, परंतु यह जान लें कि ज्ञान का महत्त्व गौण है। लीडर कितना जानता है, इस बात की लोगों को तब तक परवाह नहीं होती, जब तक कि वे यह नहीं जान लें कि उनका लीडर उनकी आवश्यकताओं, सपनों और इच्छाओं की परवाह करता है। जब कोई लीडर अपने समूह के लोगों के कल्याण में सच्ची रुचि लेता है, तो उस समूह के लोगों का संकल्प और इच्छाशक्ति उल्लेखनीय रूप से बढ़ जाती हैं। प्रबल प्रेरणा, संकल्प और इच्छाशक्ति हर तरह की सफलता की पहली सीढ़ी है।

नेपोलियन बोनापार्ट को इतिहास के महानतम लीडर्स में से एक माना जाता है। उनकी लीडरशिप का एक रहस्य यह भी था कि वे अपने अधीनस्थों की आवश्यकताओं को जानते थे। वे पहले यह पता लगाते थे कि उनके अधीनस्थ किस चीज़ को सबसे प्रबलता से चाहते हैं। इसके बाद वे हर संभव कोशिश करते थे कि उन लोगों को वह चीज़ मिल जाए। वे जानते थे कि यह सफल उत्प्रेरण की कुंजी है। अधिकांश लीडर्स इसके ठीक विपरीत करते हैं। वे पहले यह निर्णय लेते हैं कि उन्हें क्या चाहिए। फिर वे दूसरों को राज़ी करने की कोशिश करते हैं कि वे भी उसे चीज़ को चाहें, जिसे वे चाहते हैं।

व्यक्ति के भीतर छिपे लीडर की तलाश करें

किसी व्यक्ति के भीतर छुपे भावी लीडर को पहचानने के लिए एक ऐसे लीडर की ज़रूरत होती है, जिसमें भविष्य-दृष्टि हो।

किसी भी नौकरी का कोई भविष्य नहीं होता। भविष्य तो उस आदमी में छिपा होता है, जो नौकरी करता है। किसी व्यक्ति के भीतर छिपे भावी लीडर को पहचानने के लिए एक ऐसे लीडर की ज़रूरत होती है, जिसमें भविष्य-दृष्टि हो। जब माइकल एन्जेलो से उनकी

महान कलाकृति डेविड के बारे में पूछा गया, तो उन्होंने जवाब दिया कि प्रतिमा तो हमेशा से पत्थर के भीतर मौज़ूद थी। उन्होंने तो सिर्फ़ उसके आसपास के पत्थर को हटाया था। क्षमतावान लीडर्स पर नज़र रखते समय लीडर के पास भी ऐसी ही भविष्य-दृष्टि होना चाहिए। आपको किसी व्यक्ति के भीतर इन गुणों की तलाश करना चाहिए :

सकारात्मकता	:	लोगों तथा परिस्थितियों को सकारात्मक तरीक़े से देखने और काम करने की योग्यता
सेवाभाव	:	सेवा करने, टीम भावना से काम करने और लीडर का अनुसरण करने की इच्छा
विकास की क्षमता	:	व्यक्तिगत विकास की भूख; ज़िम्मेदारी बढ़ने के साथ अपना विकास करने की क्षमता
काम पूरा करना	:	काम को पूरा करने और सही तरह से पूरा करने का संकल्प
वफ़ादारी	:	लीडर और संगठन को अपनी व्यक्तिगत इच्छाओं से हमेशा ऊपर रखना
जीवट	:	समस्याएँ आने पर उनका मुक़ाबला करने की क्षमता
ईमानदारी	:	विश्वसनीयता और ठोस चरित्र; कार्यों और शब्दों में एकरूपता
"बड़ी तसवीर" वाली मानसिकता	:	पूरे संगठन और उसकी समस्त आवश्यकताओं को देखने की योग्यता

अनुशासन	:	व्यक्तिगत मूड कैसा भी हो, आवश्यक कार्य करने की इच्छा
कृतज्ञता	:	कृतज्ञता का नज़रिया, जो जीवनशैली बन जाए

किसी व्यक्ति के भीतर इन गुणों की खोज करते समय लीडर को सोना खोजने वालों की तरह काम करना चाहिए। सोना खोजने वाले लोग हमेशा ऐसी जगहों की तलाश में रहते हैं, जहाँ सोना मिलने की संभावना हो। उन्हें सोना मिलने तथा अमीर बनने का अवसर और संभावना हर पहाड़ में नज़र आती है। अगर उन्हें सोने के कुछ अंश मिल जाते हैं, तो वे यह मान लेते हैं कि वहाँ पर बहुत बड़ा भंडार छुपा होगा, इसलिए वे पूरे मनोयोग से खुदाई करने में जुट जाते हैं। यही हर संगठन में भी करना चाहिए। लीडर के रूप में अपने कर्मचारियों में सोने की तलाश करें और अगर आपको कहीं सोने के अंश मिल जाएँ, तो तत्काल खुदाई करने में जुट जाएँ। आपको सोने का विशाल भंडार मिल जाएगा।

पद और पदनाम के बजाय परिणाम पर ज़ोर दें

जो संगठन पद और पदनाम पर बहुत ज़्यादा ज़ोर देते हैं, उनके कर्मचारी भी ऐसा करना सीख लेते हैं। ऐसे माहौल में कर्मचारियों की मूल चिंता यह होती है कि वे सीढ़ी की अगली पायदान पर चढ़ जाएँ या ज़्यादा महत्त्वपूर्ण पदनाम हासिल कर लें। वास्तविकता तो यह है कि पदनाम का महत्त्व बहुत कम होता है। ऊँचे पदनाम से ख़राब प्रदर्शन करने वाले को कोई मदद नहीं मिलती है। इसी तरह, कम महत्त्वपूर्ण पदनाम बेहतरीन प्रदर्शन करने वाले के आड़े नहीं आता है। पदनाम की तरह ही पद से भी कोई लीडर नहीं बनता है।

डेवलपिंग द लीडर विदिन यू में मैंने लीडरशिप के पाँच स्तरों का वर्णन किया है : पद, अनुमति, उत्पादन, लोगों का विकास, और किंवदंती। पद सबसे नीचे की पायदान है। जो व्यक्ति अपने पद के आधार पर लीडरशिप का दावा करता है, उसका प्रभाव कभी उसके पद के अधिकारों से आगे तक नहीं पहुँच सकता।

वरिष्ठता से भी ज़्यादा लाभ नहीं होता है। कर्मचारी नियुक्ति संगठन अकाउंटेम्पस ने कुछ समय पहले एक सर्वे किया। इसमें एक्ज़ीक्यूटिव्ज़ और पर्सनल डायरेक्टर्स से पूछा गया कि प्रमोशन के लिए कर्मचारियों का मूल्यांकन करते समय वे किन बातों पर सबसे ज़्यादा ध्यान देते हैं। 66 प्रतिशत लोगों का जवाब यह था कि वे विशिष्ट उपलब्धियों पर सबसे ज़्यादा ध्यान देते हैं। 47 प्रतिशत ने कहा कि वे सामान्य कार्य आदतों और प्रदर्शन पर विशेष ध्यान देते हैं। सिर्फ़ 4 प्रतिशत ने ही यह कहा कि वे वरिष्ठता को महत्त्वपूर्ण मानते हैं। नौकरी में बिताया गया समय सफल परिणाम या बेहतर प्रदर्शन का विकल्प नहीं है।

परिणामों पर ज़ोर देने वाले संगठन में पूरा ध्यान और ऊर्जा काम को अच्छी तरह से करने में लगती है। टीम भावना का माहौल रहता है। सभी लोग संगठन के लक्ष्य को प्राप्त करने के लिए समर्पित होते हैं। ऐसे ही माहौल में लीडर्स उभरकर सामने आते हैं। जैसा कि जनरल इलेक्ट्रिक के प्रेसिडेंट चार्ल्स विल्सन ने कहा था, "बोतल चाहे किसी भी आकार की हो, मलाई हमेशा सबसे ऊपर पहुँच जाती है।"

विकास के अवसर प्रदान करें

एक पर्यटक पहाड़ों पर स्थित एक छोटे से क़स्बे में आराम करने के लिए ठहरा। उस क़स्बे में सिर्फ़ एक ही दुकान थी। उस दुकान के सामने वाली बेंच पर एक बूढ़ा आदमी बैठा हुआ था। पर्यटक ने उसके पास जाकर पूछा, "मित्र, क्या आप मुझे बता सकते हैं कि इस क़स्बे की क्या विशेषता है?" बूढ़े आदमी ने जवाब दिया, "मुझे पूरी तरह तो नहीं मालूम। मैं तो सिर्फ़ इतना जानता हूँ कि यह दुनिया तक पहुँचने का शुरुआती बिंदु है। आप यहाँ से शुरू करके कहीं भी जा सकते हैं।"

सब लोग इस तरह नहीं देखते हैं। लोग यह नहीं देख पाते कि वे अपनी वर्तमान जगह से दुनिया में किसी भी मनचाही जगह तक पहुँच सकते हैं। लीडर्स के रूप में हमें अपने आस-पास के लोगों को प्रोत्साहित करना चाहिए कि वे अपनी वर्तमान जगह को अपने विकास का शुरुआती बिंदु मानें। व्यक्तिगत विकास के लिए माहौल तैयार करना बहुत ज़्यादा महत्त्वपूर्ण है। बहरहाल, अगर आपके आस-पास के लोगों को यह मालूम

हमें अपने आसपास के क्षमतावान लीडर्स को देखना होगा और यह पूछना होगा, "इस व्यक्ति को विकास करने के लिए किस चीज़ की आवश्यकता है?"

ही न हो कि वे ऐसे माहौल में हैं, तो हो सकता है वे इसका लाभ नहीं उठा पाएँ। यह एक कारण है, जिसकी वजह से *विकास के लिए अवसर निर्मित करना* महत्त्वपूर्ण है। इसका दूसरा कारण यह है कि स्थापित लीडर यह बात जानता है कि क्षमतावान लीडर को किन अवसरों की आवश्यकता है।

सही अवसर बनाने के लिए हमें अपने आसपास के क्षमतावान लीडर्स देखना होगा और यह पूछना होगा, "इस व्यक्ति को विकास करने के लिए किस चीज़ की आवश्यकता है?" सबके लिए एक ही फ़ॉर्मूले से काम नहीं चलेगा। अगर हम क्षमतावान लीडर की आवश्यकता के अनुरूप अवसर नहीं बना पाएँगे, तो हो सकता है हम जो चीज़ें दे रहे हों, उसे उनकी आवश्यकता ही नहीं हो।

यूनियन थियोलॉजिकल सेमिनरी के सदस्य अर्नेस्ट कैंपबेल ने एक ज्ञानवर्धक कहानी सुनाई थी :

> एक महिला पालतू जानवरों की दुकान में गई और उसने अपना दिल बहलाने के लिए एक तोता ख़रीद लिया। वह तोते को घर ले गई, परंतु अगले ही दिन उसने दुकान में आकर कहा, "तोते ने अब तक एक शब्द भी नहीं बोला!"
>
> दुकान के मालिक ने पूछा, "क्या आपने तोते के पास आईना रखा है? तोते आईने में खुद को देखना पसंद करते हैं।" इस सलाह पर अमल करते हुए उस महिला ने एक आईना ख़रीदा और घर लौट गई।
>
> अगले दिन वह दोबारा आई। एक बार फिर उसने कहा कि तोता अब भी नहीं बोल रहा है।
>
> दुकान के मालिक ने कहा, "आप सीढ़ी क्यों नहीं ख़रीद लेतीं? तोते सीढ़ी पर चढ़ना-उतरना पसंद करते हैं।" इस सलाह पर अमल करते हुए महिला ने सीढ़ी ख़रीद ली और घर लौट गई।

ठीक उसी तरह अगले दिन वह फिर दुकान में उसी पुरानी कहानी के साथ आ गई - तोता अब भी कुछ नहीं बोल रहा है।

"क्या तोते के पास झूला है? तोतों को झूले पर आराम करना अच्छा लगता है।" उस महिला ने झूला ख़रीदा और घर लौट गई।

अगले दिन उसने दुकान में आकर यह दुखद सूचना दी कि तोता मर गया है।

दुकान के मालिक ने कहा, "मुझे यह सुनकर बहुत अफ़सोस हुआ! क्या तोते ने मरने से पहले कुछ कहा?"

"हाँ," महिला ने जवाब दिया, "मरने से पहले उसने कहा था कि क्या दुकानों में कोई खाने-पीने की चीज़ नहीं मिलती है?"

बहुत से लीडर्स इसी महिला की तरह होते हैं। वे चाहते हैं कि उनके कर्मचारी अच्छा प्रदर्शन करें। जब कर्मचारी ऐसा नहीं करते, तो लीडर्स उन्हें वे सारी चीज़ें उपलब्ध कराते हैं, जो विशेषज्ञों की राय के अनुसार उन्हें अच्छी लगना चाहिए। बहरहाल लीडर्स ख़ुद अपने कर्मचारियों की तरफ़ कभी ग़ौर से नहीं देखते हैं कि उन्हें दरअसल किस चीज़ की ज़रूरत है।

जब आप क्षमतावान लीडर्स के बारे में यह फ़ैसला करें कि उन्हें किस चीज़ की ज़रूरत है, तो विकास के अवसर निर्मित करने के लिए इन विचारों को ध्यान में रखें :

- क्षमतावान लीडर को उसके क्षेत्र के सफल लोगों से मिलवाएँ।
- सुरक्षित माहौल प्रदान करें, जहाँ क्षमतावान लीडर जोखिम लेने के लिए स्वतंत्र हो।
- क्षमतावान लीडर को एक अनुभवी मार्गदर्शक प्रदान करें।
- क्षमतावान लीडर को उसकी आवश्यकताओं के अनुरूप साधन और संसाधन प्रदान करें।
- क्षमतावान लीडर को आवश्यक क्षेत्रों में प्रशिक्षित करने के लिए समय और धन का निवेश करें।

विकास के अवसरों के माध्यम से क्षमतावान लीडर्स को विकसित करने का विचार एडविन मार्ख़म की इस कविता में सार रूप में दिया गया है :

हम अंधे हैं जब तक हम नहीं देख पाते
कि मानवीय योजना में
कुछ भी बनाने के क़ाबिल या महत्त्वपूर्ण नहीं है,
अगर वह इंसान को इंसान नहीं बना पाए।

शहरों को चमकदार क्यों बनाएँ,
अगर इंसान ख़ुद ही अधूरा रह जाए?
हमारी बनाई दुनिया बेकार है
जब तक कि बनाने वाला ख़ुद अपना विकास नहीं करें।

प्रबंधन करने के बजाय भविष्य-दृष्टि के साथ नेतृत्व करें

लीडरशिप का एक महत्त्वपूर्ण काम भविष्य-दृष्टि प्रदान करना है। कुछ लीडर्स प्रबंधन (management) के जाल में इतने उलझ जाते हैं कि वे भविष्य-दृष्टि प्रदान करना ही भूल जाते हैं। सच्चे लीडर्स मैनेजर और लीडर के बीच के फ़र्क़ को जानते हैं। मैनेजर यथास्थिति बनाए रखते हैं, जबकि लीडर्स नवीन कार्य करते हैं और सृजन करते हैं। मैनेजर तंत्रों तथा नियंत्रणों पर विश्वास करते हैं, जबकि लीडर्स लोगों पर विश्वास करते हैं। जब लोग अपने नवाचारी लीडर की भविष्य-दृष्टि को आत्मसात करके कार्य करते हैं, तो सकारात्मक विचार हक़ीक़त में बदल जाते हैं।

प्रभावकारी भविष्य-दृष्टि मार्गदर्शन देती है। यह संगठन को प्रभावकारी दिशा देती है, जो नियमों, नीतियों, नियमावलियों या संगठनात्मक चार्टों से उतने प्रभावी रूप से उत्पन्न नहीं हो सकती। भविष्य-दृष्टि से ही किसी संगठन को सही दिशा मिलती है। इसकी शुरुआत तब होती है, जब लीडर इसे स्वीकार करता है। इसे समर्थन तब मिलता है, जब लीडर इसका मॉडल बन जाता है। यह यथार्थ में तब बदलती है, जब कर्मचारी इसके अनुरूप कार्य करते हैं।

बड़े काम करें

लीडर का लगभग हर काम उसकी भविष्य-दृष्टि के अनुरूप होता है। अगर उसकी भविष्य-दृष्टि छोटी है, तो उसके अनुयायी और मिलने वाले परिणाम भी छोटे ही होंगे। इस अवधारणा को जानने वाले एक उच्च पदस्थ फ़्रांसीसी अधिकारी ने विंस्टन चर्चिल से कहा था : "अगर आप बड़े काम करेंगे, तो आपकी तरफ़ बड़े लोग आकर्षित होंगे। अगर आप छोटे काम करेंगे, तो आपकी तरफ़ छोटे लोग आकर्षित होंगे। आम तौर पर छोटे लोग दिक़्क़तें पैदा करते हैं।" प्रभावकारी भविष्य-दृष्टि विजेताओं को आकर्षित करती है।

बहुत बार ऐसा होता है कि लोग अपनी क्षमता को स्वयं सीमित कर लेते हैं। उनकी सोच छोटी होती है। वे जोखिम लेने से डरते हैं। जो लोग अपनी क्षमता से आगे बढ़कर प्रयास करने के इच्छुक नहीं होते हैं, वे विकास नहीं कर पाते हैं। जैसा लेखक हेनरी ड्रमंड ने कहा था, "जब तक कोई व्यक्ति अपनी संभावित क्षमता से ज़्यादा काम हाथ में नहीं लेता है, तब तक वह अपनी पूरी क्षमता तक नहीं पहुँच सकता।"

बाहर के लोगों के बजाय अंदर के लोगों को पदोन्नति दें

जब लीडर के पास भविष्य-दृष्टि होती है, तो इसे साकार करने के लिए उसे एक टीम बनाने की ज़रूरत होती है। उसके सामने यह समस्या आती है कि वह विजेताओं को कहाँ खोजे। विजेताओं को खोजना आसान नहीं है। सच तो यह है कि अधिकांश विजेता खोजे नहीं, बल्कि बनाए जाते हैं। मेजर लीग बेसबॉल में टीमें आम तौर पर दो तरीक़ों से खिलाड़ी चुनती हैं। वे या तो अपनी खुद की माइनर लीग फ़ार्म टीम से खिलाड़ियों को ऊपर के स्तर तक लाती हैं या फिर वे संगठन के बाहर के सफल खिलाड़ियों से अनुबंध कर लेती हैं। बेसबॉल प्रेमियों ने बार-बार देखा है कि टीमें विश्व श्रृंखला जीतने की कोशिश में बाहर से महँगे खिलाड़ियों को चुनती हैं, परंतु बार-बार उन्होंने यह भी देखा है कि इसके बावज़ूद वे टीमें जीत नहीं पाती हैं।

"फ़ार्म टीम" का तरीक़ा यह है कि इसमें विकसित हो रहे सर्वश्रेष्ठ खिलाड़ियों को चुनकर संगठन में शामिल किया जाता है। इसके बाद उन्हें

कोचिंग दी जाती है और विकसित किया जाता है। उनके मैनेजर और कोच उनकी शक्तियों और कमज़ोरियों को जानने के बाद उनके लिए सही स्थिति खोजते हैं। खिलाड़ियों को नए स्तर पर अनुभव मिलता है और उन्हें अपने खेल के स्तर को ऊपर उठाने का अवसर मिलता है। अगर उनका प्रदर्शन पर्याप्त अच्छा होता है, तो उन्हें पदोन्नति देकर मेजर लीग टीम में शामिल कर लिया जाता है।

हमारी कंपनी में हम अधिकांश लीडर्स को कंपनी के भीतर से ही चुनते और पदोन्नति देते हैं। यह काम हमेशा आसान नहीं होता, परंतु बेसबॉल की फ़ार्म टीम की विधि का प्रयोग करने के ज़बर्दस्त लाभ हैं। पहला लाभ तो यह है कि आप उस व्यक्ति के चरित्र और नज़रिये को अच्छी तरह से जानते हैं। किसी बाहरी व्यक्ति का इंटरव्यू लेने में जोखिम होता है। उसे नियुक्त करने का निर्णय लेने के लिए आपके पास सिर्फ़ यही आधार होता है कि वह अपने बारे में क्या कहता है और उसके बारे में की गई अनुशंसाओं में क्या लिखा है। नौकरी के आवेदन में चरित्र का नहीं, सिर्फ़ योग्यताओं का वर्णन होता है। अधिकांश नियोक्ताओं की राय में नए कर्मचारी को नौकरी पर रखते समय चरित्र और नज़रिया सबसे महत्त्वपूर्ण होते हैं। योग्यताएँ तो सीखी और सिखाई जा सकती हैं।

दूसरा लाभ यह है कि जिस व्यक्ति को संगठन के भीतर से पदोन्नति दी जा रही है, वह संगठन और इसके कर्मचारियों को पहले से ही जानता है। वह अपने लीडर की भविष्य-दृष्टि को जानता है। वह संगठन के सिद्धांतों के अनुरूप काम करता है। वह कर्मचारियों के साथ संबंध बनाने की मेहनत कर चुका है। बाहर से आने वाले व्यक्ति को ये सब चीज़ें सीखने में समय लगेगा। यह भी हो सकता है कि संगठन में आने के बाद बाहरी व्यक्ति में संगठन से क़रीबी तालमेल बनाने की इच्छा नहीं हो या वह ऐसा कर नहीं पाए। जब आप संगठन के लोगों को तरक़्क़ी देते हैं, तो आप लाभकारी स्थिति में होते हैं।

तीसरा लाभ यह है कि संगठन के जिस व्यक्ति को तरक़्क़ी दी जा रही है, वह कार्यक्षेत्र में अपनी निपुणता साबित कर चुका है। आप उसकी प्रतिभा और प्रभाव से परिचित हैं। आप जानते हैं कि वह आपके मैदान में गेंद पर सफलतापूर्वक प्रहार कर सकता है। इस वजह से जोखिम

तुलनात्मक रूप से कम होता है। अगर आप किसी बाहरी सफल खिलाड़ी को अपनी टीम में लाते हैं, तो आपके पास उसका आकलन करने का सीमित अवसर होता है। यह भी हो सकता है कि परिस्थितियाँ भिन्न होने के कारण वह आपके मैदान में गेंद पर सफलतापूर्वक प्रहार नहीं कर पाए। अपनी फ़ार्म टीम की प्रतिभा का विकास करने के लिए टीम के लीडर को एक रणनीति बनाना होगी और एक विशिष्ट नज़रिया अपनाना होगा। लीडर को यह करना होगा :

- क्षमतावान लीडर्स में समय और धन का निवेश करना होगा।
- संगठन के लोगों को ही पदोन्नति देने का संकल्प करना होगा।
- अपने अधीनस्थों को यह दिखाना होगा कि संगठन के भीतर व्यक्तिगत और व्यावसायिक विकास न सिर्फ़ संभव हैं, बल्कि वास्तविक भी हैं।

मुश्किल निर्णय लें

चेज़ मैनहट्टन कॉरपोरेशन के चेयरमैन विलार्ड सी. बुच को ईस्टमैन कोडक कंपनी के शीर्ष एक्ज़ीक्यूटिव ने एक बार यह सलाह दी थी, "बिल, तुम यह पाओगे कि तुम अपने करियर में जो 95 प्रतिशत निर्णय लोगे, उन्हें हाई स्कूल का कोई भी समझदार विद्यार्थी ले सकता है, परंतु तुम्हें तनख़्वाह बाक़ी 5 प्रतिशत निर्णय लेने के लिए मिलेगी।"

लीडर के सबसे मुश्किल निर्णयों में से एक ख़राब कर्मचारियों के बारे में होता है। महान लीडर्स उनके बारे में स्मार्ट नीति अपनाते हैं। जो लीडर उन्हें प्रभावकारी ढंग से नहीं सँभाल सकता, वह इन चीज़ों को नुक़सान पहुँचाता है :

- लक्ष्य हासिल करने की संगठनात्मक क्षमता को नुक़सान पहुँचाता है
- सर्वश्रेष्ठ प्रदर्शन करने वालों के मनोबल को नुक़सान पहुँचाता है
- ख़ुद की विश्वसनीयता को नुक़सान पहुँचाता है
- ख़राब कर्मचारियों की आत्म-छवि और संभावित प्रभावकारिता को नुक़सान पहुँचाता है

ख़राब प्रदर्शन करने वाले कर्मचारी के बारे में कौन-सी नीति सही होगी, यह पता लगाने के लिए लीडर को ख़ुद से यह पूछने की ज़रूरत है, "इस व्यक्ति को प्रशिक्षण दिया जाए, इसका तबादला किया जाए या फिर इसे नौकरी से निकाल दिया जाए?" इस प्रश्न का जवाब बता देगा कि सही कार्यवाही क्या होनी चाहिए।

अगर योग्यता की कमी के कारण कर्मचारी का प्रदर्शन ख़राब है, तो प्रशिक्षण की ज़रूरत है। इसी तरह, प्रशिक्षण से अक्सर उस कर्मचारी को भी लाभ हो सकता है, जिसे संगठन का जीवनदर्शन या भविष्य-दृष्टि सीखने की ज़रूरत है। प्रशिक्षण सबसे सकारात्मक समाधान है, क्योंकि यह कर्मचारी में निवेश करता है। किसी नए कर्मचारी को शुरुआत से सिखाने के बजाय वर्तमान कर्मचारी को सुधारना ज़्यादा किफ़ायती तरीक़ा भी होता है।

कई बार कर्मचारी इसलिए ख़राब प्रदर्शन करता है, क्योंकि उसका वर्तमान काम उसकी प्रतिभाओं और योग्यताओं से मेल नहीं खाता है। अगर कर्मचारी का नज़रिया अच्छा है और उसमें सफल होने की इच्छा है, तो उसका तबादला किसी ऐसे पद पर किया जा सकता है, जो उसकी प्रतिभाओं से मेल खाता हो। वहाँ वह तरक़्क़ी कर सकता है।

किसी कर्मचारी को नौकरी से निकालना लीडर द्वारा लिए जाने वाले सबसे मुश्किल फ़ैसलों में से एक होता है। यह उसके द्वारा लिए जाने वाले सबसे महत्त्वपूर्ण निर्णयों में से भी एक होता है। दरअसल, ख़राब प्रदर्शन करने वालों को हटाना भी उतना ही महत्त्वपूर्ण है, जितना कि अच्छे प्रदर्शन करने वालों को संगठन में शामिल करना। ख़राब प्रदर्शन करने वाले कर्मचारी को निकालने से संगठन और उसके हर व्यक्ति का भला होता है। इसके परिणामस्वरूप इस पूर्व कर्मचारी को अपनी क्षमता का पुनर्मूल्यांकन करने का अवसर भी मिलता है, जिसके बाद वह किसी ऐसे पद और स्थान पर पहुँच सकता है, जहाँ वह विजेता बन सके।

वह क़ीमत चुकाएँ, जो लीडर्स को आकर्षित करती है

सफलता हमेशा क़ीमत चुकाने के बाद ही मिलती है। यह सबक़ मैंने बहुत समय पहले सीख लिया था। मेरे डैडी ने मुझे सिखाया था कि इंसान या तो

अभी क़ीमत चुकाए और बाद में मज़े करे, या फिर वह अभी मज़े करे और बाद में क़ीमत चुकाए। दोनों ही तरह से उसे क़ीमत तो चुकानी ही पड़ेगी।

क्षमतावान लीडर्स के लिए माहौल बनाने में भी लीडर को क़ीमत चुकानी पड़ती है। यह व्यक्तिगत विकास से शुरू होती है। लीडर को ख़ुद की जाँच करनी होगी, ख़ुद से मुश्किल सवाल पूछने होंगे, और फिर यह तय करना होगा कि सही काम कौन-सा है, भले ही माहौल या मूड कैसा भी हो। ऐसा बहुत कम होता है कि विकास के अनुशासन के लिए आदर्श और आरामदेह परिवेश मौज़ूद हो। दुनिया के अधिकांश महत्त्वपूर्ण काम ऐसे व्यक्तियों ने किए थे, जो इतने बीमार या व्यस्त थे कि उन्हें नहीं कर सकते थे। भावनाओं पर आधारित कंपनियाँ परिवेश को अपने कार्य निर्धारित करने देती हैं, जबकि चरित्र पर आधारित कंपनियाँ अपने कार्यों से परिवेश को निर्धारित करती हैं।

इंसान या तो अभी क़ीमत चुकाए और बाद में मज़े करे, या फिर वह अभी मज़े करे और बाद में क़ीमत चुकाए।

सफल लीडर्स यह जानते हैं कि व्यक्तिगत विकास और लीडरशिप योग्यताओं का विकास ज़िंदगी भर चलने वाली प्रक्रिया है। वारेन बैनिस और बर्ट नैनुस ने *लीडर्स : द स्ट्रैटजीज़ फ़ॉर टेकिंग चेंज* में सभी क्षेत्रों के नब्बे शीर्ष लीडर्स का अध्ययन किया। उन्होंने पाया कि "अपनी योग्यताओं का विकास करने और उन्हें सुधारने की क्षमता लीडर को अनुयायियों से अलग करती है।" इनका निष्कर्ष यह था कि "लीडर हमेशा सीखता रहता है।"

क्षमतावान लीडर्स के लिए विकास करने का माहौल बनाने का संकल्प करने से पहले लीडर को अपने विकास का संकल्प करना होगा। अपने संकल्प के वर्तमान स्तर का पता लगाने के लिए नीचे दिए गए सवालों के जवाब दें :

व्यक्तिगत विकास के संकल्प पर प्रश्न

1.	क्या व्यक्तिगत विकास के लिए मेरी कोई योजना है?	हाँ	नहीं
2.	क्या मैं उस योजना का लीडर हूँ?	हाँ	नहीं
3.	क्या विकास करते रहने के लिए मैं बदलने का इच्छुक हूँ, भले ही मुझे इसके लिए अपना वर्तमान पद छोड़ना पड़े (अगर इसमें मेरा विकास नहीं हो पा रहा हो)?	हाँ	नहीं
4.	क्या मेरा जीवन एक ऐसा उदाहरण है, जिसका दूसरे अनुसरण करें?	हाँ	नहीं
5.	क्या मैं महान लीडर बनने की क़ीमत चुकाने का इच्छुक हूँ?	हाँ	नहीं

इनमें से किसी भी सवाल का जवाब अगर "नहीं" में हो, तो लीडर को अपनी योजना और व्यक्तिगत विकास के संकल्प की जाँच करनी चाहिए। लीडर में अगर संकल्प की कमी होगी, तो क्षमतावान लीडर्स के लिए विकास करना मुश्किल होगा। अगर लीडर के रूप में आप में यह संकल्प नहीं है, तो आपका भविष्य सीमित है और आप कभी महान लीडर नहीं बन पाएँगे। बदलने का समय अभी है।

आप जिस माहौल में काम करते हैं, वह आपको और आपके नेतृत्व में काम करने वाले लोगों को प्रभावित करता है। आपका संगठन लीडर्स को विकसित करने के लिए कितना समर्पित है और उसमें संगठनात्मक तथा व्यक्तिगत विकास को प्रोत्साहित करने के लिए कैसा माहौल है, यह जानने के लिए नीचे दिए गए प्रश्नों के जवाब दें :

संगठनात्मक विकास से संबंधित प्रश्न

1. क्या संगठन ने लोगों को विकसित करने का विशिष्ट संकल्प लिया है?

   बहुत कम बार कई बार लगभग हमेशा

2. क्या संगठन कर्मचारियों के विकास के लिए ख़र्च करना चाहता है?

   बहुत कम बार कई बार लगभग हमेशा

3. क्या संगठन स्वयं के और अपने कर्मचारियों के विकास की निरंतरता बनाए रखने के लिए परिवर्तन करने का इच्छुक है?

   बहुत कम बार कई बार लगभग हमेशा

4. क्या संगठन उन लीडर्स का समर्थन करता है, जो लोगों के व्यक्तिगत विकास तथा संगठन के विकास के लिए आवश्यक मुश्किल निर्णय लेने के इच्छुक होते हैं?

   बहुत कम बार कई बार लगभग हमेशा

5. क्या संगठन पद या पदनाम के बजाय अच्छे परिणामों पर ज़ोर देता है?

   बहुत कम बार कई बार लगभग हमेशा

6. क्या संगठन अपने कर्मचारियों को विकास के अवसर प्रदान करता है?

   बहुत कम बार कई बार लगभग हमेशा

7. क्या संगठनात्मक लीडर्स में भविष्य-दृष्टि है और वे इसे अपने कर्मचारियों तक पहुँचाते हैं?

   बहुत कम बार कई बार लगभग हमेशा

8. क्या संगठन बड़ी सोच में विश्वास रखता है?

   बहुत कम बार कई बार लगभग हमेशा

9. क्या संगठन भीतर से यानी अपने ही कर्मचारियों को पदोन्नति देता है?

   बहुत कम बार कई बार लगभग हमेशा

10. क्या संगठन में दूसरे लीडर्स हैं, जो अपने तथा दूसरों के विकास के लिए व्यक्तिगत त्याग की क़ीमत चुकाने के इच्छुक हों?

बहुत कम बार कई बार लगभग हमेशा

अगर इन सवालों में से अधिकांश के जवाब "बहुत कम बार" या "कई बार" हों, तो परिवर्तन की आवश्यकता है। अगर संगठन की बागडोर आपके हाथ में है, तो परिवर्तन अभी शुरू कर दें। अगर आप संगठन के किसी विभाग के प्रमुख हैं, तो आप सकारात्मक परिवर्तन करने की स्थिति में हैं। अपने संगठन में हर वह काम करें, जो क्षमतावान लीडर्स के लिए सकारात्मक माहौल बनाने में सहायक हो। अगर आप सिर्फ़ ख़ुद को ही बदलने की स्थिति में हैं, तो संगठन में किसी ऐसे व्यक्ति को खोजें, जो आपका विकास करे - या फिर अपनी नौकरी बदल लें। महान लीडर्स अपने विचार और अपने सीखे हुए सबक़ सीखने वाले भावी लीडर्स के साथ बाँटते हैं। भावी लीडर्स को दूर से प्रभावित तो किया जा सकता है, परंतु गहरा प्रभाव नज़दीक से ही छोड़ा जा सकता है।

यहाँ संभावित लीडर्स के लिए माहौल बनाने पर कुछ अंतिम विचार दिए जा रहे हैं। खेल जगत के रिकॉर्ड इस बात का प्रत्यक्ष प्रमाण देते हैं कि जब सही माहौल बनाया जाता है, तो सकारात्मक परिणाम मिलते हैं। ओलिंपिक खिलाड़ी पैरी ओ'ब्रायन ने 1952 के ओलिंपिक में शॉटपुट का गोल्ड मेडल जीता। उन्होंने 16 पौंड वज़नी शॉट 57 फ़ुट दूर फेंका था। 1953 में उन्होंने 5 फ़ुट 9 इंच दूर शॉट फेंककर नया विश्व कीर्तिमान बनाया। उस समय विशेषज्ञों ने कहा कि ओ'ब्रायन दुनिया का सबसे अच्छा शॉटपुट खिलाड़ी है और मेहनत करके वह अपने रिकॉर्ड में एक-दो इंच की वृद्धि कर सकता है। विशेषज्ञों की यह राय थी कि कोई भी व्यक्ति शॉटपुट को 60 फ़ुट से ज़्यादा दूर नहीं फेंक सकता।

महान लीडर्स अपने विचार और अपने सीखे हुए सबक़ उन सीखने वाले लोगों के साथ बाँटते हैं, जो भविष्य में लीडर्स बनेंगे।

सौभाग्य से, ओ'ब्रायन ने विशेषज्ञों की बातों पर ध्यान नहीं दिया। वे लगातार अपने प्रदर्शन को सुधारने के संकल्प के साथ जुटे रहे। उन्होंने

विभिन्न शैलियों पर प्रयोग किए और इस खेल की एक नई तकनीक खोजी, जो 1970 के दशक से शॉटपुट की प्रचलित शैली बन गई।

1956 में ओ'ब्रायन ने एक बार फिर ओलिंपिक का स्वर्ण जीता और उन्होंने यह एक-दो इंच से नहीं, बल्कि एक-दो फ़ुट से जीता। उन्होंने 60 फ़ुट 11 इंच की दूरी तक शॉट फेंककर तथाकथित अटूट अवरोध को तोड़ दिया। ओ'ब्रायन ने 1959 में 64 फ़ुट 4 इंच शॉट फेंककर अपना अंतिम कीर्तिमान बनाया। उनके बाद बहुत से शॉटपुट खिलाड़ी ने इससे ज़्यादा दूर तक शॉट फेंक चुके हैं। आज विश्व कीर्तिमान 75 फ़ुट से ज़्यादा का है।

यही चार मिनट में एक मील दौड़ने के बारे में सच है। विशेषज्ञ कहते थे कि कोई भी चार मिनट से कम समय में एक मील नहीं दौड़ सकता। परंतु 1954 में एक युवा मेडिकल विद्यार्थी रॉजर बैनिस्टर ने उस अवरोध को तोड़कर असंभव को संभव बना दिया। आज हर विश्व-स्तरीय धावक चार मिनट से कम समय में एक मील दौड़ सकता है। क्यों? क्योंकि एक आदमी ने अपने प्रदर्शन को लगातार सुधारने का फ़ैसला किया। एक आदमी ने व्यक्तिगत विकास की क़ीमत चुकाने का फ़ैसला किया। यह नेतृत्व करने का इच्छुक था। परिणामस्वरूप, उसने अपना अनुसरण करने वाले सफल लोगों के लिए माहौल बनाया। क्या आप लीडर के रूप में क़ीमत चुकाने और ऐसा माहौल बनाने के इच्छुक हैं, जिसमें लोग आपका अनुसरण कर सकें और भावी लीडर्स के रूप में उभर सकें।

❖ ❖ ❖

3

लीडर की प्राथमिक ज़िम्मेदारी

क्षमतावान लीडर्स को पहचानना

योग्यता से भी ज़्यादा महत्त्वपूर्ण और दुर्लभ एक चीज़ है और वो है योग्यता को पहचानने की योग्यता। क्षमतावान लीडर्स को पहचानना सफल लीडर की प्राथमिक ज़िम्मेदारी है। यह हमेशा आसान नहीं होता है, परंतु इसके बिना काम भी नहीं चलता है।

एंड्रयू कारनेगी क्षमतावान लीडर्स को पहचानने में निपुण थे। एक बार उनसे किसी रिपोर्टर ने पूछा कि वे 43 मिलिनेयर्स को अपने यहाँ नौकरी पर रखने में कैसे सफल हुए। इस पर कारनेगी ने जवाब दिया कि जब ये लोग उनके यहाँ काम करने आए थे, तब वे मिलिनेयर्स नहीं थे। वे उनके यहाँ काम करने की वजह से मिलिनेयर्स बने थे। रिपोर्टर ने हैरान होकर पूछा कि कारनेगी ने इन लोगों को किस तरह विकसित किया, जिसकी वजह से वे इतने बहुमूल्य लीडर्स बन गए। कारनेगी ने जवाब दिया, "जिस तरह सोने को खदान से निकाला जाता है, उसी तरह लोगों को विकसित किया जाता है। एक औंस सोना पाने के लिए टनों मिट्टी हटानी पड़ती है। लेकिन आप खदान में मिट्टी की तलाश करने नहीं जाते हैं, आप सोने की तलाश करने जाते हैं।" सकारात्मक और सफल लोगों को विकसित

सकारात्मक और सफल लोगों को विकसित करने के लिए मिट्टी की नहीं, सोने की तलाश करें।

करने का भी यही तरीक़ा है। मिट्टी की नहीं, सोने की तलाश करें। बुराई की नहीं, अच्छाई की तलाश करें। आप सकारात्मक गुणों की जितनी ज़्यादा तलाश करेंगे, आपको ये गुण उतने ही ज़्यादा मिलेंगे।

सही खिलाड़ी चुनना

प्रोफ़ेशनल टीमें सही खिलाड़ी चुनने का महत्त्व जानती हैं। प्रोफ़ेशनल बेसबॉल, बास्केटबॉल और फ़ुटबॉल टीमों के कोच तथा मालिक हर साल खिलाड़ियों को चुनने के बारे में ही सोचते रहते हैं। नए क्षमतावान खिलाड़ियों पर निगाह रखने में उनका बहुत-सा समय और ऊर्जा लगती है। उदाहरण के लिए फ़ुटबॉल संगठनों के निरीक्षक (scouts) क्षमतावान खिलाड़ियों के बारे में जानकारी हासिल करने के लिए कॉलेज मैचों, बाउल मैचों, सीनियर बाउल मैचों और कैंपों को देखते हैं। फिर निरीक्षक अपनी टीम के मालिक और प्रमुख कोच को विस्तार से जानकारी देते हैं, ताकि समय आने पर टीम सबसे प्रतिभाशाली खिलाड़ियों को चुन सके। टीम के मालिक और कोच जानते हैं कि उनकी टीम की भावी सफलता काफ़ी हद तक अच्छे खिलाड़ी चुनने की योग्यता पर निर्भर करती है।

बिज़नेस में भी यही होता है। आपको भी अपने संगठन में सही खिलाड़ी चुनना चाहिए। अगर आप सही लोगों को चुनेंगे, तो लाभ कई गुना बढ़ जाएगा और लगभग अंतहीन होगा। अगर आप ग़लत लोगों को चुनेंगे, तो समस्याएँ कई गुना बढ़ जाएँगी और लगभग अंतहीन होंगी।

कर्मचारी को नौकरी पर रखना स्काईडाइविंग की तरह है। एक बार जब आप हवाई जहाज़ से कूद जाते हैं, तो आपको ज़मीन तक पूरी यात्रा करनी ही पड़ती है।

अक्सर होता यह है कि लीडर्स कर्मचारियों को बिना किसी निश्चित योजना या रणनीति के चुनते हैं। हताशा, समय की कमी या अज्ञान की वजह से वे सामने आने वाले किसी भी उम्मीदवार को तत्काल नौकरी पर रख लेते हैं। फिर वे अपनी साँस रोककर आशा करते हैं कि सब कुछ सही होगा, परंतु किसी नए कर्मचारी को रखने के लिए रणनीति बनाने की ज़रूरत होती है। नए कर्मचारी को पद पर नियुक्त करने से

पहले आपके विकल्प लगभग असीमित होते हैं। बहरहाल, जब आप किसी को नौकरी पर रख लेते हैं, तो इसके बाद आपके पास बहुत कम विकल्प बचते हैं। कर्मचारी को नौकरी पर रखना स्काईडाइविंग की तरह है। एक बार जब आप हवाई जहाज़ से कूद जाते हैं, तो आपको ज़मीन तक पूरी यात्रा करनी पड़ती है।

सही चुनाव करने की कुंजी दो बातों पर निर्भर करती है : (1) बड़ी तसवीर देखने की आपकी क्षमता और (2) चुनने की प्रक्रिया के दौरान क्षमतावान लोगों का मूल्यांकन करने की आपकी योग्यता।

इसलिए बेहतर यही होगा कि इस काम में प्रश्नों की सूची का उपयोग किया जाए। मैं हमेशा इस सूची का उपयोग करता हूँ, क्योंकि मैं हमेशा नए कर्मचारियों की खोज संगठन के बाहर और भीतर दोनों जगह करता हूँ। मेरी सूची यह रही :

आवश्यकताओं का आकलन : हमारी ज़रूरतें क्या हैं?

उपलब्ध संपत्तियाँ : संगठन में पहले से ही कौन से लोग उपलब्ध हैं?

उम्मीदवारों की योग्यता : कौन योग्य है?

उम्मीदवारों का नज़रिया : कौन इच्छुक है?

उम्मीदवारों की उपलब्धियाँ : कौन काम करा लेता है?

यह ध्यान दें कि प्रश्न-सूची आवश्यकताओं के आकलन से शुरू होती है। संगठन के लीडर को बड़ी तसवीर के आधार पर आकलन करना चाहिए। जब चार्ली बेसबाल के ग्रिम शिकागो क्लब्स के मैनेजर थे, तो उनके पास एक निरीक्षक (scouts) का फ़ोन आया। निरीक्षक रोमांचित था और वह फ़ोन पर लगभग चीख़ने लगा : "चार्ली, मैंने दुनिया का सबसे बेहतरीन युवा पिचर खोज लिया है! उसने हर बल्लेबाज को आउट कर दिया। लगातार सत्ताइस बार। नौवीं इनिंग तक कोई शॉट नहीं मार पाया था। पिचर यहीं पर मेरे पास खड़ा है। मैं क्या करूँ?" चार्ली ने जवाब दिया, "जाकर उस खिलाड़ी को साइन कर लो, जिसने शॉट मारा था। हम हिटर की तलाश कर रहे हैं।" चार्ली जानता था कि टीम को किस तरह के खिलाड़ी की ज़रूरत थी।

बहरहाल, एक स्थिति आवश्यकताओं के विश्लेषण के ऊपर आती है : अगर अद्भुत प्रतिभा का धनी कोई व्यक्ति मिले, जो वर्तमान आवश्यकताओं को पूरा नहीं भी करता हो, तो भी उसे अपने यहाँ रखने की हरसंभव कोशिश करें। आगे चलकर वह संगठन पर सकारात्मक प्रभाव डालेगा। इस तरह के निर्णय खेलों में नज़र आते हैं। फ़ुटबॉल के कोच आम तौर पर अपनी विशिष्ट आवश्यकताओं को पूरा करने के लिए खिलाड़ी चुनते हैं। अगर उनके पास दमदार रनिंग बैक नहीं होता है, तो वे सबसे अच्छे रनिंग बैक को चुन लेते हैं। परंतु कई बार उन्हें किसी "प्रभावशाली खिलाड़ी" को चुनने का अवसर मिल जाता है। उन्हें कोई ऐसा सुपरस्टार मिल जाता है, जो तत्काल पूरी टीम का हुलिया बदल सकता है। यहाँ मैं यह बताना चाहूँगा कि प्रभावशाली खिलाड़ी आम तौर पर न सिर्फ़ खेल में निपुण होते हैं, बल्कि उनमें लीडरशिप की योग्यता भी होती है। हालाँकि वे टीम के सदस्य होते हैं, परंतु उनमें टीम के कप्तान के सभी गुण होते हैं। जब मुझे किसी असाधारण व्यक्ति यानी किसी सुपरस्टार को नौकरी पर रखने का अवसर मिलता है, तो मैं उसे रख लेता हूँ। फिर मैं उसके लिए पद खोजता हूँ। अच्छे लोग मुश्किल से मिलते हैं। इसके अलावा, संगठन में एक और उत्पादक यानी सफल व्यक्ति के लिए हमेशा जगह होती है।

आम तौर पर मूल्यांकन करते समय हमें सुपरस्टार नहीं मिलते हैं और निर्णय लेना मुश्किल होता है। प्रोफ़ेशनल टीमें क्षमतावान खिलाड़ियों का मूल्यांकन कैसे करती हैं? कई टीमें प्रश्नावली का प्रयोग करती हैं और खिलाड़ी को उसकी योग्यता के आधार पर अंक देती हैं। हमें भी इसी तरह लोगों का मूल्यांकन करना चाहिए। लीडर के रूप में किसी व्यक्ति की क्षमता का मूल्यांकन करने के लिए हमें एक प्रश्न-सूची तैयार करने की ज़रूरत है। आगे पच्चीस गुणों की सूची दी गई है, जिससे आपको क्षमतावान लीडर को पहचानने और उसका मूल्यांकन करने में मदद मिलेगी।

* * *

वर्तमान लीडरशिप के गुणों का मूल्यांकन (क्षमतावान लीडर्स के लिए)

पैमाना

0 = कभी नहीं 1 = बहुत कम 2 = कई बार 3 = आम तौर पर 4 = हमेशा

1.	यह व्यक्ति प्रभाव डाल सकता है।	0	1	2	3	4
2.	इस व्यक्ति में आत्म-अनुशासन है।	0	1	2	3	4
3.	इस व्यक्ति का ट्रैक रिकॉर्ड अच्छा है।	0	1	2	3	4
4.	यह व्यक्ति बहुत व्यवहार कुशल है।	0	1	2	3	4
5.	यह व्यक्ति समस्याएँ सुलझाने में निपुण है।	0	1	2	3	4
6.	यह व्यक्ति यथास्थिति को स्वीकार नहीं करता है।	0	1	2	3	4
7.	यह व्यक्ति बड़ी तसवीर देखता है।	0	1	2	3	4
8.	इस व्यक्ति में तनाव झेलने की क्षमता है।	0	1	2	3	4
9.	यह व्यक्ति सकारात्मक नज़रिया प्रदर्शित करता है।	0	1	2	3	4
10.	यह व्यक्ति लोगों को समझता है।	0	1	2	3	4
11.	यह व्यक्ति निजी समस्याओं से मुक्त है।	0	1	2	3	4
12.	यह व्यक्ति ज़िम्मेदारी लेने का इच्छुक है।	0	1	2	3	4
13.	यह व्यक्ति जल्दी क्रोधित नहीं होता है।	0	1	2	3	4
14.	यह व्यक्ति परिवर्तन करने का इच्छुक है।	0	1	2	3	4
15.	इस व्यक्ति में ईमानदारी है।	0	1	2	3	4
16.	यह व्यक्ति ईश्वर के अधिक निकट जा रहा है।	0	1	2	3	4

17.	इस व्यक्ति में यह देखने की योग्यता है कि अगला काम कौन-सा करना है।	0 1 2 3 4
18.	इस व्यक्ति को दूसरे लोग लीडर के रूप में स्वीकार करते हैं।	0 1 2 3 4
19.	इस व्यक्ति में लगातार सीखते रहने की योग्यता और इच्छा है।	0 1 2 3 4
20.	इस व्यक्ति का व्यवहार ऐसा है कि लोग उसकी ओर आकर्षित होते हैं।	0 1 2 3 4
21.	इस व्यक्ति की आत्म-छवि अच्छी है।	0 1 2 3 4
22.	इस व्यक्ति में दूसरों की सेवा करने की इच्छा है।	0 1 2 3 4
23.	समस्याएँ आने पर इस व्यक्ति में उनका सामना करने और पराजित होने के बाद उठकर खड़े होने की योग्यता है।	0 1 2 3 4
24.	इस व्यक्ति में दूसरे लीडर्स को विकसित करने की क्षमता है।	0 1 2 3 4
25.	यह व्यक्ति पहल करता है।	0 1 2 3 4

कुल अंक : ____________

क्षमतावान लीडर का आकलन करते समय विशिष्ट स्कोर के बजाय लक्षणों के आधार पर उस व्यक्ति की गुणवत्ता की तरफ़ अधिक ध्यान दें। चूँकि लीडर्स अलग-अलग तरह के होते हैं, इसलिए उनका स्कोर भी अलग-अलग होता है। यहाँ मैं ग्रेडिंग का अपना पैमाना बता रहा हूँ :

90-100	महान लीडर (उसे अन्य अच्छे और महान लीडर्स को मार्गदर्शन देना चाहिए)
90-89	अच्छा लीडर (उसे विकास की प्रक्रिया जारी रखना चाहिए और दूसरों को मार्गदर्शन देना चाहिए)
70-79	उभरता लीडर (विकास पर ध्यान केंद्रित करता है और दूसरों को मार्गदर्शन देना शुरू करता है)
60-69	क्षमता से भरपूर (विकसित करने के लिए उत्कृष्ट व्यक्ति)
60 से कम	विकास की आवश्यकता है (यह भी हो सकता है कि वह लीडर के रूप में मार्गदर्शन लेने के लिए अभी तैयार नहीं हो पाया हो)

"60 से कम" की श्रेणी का आकलन करना अक्सर सबसे कठिन होता है। इस समूह के कुछ लोग कभी लीडर्स नहीं बन पाएँगे। बाक़ी लोगों में महान लीडर बनने की क्षमता होती है। आकलन करने वाला जितना बेहतर लीडर होता है, सामने वाले की लीडरशिप क्षमता के बारे में उसका मूल्यांकन उतना ही सटीक होता है। इसलिए महत्त्वपूर्ण यह है कि सफल लीडर स्वयं ही क्षमतावान लीडर्स का इंटरव्यू लें और उन्हें नौकरी पर रखें।

इन्क मैग्ज़ीन के मार्केटिंग विशेषज्ञ आई. मार्टिन जैकनिस ने नौकरी पर रखने की एक प्रवृत्ति को पहचाना है। इसे उन्होंने *घटती विशेषज्ञता का नियम* कहा है। आसान शब्दों में कहा जाए तो लीडर उन लोगों को नौकरी पर रखता है, जिनकी विशेषज्ञता और योग्यता उससे कम होती है। इसका परिणाम यह होता है कि जब संगठन बढ़ता है और अधिक लोगों को नौकरी पर रखा जाता है, तो कम विशेषज्ञता वाले लोगों की संख्या अधिक विशेषज्ञता वाले लीडर्स से बहुत ज़्यादा हो जाती है।

यह इस तरह होता है। उदाहरण के तौर पर मान लें कि आप एक अद्भुत लीडर हैं, जिसमें महान भविष्य-दृष्टि है, आत्म-अनुशासन है, सही प्राथमिकताएँ हैं और समस्याओं को सुलझाने की असाधारण योग्यताएँ हैं। वर्तमान लीडरशिप गुणों के आकलन में आपका स्कोर 95 अंक है। इसलिए

आप अपना ख़ुद का बिज़नेस शुरू करने का फ़ैसला करते हैं, जिसे *लीडर टु लीडर, इन्क* कह सकते हैं। आपका बिज़नेस इतना सफल हो जाता है कि आपको जल्दी ही चार नए कर्मचारियों की ज़रूरत पड़ती है। आप चार ऐसे लोगों को काम पर रखना चाहते हैं, जिनका स्कोर 95 हो। बहरहाल, इस बात की काफ़ी संभावना है कि 95 के स्कोर वाले लोग (आप ही की तरह) ख़ुद के लिए काम करना चाहते होंगे, इसलिए आपको ऐसे लोग नहीं मिलेंगे। आपको तत्काल कर्मचारी चाहिए, इसलिए आप 85 के स्कोर वाले चार लोगों को रख लेते हैं। वे आप जितने योग्य तो नहीं हैं, परंतु उनमें से प्रत्येक अपने स्तर पर लीडर है।

मैं यह ज़िक्र करना चाहूँगा कि कंपनी के विकास की इस अति महत्त्वपूर्ण अवस्था में यह भी हो सकता है कि 85 से कम अंक वाले लोगों को भी नौकरी पर रखने के लिए आपका मन ललचाए। आप शायद यह सोचें, *"जिन चार लोगों को मैं नौकरी पर रखने जा रहा हूँ, उन्हें सिर्फ़ मेरे आदेशों का पालन ही तो करना है। अगर वे इतना-सा काम कर लेंगे, तो कंपनी अच्छी तरह चलेगी। मैं 65 के स्कोर वाले अनुयायियों से भी काम चला सकता हूँ।"* कई लीडर्स यह महत्त्वपूर्ण ग़लती कर बैठते हैं। इस तरह संगठन का लीडर क्षमतावान लीडर्स के बजाय अनुयायी चुन लेता है और संगठन के विकास की क्षमता को सीमित कर देता है। परंतु कुछ देर के लिए हम यह मान लेते हैं कि आपने यह ग़लती नहीं की और 85 स्कोर वाले चार लीडर्स को नौकरी पर रख लिया।

आप और आपके लीडर्स की टीम बहुत अच्छा प्रदर्शन कर रही है। बिज़नेस इतना ज़्यादा मिल रहा है कि माँग पूरी करना मुश्किल हो रहा है। तभी आपको एक राष्ट्रीय ऑर्डर मिल जाता है। आपकी कड़ी मेहनत सफल हो गई है। परंतु अब आप यह अनुमान लगाते हैं कि आपको सौ कर्मचारी चाहिए, जो दिन-रात इस काम को पूरा करने में मदद करें। अब आपको एक पूरा संगठन बनाने की ज़रूरत है।

आप अपने चार वफ़ादार कर्मचारियों से शुरू करते हैं। वे अच्छे लीडर्स हैं और उन्होंने संगठन विकसित करने में आपकी मदद की है। इसके अलावा आप कंपनी के भीतर से प्रमोशन देने का संकल्प कर चुके हैं। इसलिए आप यह फ़ैसला करते हैं कि उन चारों को मैनेजर बना दिया जाए। आपके हिसाब से नया संगठन बनाने का सबसे अच्छा तरीक़ा यह होगा कि एक मैनेजर

सेल्स का काम देखे और बाक़ी तीनों बारी-बारी से आठ-आठ घंटे की पाली का उत्पादन देखें, क्योंकि उत्पादन चौबीसों घंटे होने वाला है। हर मैनेजर के अधीन दो असिस्टेंट मैनेजर और बीस अन्य कर्मचारी होंगे।

अब चारों मैनेजर अपने सहायक नियुक्त करेंगे। घटती विशेषज्ञता के नियम के अनुसार वे सहायक शायद 75 के स्कोर वाले होंगे। 20 कर्मचारियों को नौकरी पर रखने का काम मैनेजर अपने सहायकों को सौंप देंगे। आपने इसके परिणाम के अनुमान लगा लिया। वे 65 स्कोर वाले लोगों को रखेंगे। इसके परिणामस्वरूप, जिस कंपनी की स्टाफ़ लीडरशिप का औसत स्कोर 87 था :

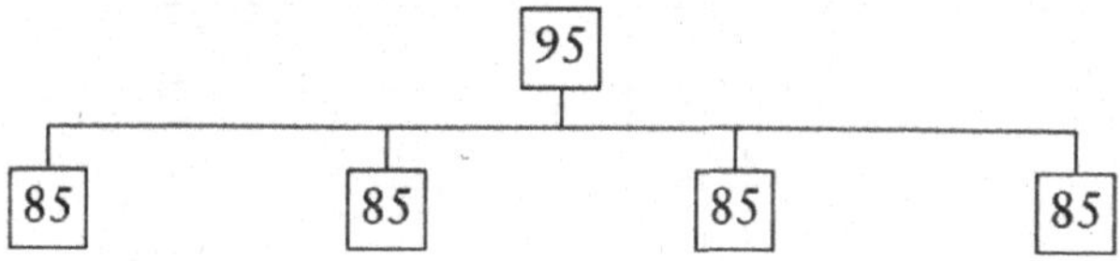

लीडर टु लीडर, इन्क, पाँच कर्मचारियों के साथ

रातों-रात उसका लीडरशिप स्कोर औसत अब घटकर 67 हो गया और इस तरह दिखने लगा :

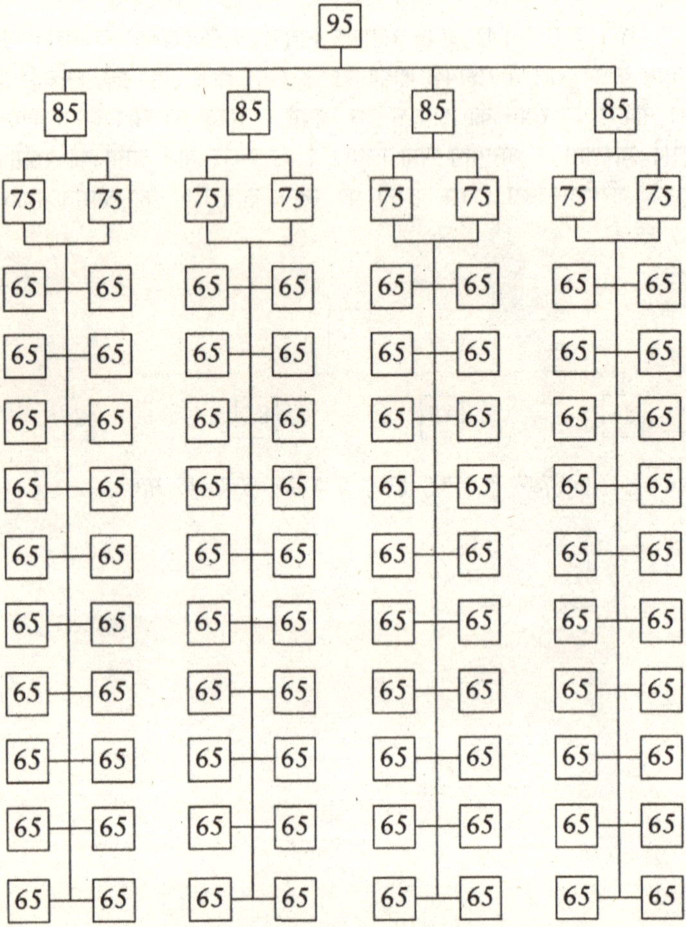

लीडर टु लीडर, इन्क, लगभग सौ कर्मचारियों के साथ

लीडर टु लीडर, इन्क का पूरा हुलिया ही बदल गया। और अगर आपने जिन मूल चार लोगों को नौकरी पर रखा था, वे लीडर्स नहीं हैं, तो आप और भी बुरे संकट में फँस चुके हैं।

यह थोड़ा-सा अतिशयोक्तिपूर्ण उदाहरण है। अधिकांश कंपनियाँ चार कर्मचारी से एकदम सौ कर्मचारी नियुक्त नहीं करती हैं। परंतु यह भी सच है कि महान लीडर्स वाले संगठनों का विस्तार बहुत तेज़ी से होता है। यह देखना महत्त्वपूर्ण है कि लोगों को नौकरी पर रखने का किसी संगठन पर कितना ज़्यादा प्रभाव है। इस उदाहरण में देखें कि पहले जो उच्च उत्पादकों का संगठन था, वह अब आंशिक उत्पादकों से भरा संगठन बन गया है। अगर सेल्स विभाग को एक और राष्ट्रीय ऑर्डर मिल जाए, तो संगठन का और ज़्यादा विस्तार होगा। अगले विस्तार में 75 के स्कोर वाले असिस्टेंट मैनेजरों को शायद प्रमोशन मिल जाएगा और वे नए मैनेजर बन जाएँगे। हो सकता है इसके बाद कंपनी का न्यूनतम स्कोर और नीचे चला जाए, तथा इसका औसत घटकर लगभग 50 हो जाए।

सौभाग्य से, दोयम दर्जे की तरफ़ बढ़ने वाली इस प्रवृत्ति से इन तरीक़ों से निबटा जा सकता है :

नौकरी पर रखने की ज़िम्मेदारी उच्च विकसित लीडर को दें

चूँकि कम विकसित लोग अपने से भी कम विकसित लोगों को नौकरी पर रखते हैं, इसलिए स्रोत को सुधार दें।

उपलब्ध सर्वोच्च विकसित लीडर्स को नौकरी पर रखें

ख़राब प्रदर्शन करने वालों को रखकर समझौता नहीं करें। यह ध्यान रखें कि एक अद्भुत व्यक्ति हमेशा दो औसत लोगों से बेहतर उत्पादन और प्रदर्शन करेगा।

लीडरशिप की मॉडलिंग करने के प्रति संकल्पवान रहें

संगठन के सभी लोगों को यह बता दें कि आप उनसे क्या अपेक्षा रखते हैं। जब उन्हें अपेक्षा नज़र आएगी, तो क्षमतावान लीडर्स उस औसत पर पहुँचने की कोशिश करेंगे।

अपने आसपास के लोगों को विकसित करने के प्रति संकल्पवान रहें

अगर आप अपने आसपास के क्षमतावान लीडर्स को विकसित करते हैं, तो अगले विस्तार तक आपके समर्पित असिस्टेंट मैनेजर, जिनका स्कोर पहले 75 था, अब 85 के स्कोर पर पहुँच गए होंगे और नेतृत्व करने के लिए तैयार होंगे।

विशाल विज्ञापन एजेंसी ऑगिल्वी ऐंड मैथर के संस्थापक डेविड ऑगिल्वी ने घटती विशेषज्ञता के नियम को समझ लिया था। डेनिस वेटनी ने *द न्यू डाइनैमिक्स ऑफ़ विनिंग* में उनके बारे में यह बताया है कि ऑगिल्वी अपने संगठन के हर नए मैनेजर को एक रूसी गुड़िया देते थे। गुड़िया में क्रमशः पाँच छोटी गुड़ियाएँ होती थीं। सबसे छोटी गुड़िया के भीतर यह संदेश रहता था : "अगर हम सब अपने से छोटे कर्मचारियों को नौकरी पर रखेंगे, तो हमारी कंपनी बौनों की कंपनी बन जाएगी। परंतु अगर हम सब अपने से बड़े लोगों को नौकरी पर रखेंगे, तो ऑगिल्वी ऐंड मैथर दिग्गजों की कंपनी बन जाएगी।" दिग्गजों को खोजने, नौकरी पर रखने और विकसित करने का संकल्प लें।

लीडर में इन गुणों की तलाश करें

लीडर्स खोजते समय आपको सबसे पहले तो यह जानने की ज़रूरत है कि वे कैसे होते हैं। यहाँ लीडरशिप के दस गुण दिए जा रहे हैं। आप जिस क्षमतावान लीडर को नौकरी पर रखने वाले हैं, आपको उसमें इन गुणों की तलाश करना चाहिए :

चरित्र

किसी भी प्रकार के लीडर या क्षमतावान लीडर में आपको सबसे पहले जो चीज़ देखना चाहिए, वह है चारित्रिक शक्ति। मैंने पाया है कि और कोई गुण इससे ज़्यादा महत्त्वपूर्ण नहीं होता है। गंभीर चारित्रिक दोषों को नज़रअंदाज़ नहीं किया जा सकता, क्योंकि वे अंततः किसी भी लीडर को प्रभावहीन बना सकते हैं - और ऐसा हर बार होता है।

चारित्रिक दोषों का अर्थ चारित्रिक कमज़ोरियाँ नहीं है। हम सबमें कमज़ोरियाँ होती हैं। कमज़ोरियों को प्रशिक्षण या अनुभव द्वारा दूर किया

जा सकता है, परंतु चारित्रिक दोषों को रातोंरात दूर नहीं किया जा सकता। परिवर्तन में आम तौर पर बहुत लंबा समय लगता है। इसमें लीडर को संबंधों में महत्त्वपूर्ण निवेश करना पड़ता है। इसके अलावा, इसमें लीडर के समर्पण की भी ज़रूरत पड़ती है। अगर आप चारित्रिक दोषों वाले किसी व्यक्ति को नौकरी पर रखते हैं, तो वह आपके संगठन की कमज़ोर कड़ी बन जाएगा। चारित्रिक दोष की प्रकृति के अनुसार उस व्यक्ति में संगठन को नष्ट करने की क्षमता होगी।

अच्छे चरित्र को बनाने वाले कुछ गुण हैं : ईमानदारी, ईमानदारी, आत्म-अनुशासन, सीखने की क्षमता, विश्वसनीयता, लगन, अंतरात्मा और सशक्त कार्य-नैतिकता। चरित्रवान व्यक्ति के शब्दों और कार्यों में कोई भेद नहीं होता। उसकी प्रतिष्ठा ठोस होती है। उसका व्यवहार सच्चा होता है।

गंभीर चारित्रिक दोषों को नज़रअंदाज़ नहीं किया जा सकता, क्योंकि वे अंततः किसी भी लीडर को प्रभावहीन बना सकते हैं।

चरित्र का आकलन मुश्किल होता है। चेतावनी देने वाले इन लक्षणों को अनदेखा नहीं करें :

- अपने कार्यों या परिस्थितियों की ज़िम्मेदारी नहीं लेना
- अधूरे वादे या वचन
- तय समय-सीमा पर काम पूरा नहीं करना

व्यक्ति अपने जीवन का कितना अच्छा प्रबंधन करता है, इसे देखकर आप यह जान सकते हैं कि उसमें दूसरों का नेतृत्व करने की कितनी क्षमता है।

अंत में, दूसरों के साथ उसके व्यवहार को देखें। किसी व्यक्ति के संबंधों से आपको उसके चरित्र का ज्ञान हो जाता है। वरिष्ठों, सहकर्मियों और अधीनस्थों के साथ उसके संबंधों की जाँच करें। अपने कर्मचारियों से बात करके पता लगाएँ कि उनके प्रति संभावित लीडर का व्यवहार कैसा है। इससे आपको अतिरिक्त जानकारी मिलेगी।

प्रभाव

लीडरशिप प्रभाव है। हर लीडर में दो लक्षण होते हैं : (1) वह कहीं जा रहा होता है और (2) वह अपने साथ टहलने के लिए दूसरों को तैयार करने में समर्थ होता है। प्रभाव अपने आप में ही पर्याप्त नहीं है। प्रभाव को इसकी *गुणवत्ता* द्वारा तौला जाना चाहिए। जब आप किसी संभावित कर्मचारी के प्रभाव को देखें, तो निम्न बातों की जाँच करें :

उस लीडर के प्रभाव का स्तर क्या है?

उस व्यक्ति के पास अनुयायी किस वजह से हैं : पद (वह अपने पद की शक्ति का प्रयोग करता है), अनुमति (उसने प्रेरक संबंध विकसित कर लिए हैं), उत्पादन (वह और उसके अनुयायी लगातार अच्छे परिणाम देते हैं), कर्मचारियों का विकास (उसने अपने साथी कर्मचारियों को विकसित कर लिया है), या किंवदंती (वह संगठन से ऊपर है और दुनिया भर में लोगों का विकास करता है)?

लीडर को कौन प्रभावित करता है?

वह किसका अनुसरण कर रहा है? लोग अपने मॉडल की तरह बन जाते हैं। क्या उसका मॉडल नैतिक है? क्या उसके मॉडल की प्राथमिकताएँ सही हैं?

लीडर किसे प्रभावित करता है?

अनुयायी की गुणवत्ता भी लीडर की गुणवत्ता के बारे में संकेत देती है। क्या उसके अनुयायी सकारात्मक परिणाम दे रहे हैं या फिर वे हाँ में हाँ मिलाने वाले औसत दर्जे के लोग हैं?

डिसाइपलशिप फ़ॉर ऑर्डिनरी पीपल में स्टुअर्ट ब्रिस्को ने एक युवा पादरी की कहानी बताई है। यह युवा पादरी एक सैनिक की अंत्येष्टि करा रहा था। सैनिक के मित्र अपने साथी के सम्मान में अंत्येष्टि में भाग लेना चाहते थे, इसलिए उन्होंने युवा पादरी से आग्रह किया कि यादगार के रूप में वह उन्हें ताबूत तक ले जाए और फिर बग़ल वाले दरवाज़े से बाहर निकाल दे। उन्होंने जितना प्रभाव डालने की उम्मीद की थी, उतना प्रभाव नहीं पड़ पाया, क्योंकि पादरी ने उन्हें ग़लत दरवाज़े से बाहर निकाल दिया।

बाक़ी शोक-संतप्त लोगों के सामने सैनिक क़दमताल करते हुए झाडू रखने की अलमारी के सामने पहुँचे और रुक गए। उन्हें समझ में नहीं आया कि अब क्या किया जाए। आगे रास्ता बंद था, इसलिए मजबूरन उन्हें पीछे लौटना पड़ा। हर लीडर को यह पता होना चाहिए कि वह कहाँ जा रहा है और हर अनुयायी को यह सुनिश्चित कर लेना चाहिए कि जिस लीडर का वह अनुसरण कर रहा है, उसे यह मालूम हो कि वह क्या कर रहा है।

सकारात्मक नज़रिया

सकारात्मक नज़रिया किसी व्यक्ति की सबसे बहुमूल्य संपत्तियों में से एक है। मेरा यह विश्वास इतना प्रबल है कि मैंने इस विषय पर एक पुस्तक लिखी है, जिसका शीर्षक है – *द विनिंग एटीट्यूड : युअर की टु पर्सनल सक्सेस।* अक्सर लोग जिस चीज़ को समस्या मानते हैं, दरअसल वह असली समस्या होती ही नहीं है। उनकी समस्या तो वह नज़रिया है, जिसकी वजह से वे जीवन की बाधाओं का ठीक तरह से सामना नहीं कर पाते हैं।

अगर किसी व्यक्ति का नज़रिया पूरी तरह सकारात्मक होता है, तो इसकी वजह से उसे जीवन की चुनौतियों का सामना करने की असीम प्रेरणा मिलती है। दूसरे शब्दों में, वह व्यक्ति अधिकांश लोगों की तरह जीवन की सामान्य सीमाओं को स्वीकार नहीं करता है। वह इतना संकल्पवान होता है कि हार मानने से पहले वह अपनी क्षमता या अपने प्रॉडक्ट की क्षमता को चरम सीमा पर पहुँचाना चाहता है। सकारात्मक नज़रिये वाले लोग वहाँ पहुँचने में समर्थ होते हैं, जहाँ दूसरे नहीं पहुँच सकते। वे ऐसे काम कर देते हैं, जो दूसरे नहीं कर सकते। उन पर ख़ुद की बनाई हुई सीमाओं का बंधन नहीं होता।

सकारात्मक नज़रिये वाला व्यक्ति भौंरे की तरह होता है। वैज्ञानिक दृष्टि से विचार किया जाए, तो भौंरा उड़ नहीं सकता है। भौंरे के पंखों के फैलाव की तुलना में उसके शरीर का आकार और वज़न ज़्यादा होता है, इसलिए उसके लिए हवा में उड़ना असंभव लगता है, परंतु चूँकि भौंरे को वैज्ञानिक सिद्धांत का ज्ञान नहीं होता है, इसलिए वह इसके बावज़ूद उड़ता है और हर दिन शहद बनाने में सहयोग करता है।

"कोई सीमा नहीं" की मानसिकता की वजह से इंसान का हर दिन सकारात्मक नज़रिये के साथ शुरू होता है। मैंने एक ऐसे ही लिफ़्टमैन के बारे में पढ़ा था। सोमवार की एक सुबह को वह भरी हुई लिफ़्ट में गुनगुना रहा था। इस पर चिढ़कर एक यात्री ने पूछा, "तुम इतने ख़ुश क्यों हो?" लिफ़्टमैन ने ख़ुशी-ख़ुशी जवाब दिया, "मैंने आज का यह दिन पहले कभी नहीं जिया।" नज़रिया सही हो, तो न सिर्फ़ भविष्य ज़्यादा उज्ज्वल दिखता है, बल्कि वर्तमान भी ज़्यादा आनंददायक लगता है। सकारात्मक व्यक्ति जानता है कि यात्रा भी उतनी ही आनंददायक होती है, जितना कि मंज़िल पर पहुँचना।

इस तरह के नज़रिये के बारे में सोचें :

यह हमारे सच्चे स्वरूप की बाह्य अभिव्यक्ति है।

इसकी जड़ अंदर की तरफ़ है, परंतु इसका फल बाहर की तरफ़ है।

यह हमारा सबसे अच्छा मित्र या सबसे बुरा शत्रु है।

यह हमारे शब्दों से ज़्यादा ईमानदार और स्थायी है।

यह अतीत के अनुभवों पर आधारित है।

यह लोगों को हमारी तरफ़ खींचता है या हमसे दूर करता है।

यह तब तक संतुष्ट नहीं होता, जब तक इसे व्यक्त नहीं कर दिया जाए।

यह हमारे अतीत का लाइब्रेरियन है।

यह हमारे वर्तमान का प्रवक्ता है।

यह हमारे भविष्य का भविष्यवक्ता है।

नज़रिया सही माहौल बनाता है। इससे उस लीडर को तो लाभ होता ही है, जिसका नज़रिया सही होता है, साथ ही उसका अनुसरण करने वालों को भी लाभ होता है।

लोक-व्यवहार संबंधी उत्कृष्ट योग्यताएँ

लोक-व्यवहार संबंधी योग्यता नहीं हो, तो कुछ समय के बाद लीडर के पास एक भी अनुयायी नहीं बचेगा। एंड्रयू कारनेगी एक असाधारण लीडर थे। लोग कहते हैं कि वे सिर्फ़ लोक-व्यवहार संबंधी उत्कृष्ट योग्यताओं की

वजह से ही चार्ल्स श्वाब को दस लाख डॉलर की वार्षिक तनख़्वाह देते थे। कारनेगी के पास दूसरे लीडर्स थे, जिनके पास काम संबंधी बेहतर ज्ञान था या जिनका अनुभव और प्रशिक्षण ज़्यादा था, परंतु उन लीडर्स में उस मूल मानवीय गुण का अभाव था, जिससे वे दूसरों से काम करवा सकें। दूसरी तरफ़ श्वाब में अपने साथियों से सर्वश्रेष्ठ प्रदर्शन करवाने की क्षमता थी। लोग किसी गुणी और योग्य व्यक्ति की प्रशंसा तो कर सकते हैं, परंतु अगर उसमें लोक-व्यवहार संबंधी योग्यता नहीं हो, तो वे उसका अनुसरण नहीं करेंगे - कम से कम लंबे समय तक तो नहीं करेंगे।

लोक-व्यवहार संबंधी कुछ उत्कृष्ट योग्यताएँ ये हैं : हम सचमुच लोगों की परवाह करें, हममें लोगों को समझने की योग्यता हो और हम दूसरों के साथ सकारात्मक व्यवहार करने का निर्णय लें। दूसरों के प्रति हमारा व्यवहार कैसा है, इसी से यह निर्धारित होता है कि हमारे प्रति उनका व्यवहार कैसा होगा। सफल लीडर यह बात जानता है।

स्पष्ट प्रतिभा

ईश्वर ने हर इंसान को प्रतिभा दी है। लीडर के रूप में हमारा एक काम यह भी है कि किसी व्यक्ति को काम पर रखते समय हम उसकी प्रतिभा का आकलन भी कर लें। हर प्रत्याशी के बारे में मैं यह सोचता हूँ कि वह भविष्य में लीडर "बनने वाला" है। मेरा निष्कर्ष यह है कि चार प्रकार के भावी लीडर होते हैं :

कभी नहीं बनेंगे (Never be)

कुछ लोगों में किसी विशिष्ट काम को करने की योग्यता ही नहीं होती है। जैसा मैंने पहले कहा है, सभी व्यक्तियों में प्रतिभा होती है। बहरहाल, सब लोग सामने मौजूद विशिष्ट काम को पूरा करने के लिए प्रतिभा-संपन्न नहीं होते हैं। *कभी नहीं बनेंगे* वाले व्यक्ति को अगर किसी ऐसे क्षेत्र में भेज दिया जाए, जिसकी उसमें प्रतिभा नहीं है, तो वह कुंठित हो जाता है, अपनी असफलता के लिए दूसरों को दोष देता है और अंततः थकान का शिकार हो जाता है। अगर उसकी दिशा बदल दी जाए, तो वह अपनी क्षमता तक पहुँच सकता है।

बन सकता है (Could be)

बन सकता है वाले व्यक्ति में सही प्रतिभाएँ और योग्यताएँ तो होती हैं, परंतु उसमें आत्म-अनुशासन नहीं होता। हो सकता है उसमें क्षमताएँ तो सुपरस्टार की हों, परंतु वह कुछ करता ही नहीं हो। इस व्यक्ति को "काम को बस कर देना चाहिए" का आत्म-अनुशासन विकसित करने की ज़रूरत है।

बनना चाहिए (Should be)

बनना चाहिए वाले व्यक्ति में कच्चा माल यानी योग्यता तो होती है, परंतु उसमें अपनी योग्यता का दोहन करने की क्षमता बहुत कम होती है। उसे प्रशिक्षण की ज़रूरत होती है। अगर उसकी योग्यता को विकसित करने में उसकी मदद की जाए, तो वह अपनी पूरी क्षमता तक पहुँच सकेगा।

बनना ही होगा (Must be)

बनना ही होगा वाले व्यक्ति के पास सिर्फ़ अवसर की कमी होती है। उसमें सही प्रतिभा, सही योग्यताएँ और सही नज़रिया होता है। उसमें अपनी पूर्ण क्षमता तक पहुँचने की प्रबल इच्छा होती है। यह आप पर है कि लीडर के रूप में आप उसे अवसर प्रदान करते हैं या नहीं। अगर आप उसे अवसर प्रदान नहीं करेंगे, तो वह किसी और को खोज लेगा, जो यह काम कर देगा।

ईश्वर ने हर व्यक्ति को नैसर्गिक प्रतिभा दी है। परंतु उसने उन्हें दो सिरे भी दिए हैं, एक बैठने के लिए और दूसरा सोचने के लिए। जीवन में सफलता इस बात पर निर्भर करती है कि आप इनमें से किस सिरे का ज़्यादा उपयोग करते हैं। यह एक तरह का टॉस है : हेड आया तो आप जीत जाएँगे, टेल आया तो आप हार जाएँगे।

सफल ट्रैक रिकॉर्ड

कवि आर्चिबाल्ड मैक्लीश ने एक बार कहा था, "अनुभव से सीख लेने से ज़्यादा दुखद सिर्फ़ एक ही चीज़ होती है और वह है अनुभव से कुछ नहीं सीखना।" जो लीडर इस सत्य को जान लेते हैं, वे समय के साथ सफल ट्रैक रिकॉर्ड बना लेते हैं। जो भी व्यक्ति नया काम करता है, जो भी व्यक्ति किसी मुश्किल काम को करने की कोशिश करता है, उससे ग़लतियाँ होती हैं। जिन

लोगों के पास सफल ट्रैक रिकॉर्ड नहीं है, या तो उन्होंने अपनी ग़लतियों से कुछ नहीं सीखा है या फिर उन्होंने कोशिश ही नहीं की है।

मैंने कई प्रतिभा-संपन्न लोगों के साथ काम किया है, जिन्होंने बेहद सफल ट्रैक रिकॉर्ड बना लिए हैं। जब मैंने अपने संगठन में काम शुरू किया, तो मुझे ख़ास तौर पर दो लोगों के बारे में ऐसा लगा कि वे लीडरशिप के सर्वोच्च स्तर पर हैं (वर्तमान लीडरशिप गुणों के आकलन में उनका स्कोर सर्वोच्च श्रेणी में है) आई.बी.एम. में वर्षों तक काम करने वाले डिक पीटरसन ने मेरे सामने तत्काल यह प्रदर्शित कर दिया कि वे अनुभव से सीखते हैं। 1985 में अपनी कंपनी **इन्जॉय** शुरू करते समय जब मैंने डिक से इसमें शामिल होने के लिए कहा, तब तक वे सफल ट्रैक रिकॉर्ड बना चुके थे। शुरुआत में हमारी क्षमता तो बहुत थी, परंतु हमारे संसाधन कम थे। डिक की कड़ी मेहनत, योजना और अंतर्दृष्टि ने उनके गैरेज से शुरू हुई छोटी-सी कंपनी को एक विशाल संस्था में बदल दिया। आज यह संस्था हर साल राष्ट्रीय और अंतर्राष्ट्रीय स्तर पर लाखों लीडर्स को प्रभावित करने के अलावा लोगों को प्रेरक सामग्री भी प्रदान कर रही है। पंद्रह साल तक डिक इन्जॉय के प्रेसिडेंट रहे और उन्होंने कंपनी को शिखर तक पहुँचाने में मदद की।

डैन रीलैंड की कहानी इससे बिलकुल अलग है। डैन फ़ार्म टीम से उभरकर आए थे। उन्होंने स्काईलाइन चर्च के सदस्य के रूप में अपना करियर शुरू किया था, जहाँ मैं चौदह साल तक वरिष्ठ पादरी था। सेमिनरी के बाद वे इंटर्न के रूप में चर्च में वापस लौटे।

वे हमारे सर्वश्रेष्ठ इंटर्न नहीं थे। दरअसल एक मोड़ पर तो मुझे यह भी लगने लगा था कि वे इस काम में सफल नहीं होंगे। परंतु उनकी कड़ी मेहनत तथा मेरे मार्गदर्शन की बदौलत वे जल्दी ही हमारे सबसे अच्छे पादरियों में से एक बन गए। उन्होंने एक सफल ट्रैक रिकॉर्ड बना लिया। उनके सफल रिकॉर्ड को देखते हुए मैंने उनसे चर्च का एक्ज़ीक्यूटिव पास्टर बनने का आग्रह किया। इसके साथ ही मैं उन्हें प्रशिक्षित भी करता रहा। 1995 में जब मैं पूर्णकालिक रूप से इन्जॉय में आया, तो डैन वाइस-प्रेसिडेंट के रूप में मेरे साथ आए और विख्यात चर्च सलाहकार बन गए। हाल ही में,

सफल लीडर के पास सफल ट्रैक रिकॉर्ड होता है।

वे क्रॉसरोड्स कम्युनिटी चर्च के एक्ज़ीक्यूटिव पास्टर बन चुके हैं। डैन चाहे जहाँ भी रहें, उनमें लीडर्स तैयार करने की उत्कृष्ट योग्यता है।

मैनेजमेंट विशेषज्ञ रॉबर्ट टाउनसेंड का विचार है, "लीडर्स सभी आकारों, उम्रों और स्थितियों में पाए जाते हैं। कुछ ख़राब प्रशासक होते हैं, तो कुछ में बहुत ज़्यादा प्रतिभा नज़र नहीं आती है। परंतु उन्हें पहचानने का एक मार्गदर्शक सिद्धांत होता है। चूँकि अधिकांश लोग आम तौर पर औसत होते हैं, इसलिए सच्चे लीडर को इस बात से पहचाना जा सकता है कि उसकी टीम लगातार श्रेष्ठ प्रदर्शन करती है।" हमेशा उम्मीदवार के अतीत के रिकॉर्ड की जाँच करें। सफल लीडर के पास सफल रिकॉर्ड होता है।

आत्मविश्वास

जिस लीडर को खुद पर विश्वास नहीं होता, लोग उसका अनुसरण नहीं करते हैं। दरअसल, लोग आत्मविश्वास संप्रेषित करने वाले लीडर्स के प्रति स्वाभाविक रूप से आकर्षित होते हैं। इसका बहुत बढ़िया उदाहरण रूस की एक घटना में देखा जा सकता है, जहाँ तख़्ता पलटने की कोशिश की गई थी। सेना के टैंकों ने उस सरकारी इमारत को घेर लिया, जिसमें राष्ट्रपति बोरिस येल्तसिन और उनके प्रजातंत्र-प्रेमी समर्थक थे। शीर्ष सैनिक अधिकारियों ने टैंक कमांडर को आदेश दिया था कि वह गोलाबारी करे और येल्तसिन को मार दे। जब सेना अपनी जगह पर तैनात हो गई, तो येल्तसिन इमारत से बाहर निकले, एक टैंक पर चढ़े, कमांडर की आँखों में आँखें डालीं और उसे प्रजातंत्र के पक्ष में आने के लिए धन्यवाद दिया। बाद में कमांडर ने यह स्वीकार किया कि येल्तसिन का समर्थन करने का उसका कोई इरादा नहीं था, परंतु येल्तसिन इतने आत्मविश्वासी और नियंत्रित नज़र आ रहे थे कि उनके जाने के बाद सैनिकों ने आपस में विचार-विमर्श किया तथा उनका समर्थन करने का फ़ैसला किया।

आत्मविश्वास सकारात्मक नज़रिये का परिचायक है। परिस्थितियाँ चाहे कैसी भी हों, सबसे सफल लोगों और लीडर्स में आत्मविश्वास होता है। बेसबॉल के महान खिलाड़ी टाई कॉब के आत्मविश्वास के बारे में यह कहानी लोकप्रिय है। जब कॉब 70 वर्ष के थे, तो एक रिपोर्टर ने उनसे पूछा, "अगर आप आजकल खेल रहे होते, तो आपके हिसाब से आप कितना हिट कर

सकते थे?" कॉब का जीवन भर का औसत .367 था, परंतु उन्होंने जवाब दिया, "लगभग .290, शायद .300।" रिपोर्टर ने कहा, "शायद यात्रा, रात के मैच, नक़ली घास और स्लाइडर जैसी नई पिचों के कारण?" कॉब ने जवाब दिया, "नहीं, इसलिए क्योंकि मैं 70 साल का हो चुका हूँ।" प्रबल आत्मविश्वासी लीडर्स दूसरों के आत्मविश्वास को भाँप लेते हैं और उसकी सराहना करते हैं।

आत्मविश्वास सिर्फ़ झलकता ही नहीं है, इससे शक्ति भी मिलती है। अच्छे लीडर अपने अनुयायियों में अपने प्रति विश्वास जगाते हैं। महान लीडर अपने अनुयायियों में आत्मविश्वास जगाते हैं।

आत्म-अनुशासन

महान लीडर्स में हमेशा आत्म-अनुशासन होता है - बिना किसी अपवाद के। दुर्भाग्य से, हमारा समाज आत्म-अनुशासन के बजाय तत्काल संतुष्टि चाहता है। हम झटपट नाश्ता, फ़ास्ट फ़ूड, मनचाही फ़िल्में और ए.टी.एम. से तत्काल नक़दी चाहते हैं। परंतु सफलता तत्काल नहीं मिलती है। न ही नेतृत्व करने की योग्यता तत्काल मिलती है। जैसा कि जनरल ड्वाइट डी. आइज़नहॉवर ने कहा था, "जीत सस्ते दामों में नहीं मिलती है।"

चूँकि हम तत्काल संतुष्टि चाहने वाले समाज में रहते हैं, इसलिए हम इस बात पर यक़ीन नहीं कर सकते कि हम जिन क्षमतावान लीडर्स का इंटरव्यू ले रहे हैं, उनमें आत्म-अनुशासन होगा और वे महान लीडरशिप की

क़ीमत चुकाने के इच्छुक होंगे। आत्म-अनुशासन के क्षेत्र में लोग दो चीज़ों में से एक चुनते हैं : अनुशासन का दर्द, जो त्याग और विकास से उत्पन्न होता है; या फिर पश्चाताप का दर्द, जो आसान राह और खोए हुए अवसरों से उत्पन्न होता है। जीवन में हर व्यक्ति इन दोनों में से एक विकल्प चुनता है। *एडवेन्चर्स इन एचीवमेंट* में ई. जेम्स रॉन कहते हैं कि अनुशासन का दर्द कुछ औंस होता है, जबकि पश्चाताप कई टन भारी होता है।

हमें क्षमतावान लीडर्स में दो क्षेत्रों में आत्म- अनुशासन की तलाश करना चाहिए। पहला क्षेत्र है भावनाएँ। प्रभावकारी लीडर्स यह बात जानते हैं कि उनकी भावनात्मक प्रतिक्रियाएँ उनकी अपनी ज़िम्मेदारी हैं। जो लीडर यह फ़ैसला करता है कि वह दूसरों के कार्यों के आधार पर प्रतिक्रिया नहीं करेगा, उसे शक्तिदायी स्वतंत्रता का अनुभव होता है। जैसा ग्रीक दार्शनिक एपिक्टेटस ने कहा था "कोई व्यक्ति तब तक स्वतंत्र नहीं है, जब तक कि वह स्वयं का स्वामी नहीं हो।"

महान लीडर अपने अनुयायियों में आत्मविश्वास जगाते हैं।

दूसरा क्षेत्र समय से संबंधित है। इस धरती पर रहने वाले पर व्यक्ति को एक दिन में बराबर मिनट मिले हैं। परंतु हर व्यक्ति के आत्म-अनुशासन का स्तर यह तय करता है कि वह उन मिनटों का कितना प्रभावकारी उपयोग करता है। अनुशासित लोग हमेशा विकास करते रहते हैं, हमेशा सुधार करते रहते हैं और हमेशा अपने समय का अधिकतम सदुपयोग करते रहते हैं। मैंने पाया है कि अनुशासित लीडर्स में ये तीन चीज़ें पाई जाती हैं :

- उन्होंने अपने विशिष्ट दीर्घकालीन और अल्पकालीन लक्ष्य बना लिए हैं।
- उन लक्ष्यों को हासिल करने के लिए उनके पास एक योजना है।
- उनमें प्रबल इच्छा है, जो उन्हें उस योजना के अनुरूप काम करने के लिए प्रेरित करती है।

प्रगति की क़ीमत होती है। जब आप किसी क्षमतावान लीडर का इंटरव्यू लें, तो यह देखें कि क्या वह क़ीमत चुकाने का इच्छुक है। लोकप्रिय कार्टून कॉमिक स्ट्रिप *जिगी* के लेखक ने इस बात को इस दृश्य में बखूबी व्यक्त किया है :

जब जिगी अपनी छोटी-सी कार में जा रहा था, तो उसने सड़क पर दो साइनबोर्ड देखे। एक पर बड़े-बड़े अक्षरों में लिखा था, **"सफलता की राह।"** सड़क पर आगे चलकर दूसरा साइनबोर्ड दिखा, जिस पर लिखा था, **"टैक्स चुकाने के लिए ठहरें।"**

प्रभावकारी संप्रेषण योग्यताएँ

संप्रेषण (communication) के महत्त्व को कभी नज़रअंदाज़ नहीं करें। इसमें हमारा बहुत-सा समय व्यतीत होता है। डी.के. बर्लो ने अपने अध्ययन *द प्रोसेस ऑफ़ कम्युनिकेशन* में बताया है कि औसत अमेरिकी हर दिन अपना 70 प्रतिशत सक्रिय समय शाब्दिक संप्रेषण में लगाता है। संप्रेषण की योग्यता के बिना कोई भी लीडर अपनी भविष्य-दृष्टि को प्रभावकारी ढंग से व्यक्त नहीं कर सकता और लोगों को उसके अनुरूप काम करने के लिए तैयार नहीं कर सकता। राष्ट्रपति जेराल्ड फ़ोर्ड ने एक बार कहा था, "जीवन में कोई भी चीज़ इतनी महत्त्वपूर्ण नहीं है, जितनी कि प्रभावकारी ढंग से संप्रेषण करने की योग्यता।" प्रभावकारी संप्रेषण योग्यता के बिना कोई भी लीडर अपनी पूर्ण क्षमता तक नहीं पहुँच सकता।

आत्मविश्वास प्रदर्शित करने और प्रभावकारी ढंग से संप्रेषण करने की लीडर्स की योग्यताएँ एक सी हैं। दोनों में लीडर को मेहनत करनी पड़ती है और अनुयायी से प्रतिक्रिया प्राप्त होती है। *संप्रेषण* सकारात्मक क्रिया है। एकतरफ़ा संप्रेषण हास्यास्पद हो सकता है। आपने शायद उस कुंठित जज की कहानी सुनी होगी, जो तलाक़ के एक मामले की सुनवाई कर रहा था :

> *लोगों को पसंद करना संप्रेषण योग्यता की शुरुआत है।*

जज ने पूछा, "आप तलाक़ क्यों चाहती हैं? किस वजह से?"

महिला ने जवाब दिया, "जगह? हमारे पास डेढ़ एकड़ जगह है।"

जज ने कहा, "नहीं, नहीं, आप इनसे किस बात पर गुस्सा हैं?"

"पैसा? हाँ, हमारे पास बहुत पैसा है? दो-दो कारें हैं।"

जज ने अधीरता से कहा, "मुझे तलाक़ की कोई वजह चाहिए? क्या वह आपकी मरम्मत करता है?"

"कसरत? अरे नहीं, वह मुझसे पहले कसरत नहीं करता है। मैं सुबह छह बजे उठकर उससे पहले कसरत कर लेती हूँ। वह तो देर से उठता है!"

परेशान होकर जज बोला, "देवीजी, मेहरबानी करके मुझे बताएँ कि आप तलाक़ क्यों लेना चाहती हैं।"

महिला ने जवाब दिया, "देखिए, इसका कारण यह है कि हम दोनों एक-दूसरे के साथ ठीक तरह से संप्रेषण नहीं कर पाते हैं।"

किसी क्षमतावान लीडर की संप्रेषण योग्यताओं को टटोलते समय मैं नीचे दी गई बातों की तलाश करता हूँ :

सामने वाले की वास्तविक परवाह करना

जब लोग यह भाँप लेते हैं कि आप उनकी परवाह करते हैं, तो वे आपकी बातें सुनने के इच्छुक होते हैं। लोगों को पसंद करना संप्रेषण योग्यता की शुरुआत है।

सामने वाले पर ध्यान केंद्रित करने की योग्यता

ख़राब संप्रेषण करने वाले अपना ध्यान स्वयं पर और अपने विचारों पर केंद्रित करते हैं। अच्छा संप्रेषण करने वाले सामने वाले की प्रतिक्रिया पर अपना ध्यान केंद्रित करते हैं। अच्छा संप्रेषण करने वाले बॉडी लैंग्वेज भी समझते हैं। जब मैं किसी संभावित कर्मचारी का इंटरव्यू लेता हूँ और वह मेरी बॉडी लैंग्वेज से यह नहीं समझ पाता है कि मैं विषय बदलना चाहता हूँ, तो मैं सतर्क हो जाता हूँ।

हर तरह के व्यक्ति के साथ संप्रेषण करने की योग्यता

अच्छा संप्रेषण करने वाले में सामने वाले व्यक्ति को सहज बनाने की योग्यता होती है।

सामने वाले से आँखों का संपर्क बनाए रखना

आपके साथ ईमानदारी से पेश आने वाले ज़्यादातर लोग नज़रें मिलाकर

बात करते हैं और नज़रें नहीं चुराते हैं। व्यक्तिगत ईमानदारी और विश्वास संप्रेषण को विश्वसनीय बनाते हैं।

गर्मजोशी भरी मुस्कराहट

संप्रेषण शुरू करने का सबसे तेज़ तरीक़ा मुस्कराना है। मुस्कराहट संप्रेषण के असंख्य अवरोधों को पार कर लेती है। यह संस्कृति, जाति, उम्र, वर्ग, लिंग, शिक्षा और आर्थिक हैसियत की सीमाओं के पार जाती है।

अगर मैं किसी व्यक्ति से नेतृत्व करने की अपेक्षा रखता हूँ, तो मुझे उससे संप्रेषण की योग्यता की उम्मीद भी रखनी होगी।

यथास्थिति से असंतोष

मैंने अपने स्टाफ़ को बता रखा है कि यथास्थिति के लिए अँग्रेज़ी में प्रयुक्त शब्द *स्टेट्स को* (status quo) का अर्थ होता है, "हम दलदल में हैं।" लीडर्स वर्तमान स्थिति को तो देखते ही हैं, परंतु इससे भी ज़्यादा महत्त्वपूर्ण बात यह है कि वे भविष्य-दृष्टि का प्रयोग करके यह भी देख लेते हैं कि भविष्य में क्या हो सकता है। वे कभी यथास्थिति से संतुष्ट नहीं होते हैं। परिभाषा के अनुसार नेतृत्व करने का अर्थ है सबसे आगे चलना, नई जगह पर सबसे पहले पहुँचना, नए संसार पर विजय पाना, यथास्थिति से दूर जाना। डोना हैरिसन के अनुसार, "महान लीडर्स कभी वर्तमान प्रदर्शन के स्तर से संतुष्ट नहीं होते हैं। वे लगातार सफलता के ज़्यादा ऊँचे स्तर तक पहुँचने की ताक में रहते हैं।" वे स्वयं यथास्थिति से आगे चले जाते हैं और अपने आसपास के लोगों से भी ऐसा ही करने की अपेक्षा रखते हैं।

> *जो लीडर यथास्थिति से प्रेम करता है, वह जल्दी ही अनुयायी बन जाता है।*

यथास्थिति से असंतुष्ट होने का यह अर्थ नहीं है कि आपका नज़रिया नकारात्मक हो जाए या आप बड़बड़ाने लगें। इसका अर्थ तो अलग होने और जोखिम लेने की इच्छा से है। जो व्यक्ति परिवर्तन का जोखिम लेने से इनकार कर देता है, वह आगे बढ़ने में असफल हो जाता है। जो लीडर यथास्थिति से प्रेम करता है, वह जल्दी ही अनुयायी बन जाता है। बेल अटलांटिक कॉरपोरेशन के पूर्व

सी.ई.ओ. और चेयरमैन रेमंड स्मिथ ने एक बार कहा था, "सुरक्षित राह पर चलने, सिर्फ़ अपना काम करने और लहरों में खलबली नहीं मचाने से आपको नौकरी से तो नहीं निकाला जाएगा (कम से कम तत्काल तो नहीं), परंतु आगे चलकर यह आपके करियर या आपकी कंपनी के बहुत काम नहीं आएगा। हम लोग मूर्ख नहीं हैं। हम जानते हैं कि प्रशासकों (administrators) को खोजना आसान है और वे कम वेतन पर मिल सकते हैं। लीडर्स - यानी जोखिम लेने वालों - की आपूर्ति (supply) बहुत कम है। और जिन लीडर्स में भविष्य-दृष्टि है, वे तो शुद्ध सोने जितने बेशक़ीमती हैं।"

जोखिम से वे लोग डरते हैं, जो नए समाधानों के बजाय पुरानी समस्याओं के साथ आरामदेह महसूस करते हैं। इसे इस तरह से देखें। आप पुरानी समस्याओं को झेलने में भी अपनी ऊर्जा और समय लगाते हैं। आप नए समाधानों तक पहुँचने में भी अपनी ऊर्जा और समय लगाते हैं। दोनों में लगने वाली ऊर्जा और समय आश्चर्यजनक रूप से लगभग समान होते हैं। दोनों के बीच बस ज़रा-सा फ़र्क़ होता है। यह फ़र्क़ है नज़रिया। क्षमतावान लीडर्स की तलाश करते समय समाधान खोजने वाले लोगों की तलाश करें।

अच्छा लीडर सावधानीपूर्वक क्षमतावान लीडर्स की तलाश करता रहता है और अंततः उन्हें खोज लेता है। महान लीडर न सिर्फ़ क्षमतावान लीडर्स को खोज लेता है, बल्कि उन्हें महान लीडर्स में भी बदल देता है। योग्यता को पहचानने की योग्यता और लीडर्स को पहचानने की रणनीति से यह काम संभव हो जाता है। क्षमतावान लीडर्स की तलाश करने और उन्हें पहचानने के संदर्भ में आप किस योजना पर चल रहे हैं?

क्षमतावान लीडर्स की तलाश करते समय समाधान खोजने वाले लोगों की तलाश करें।

❖ ❖ ❖

4

लीडर का सबसे महत्त्वपूर्ण काम

क्षमतावान लीडर्स को पोषण देना

आजकल बहुत से संगठन अपनी क्षमता का दोहन नहीं कर पाते हैं। क्यों? क्योंकि वे अपने कर्मचारियों को सिर्फ़ एक ही पुरस्कार देते हैं - तनख़्वाह। ऐसे संगठनों में नियोक्ता (employer) और कर्मचारी के बीच का संबंध कभी तनख़्वाह से आगे विकसित नहीं होता है। दूसरी ओर, सफल संगठन बिलकुल अलग तरीक़ा अपनाते हैं। वहाँ पर कर्मचारी को काम के बदले में न सिर्फ़ तनख़्वाह मिलती है, बल्कि बॉस से पोषण (nurturing) भी मिलता है। उल्लेखनीय है कि पोषण में लोगों के जीवन को बदलने की शक्ति होती है।

जब आप क्षमतावान लीडर्स की संभावनाओं को पहचान लेते हैं, तो इसके बाद आपको उन्हें उनकी पूरी क्षमता तक पहुँचाने के लिए काम शुरू करना होता है। इसके लिए आपको रणनीति की ज़रूरत होती है। जब लोग मेरे संगठन में काम करने आते हैं, तो मैं यह याद रखता हूँ कि उनकी ज़रूरतें क्या हैं। उन्हें यह ज़रूरत होती है कि मैं :

उनकी क्षमता पर विश्वास करूँ।

उन्हें प्रोत्साहित करूँ।

उनके साथ खुलकर बातचीत करूँ।

उन पर भरोसा करूँ।

यह तकनीक अपने आसपास के लीडर्स को विकसित करने के अगले तत्व की शुरुआत है : क्षमतावान लीडर्स को पोषण देना।

पोषण से सबको लाभ होता है। ऐसा कौन है जो ज़्यादा सुरक्षित और प्रेरित महसूस नहीं करेगा, जब उसका लीडर उसकी क्षमता पर विश्वास करे, उसे प्रोत्साहित करे, उसके साथ *खुलकर बातें करे* और उस पर *भरोसा करे?* जब लोगों को पोषण मिलता है, तो वे ज़्यादा अच्छे परिणाम देते हैं। इससे भी महत्त्वपूर्ण बात यह है कि पोषण लीडरशिप की संभावना वाले कर्मचारियों की प्रबल भावनात्मक और व्यावसायिक (professional) नींव बनाता है। बाद में प्रशिक्षण और विकास द्वारा उस नींव के सहारे लीडर को बनाया जा सकता है।

पोषण में लोगों के जीवन को बदलने की शक्ति होती है।

पोषण की प्रक्रिया में सिर्फ़ प्रोत्साहन ही शामिल नहीं है। इसमें रोल मॉडल बनना भी शामिल है। दरअसल पोषण की प्रक्रिया में लीडर की प्रमुख ज़िम्मेदारी यह है कि वह लीडरशिप, प्रबल कार्य-नैतिकता, ज़िम्मेदारी, चरित्र, खुलेपन, निरंतरता, संप्रेषण और लोगों में विश्वास जैसे गुणों का मॉडल बने। जब वह अपने आसपास के लोगों के प्रति उदारता दिखाता है, तब भी वह मॉडलिंग करता है। मॉडलिंग की प्रक्रिया तब सर्वश्रेष्ठ रूप में होती है, जब कोई लीडर अनुसरण के लिए अपना मॉडल चुनता है और फिर अपनी टीम के सदस्यों के लिए मॉडल बन जाता है। जैसा कि अठारहवीं सदी के लेखक ऑलिवर गोल्डस्मिथ ने एक बार कहा था, "जब लोगों के पास अनुकरण करने के लिए खुद के सिवाय कोई दूसरा मॉडल नहीं होता, तो उनमें बहुत कम सुधार होता है।" हर लीडर को मॉडल बनना चाहिए, ताकि दूसरे उसका अनुसरण कर सकें।

मार्क ट्वेन ने एक बार मज़ाक़ में कहा था, "सही काम करना अद्भुत है। दूसरों को सही काम करना सिखाना इससे भी ज़्यादा अद्भुत है - और ज़्यादा आसान भी।" मैं ट्वेन के विचार को इस तरह से कहना चाहता हूँ : "दूसरों से अपने नेतृत्व में सही काम करवाना अद्भुत है। खुद सही काम करना तथा फिर उनका नेतृत्व करना इससे भी ज़्यादा अद्भुत - और ज़्यादा मुश्किल भी।" ट्वेन की तरह मैं भी जानता हूँ कि सही काम करने

और फिर दूसरों को सही काम करना सिखाने का आत्म-अनुशासन मुश्किल होता है। हर व्यक्ति अपने आसपास के लोगों को प्रशिक्षण नहीं देने के बहाने खोज सकता है। महान लीडर्स इन मुश्किलों को जानते हैं, परंतु इसके बावज़ूद वे अपने साथ काम करने वालों को पोषण देते हैं। वे जानते हैं कि उनके प्रशिक्षण का बहुत से लोगों पर सकारात्मक प्रभाव पड़ेगा। इसलिए वे सकारात्मक परिणाम पर ध्यान केंद्रित करते हैं।

लीडर को अपने आसपास के क्षमतावान लीडर्स को पोषण देने के लिए ये काम करने चाहिए :

स्वयं के लिए एक लीडरशिप मॉडल चुनें

लीडर्स के रूप में आपकी और मेरी सबसे पहली ज़िम्मेदारी यह है कि हम अपने लिए अच्छे मॉडल चुनें। इस बात पर सावधानी से विचार करें कि आप किन लीडर्स का अनुसरण करेंगे, क्योंकि इसी से आपकी दिशा तय होगी। अनुसरण के लिए मॉडल चुनने से पहले मैंने ख़ुद से पूछने के लिए छह सवाल तैयार किए हैं :

क्या मेरे मॉडल का जीवन ऐसा है, जिसका अनुसरण किया जाए?

इस सवाल का संबंध चरित्र की गुणवत्ता से है। अगर इसका जवाब स्पष्ट हाँ नहीं है, तो मुझे बहुत सावधान रहना होगा। मैं जिनका अनुसरण करूँगा, उन्हीं की तरह बन जाऊँगा, इसलिए मैं दोषपूर्ण चरित्र वाले मॉडल नहीं चाहता।

क्या मेरे मॉडल के जीवन का दूसरे लोग अनुसरण कर रहे हैं?

यह सवाल विश्वसनीयता पर प्रकाश डालता है। यह संभव है कि आप किसी लीडर को खोजने वाले पहले व्यक्ति हों। बहरहाल ज़्यादातर मामलों में ऐसा नहीं होता है। अगर लोग किसी व्यक्ति का अनुसरण नहीं कर रहे हैं, तो हो सकता है कि वह अनुसरण करने लायक़ ही नहीं हो।

अगर इन पहले दो सवालों में से किसी एक का भी जवाब **नहीं** है, तो मैं बाक़ी चार सवाल पूछता ही नहीं हूँ। इतने से ही यह स्पष्ट हो जाता है कि अब मुझे किसी और मॉडल की तलाश करना चाहिए।

वह मुख्य शक्ति क्या है, जो लोगों को मेरे मॉडल का अनुसरण करने के लिए प्रेरित करती है?

मेरे मॉडल के पास मुझे देने के लिए क्या है? उसका सर्वश्रेष्ठ गुण कौन-सा है? यह भी ध्यान रखें कि प्रबल लीडर्स में शक्तियों के साथ-साथ कमज़ोरियाँ भी होती हैं। मैं यह नहीं चाहता कि मैं ग़लती से अपने मॉडल की कमज़ोरियों का अनुसरण करने लगूँ।

क्या मेरा मॉडल दूसरे लोगों को लीडर के रूप में तैयार करता है?

इस सवाल का जवाब मुझे यह बता देता है कि नए लीडर्स को तैयार करने के संदर्भ में मॉडल की लीडरशिप प्राथमिकताएँ मेरी प्राथमिकताओं से मेल खाती हैं या नहीं।

क्या मेरे मॉडल की शक्ति मेरे जीवन में उतर सकती है?

अगर मैं अपने जीवन में अपने मॉडल की शक्ति को नहीं उतार सकता, तो उसकी मॉडलिंग से मुझे लाभ नहीं होगा। उदाहरण के तौर पर, हो सकता है आप बास्केटबॉल के खिलाड़ी शैकिल ओ'नील की प्रशंसा करते हों, परंतु अगर आपका क़द सिर्फ़ 5 फुट 9 इंच और वज़न 170 पौंड है, तो आप उनकी शक्तियों को अपने जीवन में नहीं उतार सकते। सही मॉडल खोजें... बहरहाल ख़ुद को सुधारने की कोशिश भी करें। यह कहने में जल्दबाज़ी नहीं करें कि किसी शक्ति को उतारा ही जा सकता। अधिकांश शक्तियों को हम अपने जीवन में उतार सकते हैं। अपनी क्षमता को सीमित नहीं करें।

अगर मेरे मॉडल की शक्ति मेरे जीवन में उतारी जा सकती है, तो उस शक्ति को विकसित और प्रदर्शित करने के लिए मुझे कौन से क़दम उठाने चाहिए?

आपको एक कार्ययोजना तैयार करनी चाहिए। अगर आप सिर्फ़ सवालों का जवाब देते हैं और अपने मॉडल की शक्ति को अपने जीवन में उतारने की किसी योजना पर अमल नहीं करते हैं, तो आप सिर्फ़ बौद्धिक व्यायाम कर रहे हैं।

हम जो मॉडल चुनते हैं, वे व्यक्तिगत रूप से हमारे लिए उपलब्ध हो भी सकते हैं और नहीं भी। हो सकता है हमारे कुछ मॉडल राष्ट्रीय स्तर के व्यक्ति हों, जैसे राष्ट्रपति। या फिर हो सकता है कि वे वर्तमान युग के नहीं होकर इतिहास के हों। ज़ाहिर है, इस स्थिति में आप उससे व्यक्तिगत संपर्क नहीं कर सकते। निश्चित रूप से तब वे आपको लाभ तो पहुँचा सकते हैं, परंतु उस तरीक़े से नहीं, जिस तरह व्यक्तिगत मार्गदर्शक पहुँचा सकता है।

संबंधों के मार्गदर्शन के लिए दिशा-निर्देश

जब आपको कोई ऐसा मॉडल मिल जाए, जो आपको व्यक्तिगत रूप से मार्गदर्शन दे सकता हो, तो उसके साथ सकारात्मक मार्गदर्शक संबंध बनाने के लिए इन दिशा-निर्देशों का प्रयोग करें :

सही सवाल पूछें

अपने मार्गदर्शक (mentor) से मिलने से पहले यह सोच लें कि आप उससे कौन से सवाल पूछेंगे। अपने विकास को ध्यान में रखकर सवाल पूछें।

अपनी अपेक्षाओं के स्तर को स्पष्ट करें

आम तौर पर, मार्गदर्शन का लक्ष्य आदर्श बनना नहीं, बल्कि सुधार करना होता है। बहुत थोड़े लोग सचमुच उत्कृष्ट होते हैं - परंतु हम सबमें सुधार करके बेहतर बनने की गुंजाइश होती है।

अधीनस्थ की सीखने वाली स्थिति स्वीकार करें

सीखने की प्रक्रिया में अपने अहम को आड़े नहीं आने दें। अगर आप मार्गदर्शक को अपने ज्ञान या योग्यता से प्रभावित करने की कोशिश करते हैं, तो इससे आप दोनों के बीच में मानसिक बाधा खड़ी हो सकती है। इस वजह से आप वह नहीं ले पाएँगे, जो वो दे रहा है।

मार्गदर्शक का सम्मान करें, परंतु उसे देवता नहीं बनाएँ

सम्मान का अर्थ यह है कि हम मार्गदर्शक की सिखाई बातें स्वीकार करते हैं। परंतु मार्गदर्शक को देवता नहीं बनाएँ, क्योंकि इससे निष्पक्ष मूल्यांकन करने

की क्षमता ख़त्म हो जाती है। मार्गदर्शक के ज्ञान और अनुभव को अपने जीवन में उतारने के लिए हमें मूल्यांकन की इस क्षमता की ज़रूरत होती है।

जो आप सीख रहे हैं, उसे तत्काल जीवन में उतारें

जब मार्गदर्शक और आपके बीच के संबंध सर्वश्रेष्ठ रूप में होते हैं, तो सीखी गई बातों पर तत्काल अमल किया जाता है। सीखें, अभ्यास करें और जीवन में उतारें।

मार्गदर्शक के साथ संबंध बनाने में अनुशासित रहें

काफ़ी समय तक तैयारी करें। विषय वस्तु पहले से ही चुन लें और मार्गदर्शक के साथ विचार-विमर्श को लाभदायक बनाने के लिए अपना होमवर्क करके जाएँ।

अपने मार्गदर्शक को अपनी प्रगति से पुरस्कृत करें

अगर आप प्रशंसा तो करते हैं, परंतु प्रगति नहीं करते हैं, तो मार्गदर्शक को असफलता का अनुभव होता है। आपकी प्रगति ही उसका सर्वोच्च पुरस्कार है। प्रगति करने की कोशिश करें और फिर मार्गदर्शक को उसके बारे में बताएँ।

छोड़ने की धमकी नहीं दें

अपने मार्गदर्शक को बताएँ कि आपने प्रगति करने का संकल्प कर लिया है और आपमें लगन है। जब आप उसे बता देंगे कि आप जीतने का दृढ़ संकल्प कर चुके हैं, तो वह यह समझ लेगा कि आपको मार्गदर्शन देने में उसका समय बर्बाद नहीं होगा।

आपके व्यक्तिगत विकास का कोई विकल्प नहीं है। अगर आप कुछ हासिल नहीं कर रहे हैं और विकास नहीं कर रहे हैं, तो आप उन लोगों को कुछ नहीं दे पाएँगे, जिनका आप पोषण और विकास कर रहे हैं।

विश्वास बनाएँ

मैंने सीखा है कि व्यक्तिगत और व्यावसायिक संबंध बनाने में विश्वास सबसे महत्त्वपूर्ण तत्व होता है। वॉरेन बेनिस और बर्ट नैनुस ने कहा है कि विश्वास

"वह गोंद है, जो अनुयायियों और लीडर्स को एक साथ बाँधे रखती है।" विश्वास में जवाबदेही, संभाव्यता और विश्वसनीयता शामिल हैं। किसी अन्य चीज़ से अधिक, अनुयायी अपने लीडर में विश्वास करना चाहते हैं। वे यह कहना चाहते हैं, "किसी दिन मैं भी उनकी तरह बनना चाहता हूँ।" अगर उन्हें आप पर विश्वास नहीं होगा, तो वे ऐसा नहीं कह सकते। आपकी लीडरशिप का अनुसरण करने से पहले लोगों को आप पर विश्वास करना होगा।

विश्वास धीरे-धीरे बनता है। इसमें निरंतरता की ज़रूरत होती है। लीडर कई प्रकार से विश्वास को ठेस पहुँचा सकता है : वादे तोड़कर, पीठ पीछे बुराई करके, जानकारी छुपाकर और दोमुँही बातें करके। ये कार्य विश्वास के उस माहौल को नष्ट कर देते हैं, जो संभावित लीडर्स के विकास के लिए आवश्यक है। और जब कोई लीडर विश्वास तोड़ता है, तो उसे इसे दुबारा क़ायम करने के लिए दोगुनी मेहनत करनी पड़ेगी। जैसा ईसाई लीडर शेरिल बेहल ने एक बार कहा था, "जीवन की सच्चाइयों में से एक यह है कि अगर आप किसी व्यक्ति पर पूरे समय भरोसा नहीं कर सकते, तो आप दरअसल उस पर किसी भी समय भरोसा नहीं कर सकते।"

हर साल मैं देखता हूँ कि बेचारा कार्टून कैरेक्टर चार्ली ब्राउन फ़ुटबॉल पर किक मारने की कोशिश करता है। वह हमेशा मुँह या पीठ के बल गिर जाता है क्योंकि लूसी, जिसके हाथ में गेंद है, आख़िरी मिनट पर गेंद दूर हटा देती है। जब लूसी गेंद को दूर हटा देती है, तो वह अक्सर चार्ली से कहती है कि वह उसे यह सिखाने की कोशिश कर रही है कि उसे इतना ज़्यादा विश्वास नहीं करना चाहिए। परंतु हर साल चार्ली फिर भी फ़ुटबॉल पर किक मारने की कोशिश करता है। क्यों? दरअसल चार्ली लोगों पर विश्वास करना चाहता है। लूसी लीडर नहीं है और कभी बन भी नहीं पाएगी। लीडर सिर्फ़ विश्वास के आधार पर ही काम कर सकता है और लूसी विश्वसनीय नहीं है।

लीडर सिर्फ़ विश्वास के आधार पर ही काम कर सकता है।

लोग उस लीडर का अनुसरण नहीं करेंगे, जिस पर वे विश्वास नहीं करते हों। अपने आसपास के लोगों में अपने प्रति विश्वास उत्पन्न करना लीडर की ज़िम्मेदारी है। विश्वास कई चीज़ों पर आधारित होता है :

समय	: सुनने में समय लगाएँ और प्रदर्शन पर फ़ीडबैक दें।
सम्मान	: संभावित लीडर को सम्मान दें; बदले में वह आप पर विश्वास करेगा।
बिना शर्त सकारात्मक प्रशंसा	: यह दिखाएँ कि आप उसे स्वीकार कर रहे हैं।
संवेदनशीलता	: संभावित लीडर की भावनाओं और ज़रूरतों का अनुमान लगाएँ।
स्पर्श	: प्रोत्साहन दें - हाथ मिलाकर, पीठ थपथपाकर।

जब लोग अपने लीडर पर व्यक्ति के रूप में विश्वास करने लगते हैं, तो फिर वे उसकी लीडरशिप में भी विश्वास कर सकते हैं।

पारदर्शिता दिखाएँ

सभी लीडर्स ग़लतियाँ करते हैं। ग़लतियाँ जीवन का हिस्सा हैं। सफल लीडर्स अपनी ग़लतियों को पहचानते हैं, उनसे सीखते हैं और उन्हें सुधारने के लिए मेहनत करते हैं। सफल एक्ज़ीक्यूटिव्ज़ में क्या गुण होते हैं, यह पता लगाने के लिए एक बार 105 एक्ज़ीक्यूटिव्ज़ का अध्ययन किया गया। इसके निष्कर्ष के अनुसार सबसे महत्त्वपूर्ण गुण यह था : वे दूसरों को दोष देने के बजाय अपनी ग़लतियाँ मानते थे और उनके परिणामों को स्वीकार करते थे।

हम ऐसे लोगों के बीच में रहते हैं, जो अपने कार्यों या परिस्थितियों के लिए किसी दूसरे को ज़िम्मेदार ठहराने की कोशिश करते हैं। लोग अपने कार्यों के परिणामों की फ़सल नहीं काटना चाहते। यह नज़रिया आपको हर तरफ़ दिख सकता है। टेलीविज़न के कार्यक्रम हर दिन हमें दावा ठोकने की सलाह देते हैं, "भले ही दुर्घटना में ग़लती आपकी हो।" इन कार्यक्रमों में क़र्ज़दाताओं से बचने के लिए "ख़ुद को दिवालिया" घोषित करने की सलाह भी दी जाती है। जो लीडर अपने कार्यों की ज़िम्मेदारी लेता है और अपनी टीम के प्रति ईमानदार तथा पारदर्शी होता है, उसकी टीम के लोग उसकी प्रशंसा करेंगे, सम्मान करेंगे और विश्वास करेंगे। उस लीडर से वे कुछ सीख भी सकते हैं।

समय दें

दूर से या कभी-कभार ही महज कुछ समय तक ध्यान देकर लोगों को पोषण नहीं दिया जा सकता। इसके लिए आपको उनके साथ समय बिताना पड़ता है। सिर्फ़ चलते-फिरते हुए या मीटिंग में जाते समय थोड़ी-बहुत बातों से काम नहीं चलेगा। इस काम के लिए योजना बनाकर समय देना पड़ेगा। अपने संगठन के लीडर्स के साथ संपर्क रखने को मैंने अपनी प्राथमिकता बना लिया है। मैं अपने स्टाफ़ के लिए प्रशिक्षण की योजना बनाकर उन्हें प्रशिक्षित करवाता हूँ। मैं ऐसी मीटिंगें आयोजित करता हूँ, जहाँ टीम के सदस्य सूचना का आदान-प्रदान कर सकें। अक्सर मैं किसी क्षमतावान लीडर को लंच पर अपने साथ ले जाता हूँ। मैं बार-बार अपनी टीम के लोगों के साथ बैठकर यह विचार-विमर्श करता हूँ कि उनकी ज़िम्मेदारी के क्षेत्र में कैसी प्रगति हो रही है और अगर ज़रूरत होती है, तो मैं उन्हें सलाह भी देता हूँ।

आज की तेज़ रफ़्तार दुनिया में हम पर बहुत से कामों का दबाव रहता है, इसलिए किसी को समय देना मुश्किल होता है। समय लीडर की सबसे क़ीमती वस्तु है। पीटर ड्रकर ने लिखा था, "शायद कोई दूसरी चीज़ प्रभावकारी एक्ज़ीक्यूटिव्ज़ को बाक़ी लोगों से उतना अलग नहीं करती, जितना कि समय की सौम्य परवाह।" लीडर का समय बहुमूल्य है, परंतु क्षमतावान लीडर के साथ समय बिताने का मतलब अपने समय का निवेश करना है। आपके द्वारा दिए गए बहुमूल्य समय से आपको, संगठन को और क्षमतावान लीडर तीनों को लाभ होता है। पोषण देते समय लीडर्स का नज़रिया कुछ पाने का नहीं, बल्कि कुछ देने का होना चाहिए। नॉर्मन विन्सेंट पील ने इसे इस तरह से कहा था कि जो व्यक्ति खुद के लिए जीता है, वह असफल है; सचमुच सफल व्यक्ति तो वह है, जो दूसरों के लिए जीता है।

क्षमतावान लीडर के साथ समय बिताने का मतलब अपने समय का निवेश करना है।

लोगों पर विश्वास करें

जब आप लोगों पर विश्वास करते हैं, तो आप उन्हें प्रेरित करते हैं और उनकी क्षमता को उजागर करते हैं। लोग यह भाँप लेते हैं कि सामने वाला

वास्तव में उन पर विश्वास कर रहा है या नहीं। वे वर्तमान में क्या हैं, यह तो कोई भी देख सकता है, परंतु वे भविष्य में क्या बन सकते हैं, यह सिर्फ़ लीडर ही देख सकता है। उन्हें उस दिशा में विकास करने के लिए प्रोत्साहित करना लीडर का काम है। इसके लिए उसे यह विश्वास करना होगा कि वे यह काम कर सकते हैं। टीम के लोग लीडर से मिली आलोचना और मूल्यांकन की वजह से प्रगति नहीं करते हैं; वे हमेशा अपने लीडर की अपेक्षाओं की वजह से प्रगति करते हैं। मूल्यांकन सिर्फ़ प्रगति को *दर्शाता* है। अपेक्षाएँ प्रगति को *बढ़ाती* हैं। अपने लिए काम करवाना बहुत आसान होता है, क्योंकि इसके लिए लोगों को अपने यहाँ नौकरी पर रखना ही पर्याप्त होता है, परंतु अगर आप यह चाहते हैं कि लोग आपके साथ मिलकर काम करें, तो इसके लिए आपको उन पर विश्वास करके उनका दिल जीतना होगा।

> *जब आप लोगों पर विश्वास करते हैं, तो आप उन्हें प्रेरित करते हैं और उनकी क्षमता को उजागर करते हैं।*

प्रोत्साहन दें

बहुत से लीडर्स अपने कर्मचारियों से यह उम्मीद करते हैं कि वे ख़ुद को प्रोत्साहित कर लेंगे। बहरहाल अधिकांश लोगों को आगे बढ़ने के लिए बाहरी प्रोत्साहन की ज़रूरत होती है। यह उनके विकास के लिए बहुत ज़रूरी है। डॉ. जॉर्ज एडम्स के अनुसार व्यक्ति के अस्तित्व के लिए प्रोत्साहन उतना ही अनिवार्य है, जितनी कि "आत्मा के लिए ऑक्सीजन।"

नए लीडर्स को प्रोत्साहन की ज़रूरत होती है। जब वे किसी नई स्थिति में आते हैं, तो वे कई परिवर्तनों का सामना करते हैं और उनके भीतर भी कई परिवर्तन होते हैं। प्रोत्साहन उन्हें उनकी पूरी क्षमता तक पहुँचाता है; ग़लतियाँ करने के बाद भी यह उन्हें आगे बढ़ने की शक्ति देता है।

अपनी टीम के लोगों के साथ सकारात्मक प्रोत्साहन का प्रचुर प्रयोग करें। छोटे से छोटे काम को भी रूटीन नहीं मानें, बल्कि उसके लिए लोगों को धन्यवाद दें। जब भी किसी में सुधार दिखे, तो उसकी प्रशंसा करें। जब

लोग हमेशा अपने लीडर की अपेक्षाओं की वजह से प्रगति करते हैं।

भी आप अपने प्रोत्साहन की व्यक्तिगत बना सकते हों, तो ऐसा अवश्य करें। याद रखें, जो चीज़ एक व्यक्ति को प्रेरित कर सकती है, वह दूसरे को उदासीन, यहाँ तक कि चिड़चिड़ा भी बना सकती है। यह पता लगाएँ कि आपकी टीम के प्रत्येक व्यक्ति को किस चीज़ से लाभ हो सकता है। इसके बाद आप प्रेरणा के उस तरीक़े का प्रयोग करें।

यू.सी.एल.ए. के बास्केटबॉल कोच जॉन वुडन अपने खिलाडियों से चर्चा करते समय यह कहते थे कि स्कोर करने वाले खिलाड़ी को हमेशा पास देने वाले खिलाड़ी की तरफ़ देखकर मुस्कराना चाहिए, आँख मारना चाहिए या सिर हिलाना चाहिए। टीम के एक सदस्य ने पूछा, "परंतु मान लें, वह हमारी तरफ़ देख ही नहीं रहा हो?" वुडन ने जवाब दिया, "मैं इस बात की गारंटी देता हूँ कि वह ज़रूर देख रहा होगा।" हर व्यक्ति प्रोत्साहन को महत्त्वपूर्ण मानता है और उसमें इसे पाने की ललक होती है - ख़ास तौर पर तब, जब उसका लीडर लगातार प्रोत्साहन देता हो।

निरंतरता बनाए रखें

क्षमतावान लीडर्स को पोषण देते समय निरंतरता काफ़ी महत्त्वपूर्ण होती है। जब हम निरंतरता बनाए रखते हैं, तो हमारी टीम के लोग हम पर विश्वास करते हैं। वे अपना विकास करने में समर्थ होते हैं, क्योंकि वे जानते हैं कि हमारा स्वभाव एक रूप है। जब उन्हें मुश्किल निर्णयों का सामना करना पड़ता है, तो वे इस सवाल का जवाब दे सकते हैं, "मेरा लीडर इस परिस्थिति में क्या करेगा?" वे सुरक्षित अनुभव करते हैं क्योंकि वे जानते हैं कि उनके प्रति हमारी प्रतिक्रिया कैसी होगी, चाहे परिस्थितियाँ कैसी भी हों।

शायद आपने उस किसान की कहानी सुनी होगी, जिसने कई सालों तक बुरा समय झेला था। वह अपने बैंक के मैनेजर से मिलने गया :

> किसान ने मैनेजर से कहा, "मेरे पास आपको सुनाने के लिए दो ख़बरें हैं। इनमें से एक अच्छी है और एक बुरी। आप कौन सी ख़बर पहले सुनना चाहेंगे?"

मैनेजर ने जवाब दिया, “आप मुझे पहले बुरी ख़बर सुना दें, ताकि झंझट मिटे।”

“ठीक है। भीषण सूखे और मुद्रास्फीति की वजह से मैं इस साल अपना क़र्ज़ नहीं चुका पाऊँगा; न तो मूलधन, न ही ब्याज।”

“अरे, यह तो बुरा हुआ।”

“इससे भी बुरी बात यह है कि मैं उस क़र्ज़ का भुगतान भी नहीं कर पाऊँगा, जो मैंने मशीनें ख़रीदने के लिए लिया था; न तो मूलधन, न ही ब्याज।”

“यह तो और भी बुरा है!”

“इससे भी बुरी बात एक और है। आपको याद है, मैंने बीज, खाद और बाक़ी सामानों के लिए भी क़र्ज़ लिया था। मैं उस क़र्ज़ का भुगतान भी नहीं कर पाऊँगा; न तो मूलधन, न ही ब्याज।”

“यह तो बहुत ही बुरा है। अब मैं इस बारे में आगे नहीं सुना चाहता! अब मुझे यह बताओ कि अच्छी ख़बर क्या है।”

किसान ने मुस्कराते हुए कहा, “अच्छी ख़बर यह है कि मैं आपके साथ आगे भी बिज़नेस करना चाहता हूँ।”

सौभाग्य से, हमारे अधिकांश क्षमतावान लीडर्स हमारे किसान मित्र से बेहतर काम करते हैं। परिस्थितियों को बेहतर बनाने के लिए उन्हें इतने लंबे समय तक लगातार मदद की ज़रूरत नहीं पड़ेगी, जितनी कि उस किसान को थी। जब हम अपने क्षमतावान लीडर्स में विश्वास करते हैं और उन्हें निरंतर समर्थन व प्रोत्साहन देते हैं, तो हम उन्हें वह अतिरिक्त शक्ति देते हैं, जिसकी उन्हें अच्छा प्रदर्शन करने के लिए ज़रूरत है।

आशा बनाए रखें

आशा एक बहुत बड़ा उपहार है, जो लीडर्स अपने आसपास के लोगों को दे सकते हैं। इसकी शक्ति को कभी कम नहीं आँकना चाहिए। जब लोगों को अपने भीतर से आशा नहीं मिलती है, तो उन्हें आशा बँधाने के लिए महान लीडर की ज़रूरत होती है। विंस्टन चर्चिल ने आशा के महत्त्व को

पहचान लिया था। वे द्वितीय विश्वयुद्ध के सबसे निराशाजनक दिनों में इंग्लैंड के प्रधानमंत्री थे। उनसे एक बार एक पत्रकार ने पूछा कि हिटलर के नाज़ी साम्राज्य के ख़िलाफ़ उनके देश का सबसे बड़ा हथियार कौन-सा है। एक पल के लिए भी रुके बिना उन्होंने जवाब दिया, "वही, जो हमेशा से इंग्लैंड का सबसे बड़ा हथियार रहा है - आशा।"

अगर लोगों में आशा हो, तो वे काम करते रहेंगे, संघर्ष करते रहेंगे और कोशिश करते रहेंगे। आशा मनोबल को बढ़ाती है। यह आत्म-छवि को सुधारती है। यह लोगों को नई ऊर्जा प्रदान करती है। यह उनकी अपेक्षाओं को बढ़ाती है। आशा के स्तर को ऊँचा बनाए रखना लीडर का काम है। उसे अपनी टीम में आशा का संचार करते रहना चाहिए। हमारी टीम में तभी तक आशा रहेगी, जब तक हम उन्हें आशा प्रदान करते रहेंगे। और हम तभी आशा प्रदान कर सकते हैं, जब हमारा नज़रिया सही हो। क्लेयर बूथ ल्यूस ने *यूरोप इन द स्प्रिंग* में वरडन युद्ध के नायक मार्शल फ़ोक के कथन का उल्लेख किया है, "कोई भी स्थिति निराशाजनक नहीं होती : सिर्फ़ इंसान ही उसके बारे में निराशाजनक हो जाता है।"

> *आशा के स्तर को ऊँचा बनाए रखना लीडर का काम है।*

आशा बनाए रखना तभी संभव है, जब हम हर परिस्थिति में संभावना देखें और ख़राब परिस्थितियों के बावजूद सकारात्मक बने रहें। डॉ. जी. कैम्पबेल मॉर्गन एक व्यक्ति की कहानी बताते हैं, जिसकी दुकान शिकागो के भयानक अग्निकांड में जलकर राख हो गई। अगली सुबह वो एक टेबल लेकर राख के ढेर के बीच गया। फिर उसने वह टेबल जले हुए सामान के बीच रख दी। टेबल पर उसने यह आशावादी साइनबोर्ड लगा दिया, "सब कुछ ख़त्म हो गया, सिवाय पत्नी, बच्चों और आशा के। कल सुबह से बिज़नेस, हमेशा की तरह शुरू होगा।"

महत्त्व का अहसास दिलाएँ

कोई भी अपना समय महत्त्वहीन काम करने में नहीं बिताना चाहता। लोग वह काम करना चाहते हैं, जिसका महत्त्व हो। काम करने वाले अक्सर

इस तरह की बातें कहते हैं, "मैं यह महसूस करना चाहता हूँ कि मैंने कुछ हासिल किया है, मैं सफल हुआ हूँ और मेरे रहने से कोई फ़र्क़ पड़ा है। मैं उत्कृष्टता चाहता हूँ। मैं चाहता हूँ कि मैं जो भी काम करूँ, वह महत्त्वपूर्ण हो। मैं प्रभाव डालना चाहता हूँ।" लोग महत्त्व चाहते हैं।

अपनी टीम के सदस्यों को महत्त्व का अहसास दिलाना लीडर का काम है। इसे करने का एक तरीक़ा यह है कि लोगों को किसी महत्त्वपूर्ण चीज़ का हिस्सा बना दिया जाए। बहुत सारे लोग जीवन में महत्त्वपूर्ण लक्ष्यों का पीछा करने के बजाय किसी आरामदेह जगह पर ठहर जाते हैं और वहीं बने रहते हैं। लीडर्स ऐसा करने का जोखिम नहीं ले सकते। हर लीडर को ख़ुद से पूछना चाहिए, "मैं क्या चाहता हूँ : बचे रहना, सफलता या महत्त्व?" सर्वश्रेष्ठ लीडर्स महत्त्व चाहते हैं और अपने समय तथा ऊर्जा अपने सपने को साकार करने में लगाते हैं। जैसा *वॉशिंगटन पोस्ट* की पूर्व सी.ई.ओ. कैथरीन ग्राहम ने कहा था, "अपने काम से प्रेम करना और उसे महत्त्वपूर्ण मानना - इससे ज़्यादा आनंददायक और क्या हो सकता है?"

मॉइशे रॉजेन ने एक मानसिक व्यायाम सिखाया है, जो अपने सपने को पहचानने का प्रभावकारी उपकरण है। वे इन दो वाक्यों को पूरा करने को कहते हैं :

*अगर मेरे पास यह होता*____________________________

*तो मैं यह करता*________________________________

विचार यह है कि अगर आपके पास आपकी मनचाही चीज़ होती - असीमित समय, असीमित धन, असीमित ज्ञान, असीमित स्टाफ़ (वे सारे संसाधन, जो आप चाह सकते हैं) - तो आप क्या करते? इस सवाल का जवाब ही आपका सपना है।

अपने सपने साकार करने की दिशा में काम करने से आपके जीवन का महत्त्व बढ़ जाता है। इतिहास का एक प्रसंग इस बात का अच्छा उदाहरण है। सबने वह कहानी सुनी होगी, जब आइज़ैक न्यूटन ने सेब फल को गिरते देखकर गुरुत्वाकर्षण का नियम खोजा। परंतु बहुत कम लोग जानते हैं कि हैली धूमकेतु की खोज करने वाले एडमंड हैली ने न्यूटन के सिद्धांतों को लोकप्रिय बनाया। हैली ने न्यूटन को चुनौती दी कि वे अपनी मौलिक

अवधारणाओं पर दुबारा विचार करें। उन्होंने न्यूटन की गणितीय ग़लतियों को ठीक किया और उनके शोध के समर्थन में ज्यॉमेट्री के रेखाचित्र खींचे। उन्होंने न सिर्फ़ न्यूटन को उनका महान ग्रंथ *मैथमैटिकल प्रिंसिपल्स ऑफ़ नैचुरल फ़िलॉसफ़ी* लिखने के लिए प्रेरित किया, बल्कि इसका संपादन भी किया। हैली ने इसके प्रकाशन की देखरेख की और इसकी छपाई का ख़र्च भी उठाया, हालाँकि न्यूटन उनसे ज़्यादा अमीर थे और आसानी से छपाई का ख़र्च उठा सकते थे।

हैली ने न्यूटन को अपने सपने पर काम करने के लिए प्रोत्साहित किया और इस वजह से न्यूटन का जीवन बहुत ज़्यादा महत्त्वपूर्ण बन गया। न्यूटन लगभग तत्काल ख्याति के पुरस्कार की फ़सल काटने लगे। हैली को बहुत कम श्रेय मिला, परंतु उन्हें यह जानकर बहुत संतोष हुआ होगा कि उन्होंने वैज्ञानिक चिंतन की प्रगति में क्रांतिकारी विचारों को प्रेरित किया था।

अपने सपने को पहचानें और उसका पीछा करें। उसे व्यक्तिगत, हासिल करने योग्य, नापने योग्य, दिखने वाला और विस्तृत होने वाला बनाएँ। महत्त्व की आकांक्षा हमसे सर्वश्रेष्ठ प्रदर्शन करवा लेती है और जिस उपलब्धि का हमने सपना देखा है, उसका हिस्सा बनने से हमारे आस-पास के लोगों का जीवन समृद्ध हो सकता है।

आप जिन लोगों का नेतृत्व करते हैं, उन्हें महत्त्व का अहसास दिलाने का एक और तरीक़ा यह है कि उन्हें बड़ी तसवीर दिखाएँ और यह बता दें कि वे इसमें किस तरह योगदान दे रहे हैं। बहुत से लोग तो रोज़मर्रा की बातों में इतने उलझ जाते हैं कि वे अपने काम के महत्त्व को ही भूल जाते हैं।

मेरे स्टाफ़ का एक सदस्य पहले एक वोकेशनल कॉलेज का डीन था। एक दिन वह अपने नए कर्मचारी को ऑफ़िस दिखा रहा था। वह हर व्यक्ति का परिचय देते हुए उसका पदनाम बता रहा था। रिसेप्शनिस्ट का परिचय कराते समय वह बोला कि वह पद बहुत महत्त्वपूर्ण है। रिसेप्शनिस्ट ने कहा, "मैं महत्त्वपूर्ण नहीं हूँ। मैं हर दिन जो सबसे महत्त्वपूर्ण काम करती हूँ, वह है रिपोर्ट भरना।"

डीन ने जवाब दिया, "तुम्हारे बिना यह स्कूल चल ही नहीं सकता। यहाँ आने वाला हर नया विद्यार्थी सबसे पहले तुम्हीं से बात करता है। अगर

वह तुम्हें पसंद नहीं करेगा, तो वह स्कूल को भी पसंद नहीं करेगा। अगर वह स्कूल को पसंद नहीं करेगा, तो वह इसमें एडमिशन नहीं लेगा और कुछ समय बाद हमारे पास बहुत कम विद्यार्थी बचेंगे। हमें अपने दरवाज़ों में ताले लगाने पड़ेंगे।"

रिसेप्शनिस्ट बोली, "वाह! मैंने इस तरह से तो कभी सोचा ही नहीं।" डीन के देखते ही देखते उस रिसेप्शनिस्ट में तत्काल आत्मविश्वास आ गया और फ़ोन का जवाब देते समय वह ज़्यादा तनकर बैठ गई। उसके डिपार्टमेंट के लीडर ने उसे कभी बताया ही नहीं था कि उसका काम कितना महत्त्वपूर्ण है। उसने यह कभी स्पष्ट नहीं किया था कि वह संगठन के लिए कितनी महत्त्वपूर्ण है। बड़ी तसवीर देखने के बाद उसे अपने महत्त्व का अहसास हो गया।

सुरक्षा प्रदान करें

नॉर्मन कज़िन्स ने कहा था, "लोग सबसे ज़्यादा असुरक्षित तब होते हैं, जब वे अपने सपनों के बजाय अपने डरों से घिरे रहते हैं।" जो लोग अपने डरों पर ध्यान केंद्रित करते हैं, वे विकास नहीं कर पाते। उन्हें जैसे लक़वा मार जाता है। लीडर अपने अनुयायियों को सुरक्षा का एक ऐसा माहौल प्रदान कर सकता है, जिसमें वे विकास कर सकें। इस बात की संभावना ज़्यादा है कि जो क्षमतावान लीडर सुरक्षित महसूस करेगा, वह ज़्यादा जोखिम लेगा, उत्कृष्टता का ज़्यादा प्रयास करेगा, नया काम करेगा और सफल होगा। अनुयायी जितने बड़े होते हैं, महान लीडर्स उन्हें उससे ज़्यादा बड़ा महसूस कराते हैं। जल्दी ही अनुयायी भी ज़्यादा बड़े ढंग से सोचने, काम करने और परिणाम देने लगते हैं। जैसा वे अपने बारे में सोचते हैं, अंततः वे वैसे ही बन जाते हैं।

हेनरी फ़ोर्ड ने एक बार कहा था, "इंसान की सबसे बड़ी खोजों में से एक यह है कि वह उस काम को कर सकता है, जिसके बारे में वह पहले सोचता था कि वह उसे नहीं कर सकता।" पोषण देने वाला लीडर क्षमतावान लीडर को वह सुरक्षा प्रदान कर सकता है, जिसके दायरे में रहकर क्षमतावान लीडर यह खोज कर सकता है।

सफल परिणामों को पुरस्कृत करें

लोग हमारी अपेक्षाओं के अनुरूप बन जाते हैं। वे हमें वही देने की कोशिश करते हैं, जिसे हम पुरस्कृत करते हैं। अगर आप चाहते हैं कि आपके लोग सफल परिणाम दें, तो आपको सफल परिणामों को पुरस्कृत करना होगा।

आई.बी.एम. के संस्थापक थॉमस जे. वाटसन, सीनियर इस बात के लिए मशहूर थे कि वे अपने ऑफ़िस और कारख़ानों में घूमते समय अपनी चैकबुक साथ रखते थे। जब भी वे देखते थे कि कोई व्यक्ति असाधारण काम कर रहा है, तो वे तत्काल उस व्यक्ति के नाम चैक काट देते थे, भले ही वह 5 डॉलर का हो, या 10 या 25 डॉलर का। पुरस्कार की राशि भले ही कम होती थी, परंतु उसका प्रभाव ज़बर्दस्त होता था। अधिकांश कर्मचारी तो उन चैकों को कभी बैंक में जमा ही नहीं करते थे। इसके बजाय वे उन्हें फ़्रेम करवाकर अपनी दीवार पर टाँग लेते थे। वे धनराशि को नहीं, बल्कि अपने काम की सराहना को अपना पुरस्कार मानते थे। इसी से महत्त्व का अहसास मिलता है और व्यक्ति अपना सर्वश्रेष्ठ प्रदर्शन करने के लिए प्रेरित होता है।

अगर सफल परिणामों को पुरस्कृत करने के बजाय हतोत्साहित किया जाए, तो मेहनती से मेहनती व्यक्ति का मनोबल भी अंततः कम हो जाएगा। आपको शायद छोटी लाल मुर्गी वाली बच्चों की कहानी याद होगी, जिसमें मुर्गी ब्रेड बनाने में दूसरों की मदद चाहती थी। यहाँ उस कहानी का आधुनिक संस्करण दिया जा रहा है :

> एक छोटी लाल मुर्गी थी, जिसने खलिहान में तब तक चोंच मारी, जब तक कि उसे कुछ गेहूँ के दाने नहीं मिल गए। उसने अपने पड़ोसियों को बुलाकर कहा, "अगर हम इस गेहूँ को बो दें, तो हमारे पास खाने के लिए ब्रेड होगी। इसे बोने में मेरी मदद कौन करेगा?"
>
> गाय बोली, "मैं नहीं।"
>
> बतख़ बोली, "मैं नहीं।"
>
> सुअर बोला, "मैं नहीं।"
>
> हंस बोला, "मैं नहीं।"

छोटी लाल मुर्गी बोली, "तो फिर मैं अकेले ही यह काम करूँगी।" और उसने ऐसा ही किया। गेहूँ के पौधे बड़े हो गए और फ़सल पककर तैयार हो गई।

छोटी लाल मुर्गी ने पूछा, "गेहूँ की फ़सल काटने में मेरी मदद कौन करेगा?"

बतख़ बोली, "मैं नहीं।"

सुअर बोला, "यह मेरे कार्यक्षेत्र से बाहर है।"

गाय बोली, "मेरी वरिष्ठता ख़त्म हो जाएगी।"

हंस बोला, "मेरा बेरोज़गारी भत्ता बंद हो जाएगा।"

छोटी लाल मुर्गी बोली, "तो फिर मैं अकेले ही यह काम करूँगी।" और उसने ऐसा ही किया।

आख़िरकार ब्रेड बनाने का समय आया। छोटी लाल मुर्गी ने पूछा, "ब्रेड बनाने में मेरी मदद कौन करेगा?"

गाय बोली, "यह मेरे लिए ओवरटाइम होगा।"

बतख़ बोली, "मेरे सामाजिक कल्याण के लाभ ख़त्म हो जाएँगे।"

हंस बोला, "अगर मैं अकेले ही मदद करूँगा, तो यह भेदभाव होगा।"

छोटी लाल मुर्गी बोली, "तो फिर मैं अकेले ही यह काम करूँगी।" उसने ब्रेड का पाँच पाव पकाकर पड़ोसियों को दिखाए। सब पाव खाना चाहते थे और उन्होंने मुर्गी से अपना हिस्सा माँगा। परंतु छोटी लाल मुर्गी ने जवाब दिया, "नहीं! मैं पाँचों पाव अकेले ही खा सकती हूँ।"

गाय बोली, "अतिरिक्त मुनाफ़ा!"

बतख़ चिल्लाई, "पूँजीपति मक्खीचूस!"

हंस बोला, "मैं समान अधिकार की माँग करता हूँ!"

सुअर ने सिर्फ़ हुंकार भरी। फिर सबने जल्दी से तख़्तियों पर रंग से लिखा और नारे लगाते हुए सड़कों पर घूमने लगे।

सरकारी एजेंट ने आकर छोटी लाल मुर्गी से कहा, "तुम्हें इतना लोभी नहीं होना चाहिए।"

छोटी लाल मुर्गी ने कहा, "परंतु इस ब्रेड को मैंने अपनी मेहनत से बनाया है।"

एजेंट बोला, "बिलकुल ठीक। मुक्त व्यापार तंत्र बहुत अद्‌भुत होता है। कोई भी खलिहान में जितना चाहे, उतना कमा सकता है। परंतु सरकारी नियमों के अंतर्गत उत्पादन करने वाले लोगों को अपना उत्पादन आलसी लोगों के साथ बाँटना होगा।"

इसके बाद वे सब लोग सुखपूर्वक रहने लगे, परंतु छोटी लाल मुर्गी के पड़ोसी यह सोचते रहे कि इसके बाद उसने फिर कभी ब्रेड क्यों नहीं बनाई।

हम लीडर्स को यह सुनिश्चित करना चाहिए कि हमारी टीम के लोग छोटी लाल मुर्गी की तरह महसूस नहीं करें। हमें सरकारी एजेंट की तरह नहीं होना चाहिए। हमें सफल परिणाम देने वाले उत्पादक लोगों को सकारात्मक प्रशंसा और प्रोत्साहन देना चाहिए तथा इस बारे में सावधान रहना चाहिए कि कम कहीं ग़लती से आलसियों को पुरस्कृत नहीं करें। अपने संगठन पर अच्छी तरह नज़र डालकर देखें, आप किसे पुरस्कार दे रहे हैं?

समर्थन तंत्र स्थापित करें

कर्मचारियों के लिए समर्थन तंत्र विकसित करें। मनोबल सबसे ज़्यादा इसी बात से कम होता है कि आप अपनी टीम के लोगों को कोई काम तो सौंप दें, परंतु उसे पूरा करने के लिए आवश्यक संसाधन नहीं दें। मुझे विश्वास है कि हर संभावित लीडर को पाँच क्षेत्रों में समर्थन की ज़रूरत होती है :

भावनात्मक समर्थन

"हाँ, आप यह काम कर सकते हैं" का माहौल प्रदान करें। भले ही बाक़ी क्षेत्रों में समर्थन नहीं मिले, परंतु सिर्फ़ भावनात्मक समर्थन के बल पर ही व्यक्ति आगे बढ़ सकता है। इस समर्थन में ख़र्च कुछ नहीं होता है, जबकि लाभ बहुत ज़्यादा होता है।

योग्यता का प्रशिक्षण

लोगों को सबसे तेज़ी से विकसित करने के तरीक़ों में से एक है उन्हें प्रशिक्षित करना। प्रशिक्षण लेने वाले लोग यह जान लेते हैं कि संगठन उनमें विश्वास करता है। इसके अलावा, योग्यता बढ़ने के कारण वे ज़्यादा अच्छे परिणाम भी देने लगते हैं।

धन

लोगों में धन का निवेश करें; इससे आपको हमेशा सबसे ज़्यादा लाभ होगा।

कंजूस लीडर के कर्मचारी भी कंजूस ही होते हैं। जब लीडर कुछ नहीं दे रहा हो, तो कर्मचारियों के लिए कुछ देना मुश्किल हो जाता है। अगर आप कौड़ियों में तनख़्वाह देंगे, तो बदले में काँटे मिलने की ही उम्मीद करें। लोगों में धन का निवेश करें; इससे आपको हमेशा सबसे ज़्यादा लाभ होगा।

उपकरण

सही काम करने के लिए आपको सही उपकरणों की ज़रूरत होती है। अक्सर ख़राब लीडर का दृष्टिकोण अल्पकालीन होता है। अगर आप सही उपकरणों में निवेश करेंगे, तो आपकी टीम के लोगों को अधिक उत्पादक बनने का समय मिल जाएगा और उनका मनोबल भी ऊँचा हो जाएगा।

सहयोगी कर्मचारी

काम पूरा करने के लिए आवश्यक सहयोगी कर्मचारी प्रदान करें। ध्यान रखें कि ये कर्मचारी अच्छे हों। कर्मचारी संबंधी समस्याएँ क्षमतावान लीडर के समय और ऊर्जा को काफ़ी हद तक नष्ट कर सकती हैं, जिससे उसके पास परिणाम देने के लिए बहुत कम समय शेष रहेगा।

अपने आसपास के सभी लोगों के लिए एक समर्थन तंत्र तैयार करें। परंतु इस किसी व्यक्ति के लिए सिर्फ़ तभी बढ़ाएँ, जब वह विकसित होने लगे और सफल होने लगे। मैंने 80/20 के सिद्धांत को यहाँ पर ख़ास तौर पर सच होते देखा है। मैंने इसका वर्णन अपनी किताब *अपने भीतर छुपे*

लीडर को कैसे जगाएँ (Developing the Leader Within You) में विस्तार से किया है। संगठन के शीर्षस्थ 20 प्रतिशत लोग संगठन के 80 प्रतिशत परिणाम देंगे, इसलिए अपने समर्थन तंत्र को तैयार करते समय शीर्ष 20 प्रतिशत उत्पादकों को 80 प्रतिशत समर्थन दें।

जिन लोगों के पास समर्थन तंत्र होता है, उनके पास सफल होने के लिए माहौल और औज़ार होते हैं। वे एक सहयोगी परिवेश में काम करते हैं। सेन्ट्रल ऐंड साउथवेस्ट सर्विसेस के टॉम गेडी के भाषण में एक बिज़नेस प्रशिक्षण अभ्यास का वर्णन है, जो इस बात का अद्भुत उदाहरण है कि परिवेश में सहयोग की भावना होने पर क्या संभव है।

> फ़र्श पर एक काल्पनिक लकीर खींचें और दोनों तरफ़ एक-एक व्यक्ति खड़ा कर दें। उद्देश्य यह है कि शक्ति का प्रयोग किए बिना एक व्यक्ति दूसरे को लकीर के इस पार आने के लिए राज़ी कर ले। लगभग हमेशा अमेरिकी खिलाड़ी एक-दूसरे को कभी राज़ी नहीं कर पाते हैं। दूसरी ओर, जापानी लोग कहते हैं, "अगर आप लकीर के इस पार आ जाएँगे, तो मैं भी उस पार आ जाऊँगा।" वे पाले बदल लेते हैं और इस तरह से वे दोनों ही जीत जाते हैं।

जापानी लोग आपसी सहयोग और समर्थन के महत्त्व को समझते हैं। यही पिछले पचास वर्षों में उनकी सफलता की कुंजी है। यह आपकी और आपके आसपास के लीडर्स की सफलता की कुंजी भी है।

संभावित लीडर की यात्रा को पहचानें और व्यक्तिगत बनाएँ

टेडी रूज़वेल्ट के पास एक छोटा कुत्ता था, जो हमेशा झगड़ता रहता था और हमेशा बुरी तरह हार जाता था। किसी ने कहा, "कर्नल, वह अच्छा योद्धा नहीं है।" टेडी ने जवाब दिया, "अरे नहीं, योद्धा तो वह अच्छा है। वह तो बस कुत्तों का सही मूल्यांकन नहीं कर पाता है।"

लीडर्स को दूसरों का अच्छा मूल्यांकन करने में निपुण होना चाहिए। लीडरशिप विशेषज्ञ पीटर ड्रकर अक्सर कहते हैं, "किसी व्यक्ति को सबक़ सिखाना महत्त्वपूर्ण नहीं है, महत्त्वपूर्ण तो उसे शिष्य बनाना है।" किसी व्यक्ति

को शिष्य बनाने से पहले आपको यह पता होना चाहिए कि वह व्यक्ति इस समय कहाँ है, उसे भविष्य में कहाँ पहुँचना चाहिए और वहाँ पहुँचने के लिए उसे किन उपकरणों की ज़रूरत होगी। व्यक्ति और उसे दिए जाने वाले कामों में तालमेल होना चाहिए। जैसा ड्रकर कहते हैं, लोग बहुत हद तक फूलों की तरह होते हैं। कोई गुलाब की तरह होता है, जिसे खाद की ज़रूरत होती है। वहीं कोई रोडोडेन्ड्रॉन की तरह होता है, जिसे खाद की ज़रूरत नहीं होती। अगर आप फूलों का आवश्यकतानुसार ध्यान नहीं रखेंगे, तो वे कभी नहीं खिल पाएँगे। लीडर में यह समझ होना चाहिए कि उसके लोगों की ज़रूरतें क्या हैं।

पिछले अध्याय में हमने संभावित क्षमतावान लीडर्स को पहचानें के बारे में चर्चा की थी। आप अपने संगठन में जिसे भी नियुक्त करें, उस क्षमतावान लीडर होना चाहिए। बहरहाल, आपको अपने संगठन के हर कर्मचारी को व्यक्तिगत मार्गदर्शन देने की कोशिश नहीं करना चाहिए। अपने प्रभाव क्षेत्र में रहने वाले हर व्यक्ति का नेतृत्व करें और उसे पोषण दें, परंतु अपना 80 प्रतिशत समय अपने आसपास के सबसे प्रतिभाशाली 20 प्रतिशत लोगों को दें। मार्गदर्शन देने और विकसित करने के लिए सही व्यक्ति चुनने के कुछ मार्गदर्शक सिद्धांत ये हैं :

अपना 80 प्रतिशत समय अपने आसपास के सबसे प्रतिभाशाली 20 प्रतिशत लोगों को दें।

उन लोगों को चुनें, जिनका जीवनदर्शन आपके समान हो

किसी ऐसे व्यक्ति को विकसित करना मुश्किल होगा, जिसके जीवन मूल्य आपके जीवन मूल्यों से बहुत भिन्न होंगे।

ऐसे क्षमतावान लोगों को चुनें, जिनमें आपको सच्चा विश्वास हो

अगर आपको उनकी क्षमताओं में विश्वास नहीं होगा, तो आप उन्हें उतना समय नहीं देंगे, जितने की उन्हें ज़रूरत है और वे यह भाँप लेंगे कि आपको उन पर विश्वास नहीं है। दूसरी ओर, अगर आप उनकी क्षमता में विश्वास करेंगे, तो इससे उन्हें शक्ति मिलेगी। देश के कुछ महानतम

प्रोफ़ेशनल खिलाड़ी छोटे कॉलेजों से आए हैं। उन्हें वहाँ पर पर्याप्त प्रचार नहीं मिल पाया था। इसलिए इन सभी खिलाड़ियों के लिए यह ज़रूरी था कि निरीक्षक (scouts) उन्हें देखें, ताकि वे उनकी क्षमता को पहचान लें और उन्हें सही अवसर प्रदान करें। किसी भी क्षेत्र में मार्गदर्शन देने का रहस्य यह है कि व्यक्ति की वहाँ तक पहुँचने में मदद की जो, जहाँ वह पहुँचना चाहता है।

तय करें कि उन्हें किस चीज़ की ज़रूरत है

क्षमतावान भावी लीडर्स को किस चीज़ की ज़रूरत है, यह तय करने में उनकी शक्तियों और कमज़ोरियों की ओर निष्पक्षता से देखना शामिल है। उनकी शक्तियों से यह पता चलता है कि वे किस दिशा में जा सकते हैं और कहाँ पहुँच सकते हैं। उनकी कमज़ोरियों से यह पता चलता है कि किन चीज़ों को सुधारने में उनकी मदद की जा सकती है। अगर आप उनकी शक्तियों को प्रोत्साहित करते हैं और कमज़ोरियों को दूर करने में उनकी मदद करते हैं, तो आप उन्हें उनकी पूर्ण क्षमता तक पहुँचा सकते हैं।

उनकी प्रगति का निरंतर मूल्यांकन करें

लोगों को फ़ीडबैक की ज़रूरत होती है, ख़ासकर अपने विकास की शुरुआत में। बेन फ़्रैंकलिन ने कहा था, “मालिक की आँख उसके दोनों हाथों से ज़्यादा काम कर लेती है।” वे जानते थे कि किसी लीडर की मूल्यांकन की योग्यता उसकी सबसे बड़ी शक्ति है। ईमानदार मार्गदर्शक निष्पक्ष होता है। आवश्यकता होने पर वह क्षमतावान भावी लीडर को उसी मार्ग पर बने रहने के लिए, नई दिशा खोजने के लिए या किसी अन्य मार्गदर्शक से सलाह लेने के लिए प्रोत्साहित करता है।

संकल्पवान तथा गंभीर रहें और उन लोगों के संपर्क में रहें, जिन्हें आप मार्गदर्शन देते हैं

संभावित लीडर्स का विकास उनके प्रति आपके संकल्प का प्रतिबिंब होगा : कमज़ोर संकल्प का मतलब होगा कमज़ोर विकास और प्रबल संकल्प का मतलब होगा प्रबल विकास।

डैनी थॉमस ने कहा था, "हम सब किसी कारण से पैदा हुए हैं, परंतु हम सब अब तक उसे खोज नहीं पाए हैं। जीवन में सफलता का इससे कोई लेना-देना नहीं है कि आप जीवन में अपने लिए क्या हासिल करते या सफलता पाते हैं। इसका लेना-देना तो इस बात से है कि आप दूसरों के लिए क्या करते हैं।" हर व्यक्ति की यात्रा को व्यक्तिगत बनाकर आप उसे उसकी अधिकतम क्षमता तक पहुँचाते हैं। आप उसे अपना उद्देश्य खोजने का अवसर देते हैं। आप अपने तथा अपने संस्थान के प्रति उसके योगदान को भी अधिकतम करते हैं।

अधिकांश लोग सहमत हैं कि पोषण देना बच्चों के विकास के लिए महत्त्वपूर्ण होता है। बहरहाल, वे अक्सर ऑफ़िस में इसके महत्त्व को भूल जाते हैं। वे मान लेते हैं कि क्षमतावान लीडर्स स्वयं ही ख़ुद को पोषण दे देंगे। अगर हम लीडर्स के रूप में अपने आसपास के क्षमतावान लीडर्स को पोषण नहीं देंगे, तो वे कभी वैसे लीडर नहीं बन पाएँगे, जैसे हम चाहते हैं। जैसा राल्फ़ वाल्डो इमर्सन ने कहा था, "इस जीवन की सबसे सुंदर नियामतों में से एक यह है कि कोई व्यक्ति जब भी किसी दूसरे की मदद करने की सच्ची कोशिश करता है, तो वह यह काम ख़ुद की मदद किए बिना नहीं कर सकता।" जब आप अपने आसपास के लोगों को पोषण देते हैं, तो सभी को इसके सकारात्मक परिणाम मिलते हैं।

❖ ❖ ❖

5

लीडर की दैनिक आवश्यकता

क्षमतावान लीडर्स को संसाधन देकर तैयार करना

अब तक आप यह जान चुके हैं कि क्षमतावान लीडर्स को कैसे पहचाना जाता है, उन्हें पोषण देने वाले माहौल कैसे बनाया जाता है और उन्हें किन मूलभूत तरीक़ों से पोषण दिया जाता है। अब हम अधिक स्पष्टता से यह देखेंगे कि उन्हें संगठन के भीतर लीडरशिप के लिए तैयार कैसे किया जाता है। तैयारी की इस प्रक्रिया को संसाधन देकर *तैयार करना (equipping)* कहते हैं।

संसाधन देकर तैयार करना प्रशिक्षण के समान ही है, परंतु मैं इसे "तैयार करना" कहना पसंद करता हूँ, क्योंकि यह ज़्यादा सटीकता से उस प्रक्रिया का वर्णन करता है, जिससे संभावित लीडर्स को गुज़रना होता है। प्रशिक्षण का संबंध आम तौर पर नौकरी के विशिष्ट कार्यों से होता है। उदाहरण के लिए, आप किसी व्यक्ति को फ़ोटोकॉपी मशीन का प्रयोग करने का प्रशिक्षण देते हैं या एक ख़ास तरह से फ़ोन का जवाब देने का प्रशिक्षण देते हैं। प्रशिक्षण संभावित लीडर्स को लीडरशिप के लिए तैयार करने की प्रक्रिया का सिर्फ़ एक हिस्सा है।

जब मैं किसी संभावित लीडर को तैयार करने के बारे में सोचता हूँ, तो इस तरह से सोचता हूँ जैसे मैं किसी अकुशल व्यक्ति को ऊँचे पहाड़ की चोटी पर चढ़ने के लिए तैयार कर रहा हूँ। उसकी तैयारी एक प्रक्रिया है।

निश्चित रूप से उसे सामान या संसाधनों की ज़रूरत होगी, जैसे ठंडे मौसम के लिए कपड़े, रस्सियाँ, हथौड़ी और जूते। उसे इन संसाधनों या उपकरणों का प्रयोग करने के प्रशिक्षण की भी ज़रूरत होगी।

पर्वतारोहण की तैयारी में सिर्फ़ सही सामान होना और उसका प्रयोग मालूम होना ही काफ़ी नहीं है। पर्वतारोही को कठिन चढ़ाई के लिए शारीरिक रूप से भी तैयार होना पड़ता है। उसके पास टीम का सदस्य होने का प्रशिक्षण होना चाहिए। सबसे महत्त्वपूर्ण बात यह है कि उसे पर्वतारोही की तरह *सोचना* सिखाया जाना चाहिए। पहाड़ की चोटी सामने आते ही उसे यह *देखने* में समर्थ होना चाहिए कि इस पर विजय कैसे पाई जाए। पूर्ण तैयारी की प्रक्रिया से गुज़रे बिना वह न सिर्फ़ पहाड़ की चोटी पर नहीं पहुँच पाएगा, बल्कि हो सकता है कि वह पहाड़ के किसी दर्रे में फँस जाए और ठिठुर कर मर जाए।

पोषण देने की तरह ही लीडर्स तैयार करने की प्रक्रिया भी निरंतर जारी रहती है।

पोषण देने की तरह ही लीडर्स तैयार करने की प्रक्रिया भी निरंतर जारी रहती है। आप किसी व्यक्ति को कुछ घंटों या दिनों में तैयार नहीं कर सकते हैं और यह काम किसी फ़ॉर्मूले या वीडियोटेप के इस्तेमाल से भी नहीं किया जा सकता है। हर संभावित लीडर की तैयारी उसकी आवश्यकताओं के अनुसार होना चाहिए।

संभावित लीडर्स को तैयार करने वाला आदर्श व्यक्ति वह होता है, जो काम की भविष्य-दृष्टि संप्रेषित कर सके, संभावित लीडर का मूल्यांकन कर सके, उसे उसकी ज़रूरत के औज़ार (tools) दे सके और फिर उसकी यात्रा की शुरुआत में रास्ते में उसकी मदद कर सके।

तैयार करने वाला एक *मॉडल* होता है - एक ऐसा लीडर, जो काम करता है, उसे अच्छी तरह से करता है, उसे सही तरह से करता है और लगातार ऐसा करता है।

तैयार करने वाला एक *मार्गदर्शक* होता है - एक ऐसा सलाहकार, जिसके पास संगठन की भविष्य-दृष्टि होती है और वह इसे दूसरों तक पहुँचा सकता है। उसके पास इस काम का अनुभव होता है।

तैयार करने वाला *सशक्त करने वाला* भी होता है - वह संभावित लीडर में काम करने की इच्छा जगा सकता है और उसे इस काम के लिए योग्य बना सकता है। वह संभावित लीडर का नेतृत्व करने, उसे सिखाने और उसकी प्रगति का मूल्यांकन करने में भी समर्थ होता है।

हर संभावित लीडर की तैयारी उसकी आवश्यकताओं के अनुसार होना चाहिए।

आप में परखने की कितनी योग्यता है, यह जानने के लिए लेखक और लीडरशिप सलाहकार बॉब बेहल द्वारा बताए गए संभावित लीडर के गुणों वाले इस चार्ट पर एक नज़र डालें :

प्रदर्शन के तत्व	कार्य की आवश्यकताओं से बहुत ज़्यादा	कार्य की आवश्यकताओं से ज़्यादा	कार्य की आवश्यकताओं के बराबर	कुछ सुधार की ज़रूरत	न्यूनतम आवश्यकताओं की पूर्ति नहीं करता
गुणवत्ता	सिर्फ़ एक छलाँग में ऊँची इमारतों को लाँघ जाता है	ऊँची इमारतों को लाँघने के लिए पहले उसे दौड़ना पड़ता है	सिर्फ़ एक छोटी इमारत को ही लाँघ सकता है	इमारतों को लाँघने की कोशिश करते समय उनसे टकरा जाता है	कूदने की बात तो रहने ही दें, वह तो इमारत को ही नहीं देख पाता
समयबद्धता	गोली की रफ़्तार से भी तेज़ है	गोली की रफ़्तार जितना तेज़ है	गोली की रफ़्तार जितना तेज़ नहीं है	क्या आपने धीमी गति से चलने वाली गोली के बारे में सुना है	गोली चलाते समय खुद को घायल कर लेता है
पहल	रेल के इंजन से ज़्यादा ताक़तवर है	हाथी से ज़्यादा ताक़तवर है	बैल से ज़्यादा ताक़तवर है	बैल को मार डालता है	बैल की तरह बदबूदार होता है
ढलने की क्षमता	लगातार पानी पर चलता है	आपातकाल में पानी पर चलता है	पानी से हाथ धोता है	पानी पीता है	आपातकाल में पानी छोड़ देता है
संप्रेषण	ईश्वर से बात करता है	देवदूतों से बात करता है	खुद से बात करता है	खुद से बहस करता है	इस बहस में हार जाता है

तैयार करने से संबंधित सवाल
(equipping questions)

तैयार करने की प्रभावकारी प्रक्रिया सवाल पूछने से शुरू होती है। हम ये सवाल इसलिए पूछते हैं, ताकि हम तय कर सकें कि हमारी तैयारी के प्रयास किस दिशा में होने चाहिए। अगर हम ऐसा नहीं करेंगे, तो हो सकता है कि हम ग़लत उद्देश्य के लिए ग़लत लोगों को ग़लत बातें सिखाने लगें। मैं इस प्रक्रिया को संगठन, स्वयं और संभावित लीडर्स के विश्लेषण से शुरू करता हूँ। मुझे जिस जानकारी की ज़रूरत है, उसे प्राप्त करने के लिए मैं तीन तरह के सवाल पूछता हूँ :

संगठन के बारे में सवाल

ये सवाल निर्धारित करेंगे कि किस तरह की तैयारी की ज़रूरत है और इसे किस दिशा में होना चाहिए, ताकि संगठन को सर्वाधिक लाभ हो सके :

संगठन का उद्देश्य क्या है?

किसी संगठन में लीडर्स के विकास की प्रक्रिया संगठन के उद्देश्य की समीक्षा के साथ शुरू होना चाहिए। (यह मान लिया गया है कि आपके संगठन का उद्देश्य पहले से ही लिखा हुआ है। अगर ऐसा नहीं है, तो इसे लिख लें, या किसी शीर्षस्थ व्यक्ति से आग्रह करें कि वह आपको संगठन के उद्देश्य बताए।) जिस तैयारी या प्रशिक्षण से संगठन के उद्देश्य की पूर्ति में कोई योगदान नहीं मिलता है, उसके बारे में सोचें भी नहीं।

संगठन की मूलभूत आवश्यकता क्या है?

अगर आप यह जानते हैं कि संगठन को अपना उद्देश्य पूरा करने के लिए इस चीज़ की सबसे ज़्यादा ज़रूरत है, तो आपको तैयारी की मूलभूत आवश्यकता मालूम है। उस आवश्यकता को यथासंभव स्पष्टता से परिभाषित कर लें।

क्या उस आवश्यकता को पूरा करने के लिए कोई प्रशिक्षण कार्यक्रम है?

अगर ऐसा कोई प्रशिक्षण कार्यक्रम नहीं है, तो आप जानते हैं कि आपको अपना काम कहाँ से शुरू करना चाहिए। अगर ऐसा कार्यक्रम मौजूद है, तो इस अध्याय में दिए गए विचारों का प्रयोग करके उसे सुधार लें।

संगठन के भीतर विकास की सबसे ज़्यादा संभावना किन क्षेत्रों में है?

जब आप विकास के लिए लोगों को तैयार करें और प्रशिक्षण दें, तो आपको अपनी शक्तियों का लाभ लेना चाहिए। आप प्रतिक्रियाशील के बजाय प्रोएक्टिव बन रहे हैं। आप स्वयं को ऐसी स्थिति में ले जा रहे हैं, जहाँ आप भविष्य का सामना करने के लिए पूरी तरह तैयार हों।

क्या संभावित विकास के उन क्षेत्रों में लक्ष्य पाने के लिए आवश्यक लीडर्स हैं?

अगर लीडर्स लक्ष्य पाने के लिए तैयार ही नहीं हों, तो विकास की संभावना का क्षेत्र सिर्फ़ "संभावना" ही बना रहेगा। वह कभी वास्तविकता में नहीं बदल पाएगा। अगर ऐसे लीडर्स मौज़ूद नहीं हों, तो उन्हें तैयार करना होगा और सुसज्जित करना होगा।

स्वयं के बारे में सवाल

संगठन से संबंधित सवाल वह दिशा बताते हैं, जिसमें लीडर्स को तैयार करना चाहिए। आगे दिए गए प्रश्न यह स्पष्ट करेंगे कि तैयारी करने की यह प्रक्रिया कैसे की जाए। लीडर के रूप में मैं तैयारी की प्रक्रिया की रूपरेखा बनाता हूँ।

क्या मैं दूसरों में अपने प्राण फूँकने का इच्छुक हूँ?

सर्वश्रेष्ठ लीडर्स संभावित लीडर्स को हमेशा देते रहते हैं। यह उनकी जीवनशैली बन जाती है। वे हर दिन यह काम करते हैं। टीम के लोगों का विकास उनके लिए अपने विकास से ज़्यादा महत्त्वपूर्ण होता है। वे सही काम

होने पर दूसरों को श्रेय देने के इच्छुक होते हैं। संभावित लीडर्स को तैयार करने की इस प्रक्रिया में त्याग की ज़रूरत होती है।

क्या मैं अपने संगठन में संभावित लीडर्स को तैयार करने के लिए संकल्पित हूँ?

लीडर्स तैयार करने की प्रक्रिया में संकल्प की ज़रूरत होती है। इसके लिए संगठन के लीडर को समय देना पड़ता है और मेहनत करनी पड़ती है। सब जानते हैं कि अच्छा लीडर अगर खुद काम करेगा, तो वह उसे ज़्यादा जल्दी और आसानी से कर लेगा, जबकि दूसरों को वह काम करना सिखाने में ज़्यादा समय लगता है तथा ज़्यादा मुश्किलें भी आती हैं। बहरहाल, खुद काम करना अल्पकालीन समाधान है। दूसरों को तैयार करने की लंबी और कठिन राह दीर्घकालीन लाभ देती है, लेकिन इसमें संगठन के हर व्यक्ति के संकल्प की ज़रूरत होती है।

क्या मैं उन क्षेत्रों में प्रभावकारी हूँ, जिनमें प्रशिक्षण दिया जाना है?

यह एक कठिन सवाल है, जिसका ईमानदारी से जवाब दिया जाना चाहिए। अगर जवाब "नहीं" है, तो लीडर को संगठन के बाहर या भीतर किसी ऐसे व्यक्ति की तलाश करना चाहिए, जो उन क्षेत्रों में प्रभावकारी हो। उस व्यक्ति से प्रशिक्षण दिलवाया जाना चाहिए। लीडर को या तो यह काम करना होगा या फिर इससे बेहतर दूसरी तरीक़ा यह है कि वह ख़ुद जाकर यह प्रशिक्षण ले और ख़ुद को तैयार कर ले।

क्या मैंने संभावित लीडर्स की प्रॉस्पेक्ट लिस्ट तैयार की है?

जैसा कि मैंने अध्याय तीन में बताया है, अच्छा लीडर हमेशा संभावित लीडर्स की तलाश करता है। आप हमेशा उन सर्वश्रेष्ठ लोगों से शुरू करते हैं, जो आपको मिल सकते हैं। जब आप उन्हें पोषण देते हैं, तो सबसे ज़्यादा संभावना वाले लोगों का समूह उभर आएगा। उस समूह में से संभावित लीडर्स की एक प्रॉस्पेक्ट लिस्ट बनाएँ, जिन्हें तैयार करने और जिनका विकास करने के संबंध में आपको विचार करना है।

मुझे अपनी किन धारणाओं को बदलने की ज़रूरत है?

अक्सर ऐसा होता है कि पहली नज़र में लोगों की ग़लत छवि बन जाती है। कई बार लीडर इस ग़लत छवि के आधार पर संभावित लीडर्स के बारे में राय या धारणा बना लेते हैं। अगर आपने धारणा बना ली है, तो आप सतही स्तर से आगे जा सकते हैं और संभावित लीडर्स के साथ संबंधों के नए स्तर तक पहुँच सकते हैं। इससे आप ज़्यादा अच्छी तरह समझ लेंगे कि वे कहाँ हैं, उन्हें क्या ज़रूरत है और आप उन्हें क्या दे सकते हैं।

संभावित लीडर के बारे में सवाल

जब आप यह पहचान लें कि संगठन को किस तरह के लीडर्स तैयार करने की ज़रूरत है, जब आप ख़ुद की जाँच कर लें और प्रॉस्पेक्ट सूची बना लें, तो आप संभावित लीडर्स का चयन करने के लिए तैयार हैं। अब आपका लक्ष्य यह है कि आप संभावित लीडर्स की सूची में से सबसे ज़्यादा संभावना वाले कुछ लीडर्स को चुन लें। सबसे ज़्यादा क्षमता वाले व्यक्तियों को चुनने के लिए हर व्यक्ति के बारे में ख़ुद से ये सवाल पूछें :

क्या यह व्यक्ति जीवनदर्शन की दृष्टि से संगठन और मेरी लीडरशिप के तालमेल में है?

अगर इसका जवाब "नहीं" है, तो उस व्यक्ति को तैयार करने या उसे मार्गदर्शन देने के बारे में विचार भी नहीं करें। सबसे पहले तालमेल होना चाहिए, अन्यथा दुनिया का बेहतरीन से बेहतरीन प्रशिक्षण भी उस व्यक्ति को उस तरह का लीडर नहीं बना पाएगा, जिसकी आपको ज़रूरत है।

क्या यह व्यक्ति विकास की संभावना दर्शाता है?

विकास की क्षमता विकास की गारंटी नहीं है, बहरहाल अगर विकास की क्षमता कम है, तो इस बात की गारंटी ज़रूर होती है कि विकास कभी नहीं होगा। अगर व्यक्ति में विकास करने की इच्छा और योग्यता नज़र नहीं आए, तो किसी दूसरे उम्मीदवार की तलाश करें।

क्या इस व्यक्ति के बारे में मेरे मन में कुछ और सवाल हैं?

किसी व्यक्ति को तैयार करने के लिए चुनने से पहले ही मन में उठ रहे सवालों का जवाब मालूम कर लें। इस काम के लिए यह सही समय है। इंटरव्यू लेने में समय लगाएँ। अगर उसके बाद भी आपके मन में कोई और सवाल आए, तो बाद में एक और इंटरव्यू लें, ताकि आप उसका जवाब जान सकें। अगर चाहें तो संगठन के किसी ऐसे व्यक्ति को भी इंटरव्यू में अपने साथ रख सकते हैं, जिसका आप सम्मान करते हों। कई बार वह ऐसी चीज़ें देख लेगा, जो आपकी नज़रों से बच गई हैं। अगर आप उम्मीदवार के बारे में अपने 95 प्रतिशत सवालों का सकारात्मक जवाब दे सकते हैं, तो शायद वह अच्छा उम्मीदवार है। इसका एक अपवाद चरित्र के संबंध में है। अगर आपको उसके चरित्र के बारे में कोई संदेह हो, जिसका समाधान नहीं हुआ हो, तो तैयार करने के लिए उसका चयन नहीं करें।

मैं इस व्यक्ति को क्यों चुन रहा हूँ : इसकी स्पष्ट शक्तियों के कारण या इसलिए क्योंकि इसमें कोई गंभीर कमज़ोरी नहीं है?

संभावित लीडर की तरफ़ देखने पर अगर आपको एक भी प्रबल शक्ति दिखाई नहीं दे, तो तैयार करने और विकसित करने के लिए उसका चयन नहीं करें - भले ही आपको उसमें कोई कमज़ोरी नहीं दिख रही हो। भले ही ऐसे व्यक्ति को चुनने के लिए आपका मन कितना ही ललचाए, परंतु ऐसा नहीं करें। क्यों? क्योंकि अगर आप ऐसा करते हैं, तो आप औसत दर्जे के व्यक्ति को चुन लेते हैं।

मैनेजमेंट विशेषज्ञ पीटर ड्रकर ने *द इफ़ेक्टिव एक्ज़ीक्यूटिव* में स्पष्ट किया है कि अब्राहम लिंकन ने यह ग़लती अपने राष्ट्रपतित्व के प्रारंभिक काल में सेनापति चुनते समय की थी। उन्होंने ऐसे व्यक्ति को चुना, जिसमें कोई गंभीर कमज़ोरी नहीं थी। इसका परिणाम यह हुआ कि गृह युद्ध में प्रांतीय सेना (confederate army) ने लिंकन की संघीय सेना (Union army) का बुरा हाल कर दिया। एक बार तो लिंकन इतने चिढ़ गए कि उन्होंने कहा कि अगर जनरल मैकक्लेलेन ने सेना का प्रयोग करने की कोई योजना नहीं बनाई है, तो वे कुछ समय के लिए सेना उधार लेना चाहेंगे।

प्रांतीय सेना में ऐसे सेनापति थे, जिनमें स्पष्ट कमज़ोरियाँ थीं, परंतु उन्हें उनकी प्रबल शक्तियों की वजह से चुना गया था। इस शक्तियों का जब समुचित विकास और प्रयोग हुआ, तो इनकी बदौलत एक के बाद एक विजय मिलती गई। लिंकन ने अंततः सबक़ सीख लिया और उन्होंने युलिसिस ग्रांट को संघीय सेना का सेनापति बनाया, जो बहुत बढ़िया सेनापति थे, परंतु शराब बहुत पीते थे। जब आप संभावित लीडर्स की तलाश करें, तो स्पष्ट शक्तियों वाले लोगों का ही चयन करें, भले ही आपको उनमें कमज़ोरियाँ दिख रही हों।

संभावित लीडर को किस तरह से ढाला जाए?

"ढालने" के बारे में दो तरह से विचार करना चाहिए। पहले तो उस व्यक्ति की प्रतिभा और योग्यताएँ उस काम के अनुरूप होनी चाहिए, जो उसे करना है। इस तरह की प्रतिभाओं और योग्यताओं पर विचार करें : स्वभाव, पृष्ठभूमि, नौकरी का अनुभव, निपुणता, व्यक्तित्व और जोश। लोगों को मूलतः उनके सशक्त क्षेत्रों में प्रशिक्षित और विकसित किया जाना चाहिए। और उनसे जो काम करवाया जाए, उसका अधिकांश हिस्सा भी इन्हीं क्षेत्रों में होना चाहिए। मैं अक्सर 80/20 सिद्धांत के बारे में बात करता हूँ और वह यहाँ भी लागू होता है। हर व्यक्ति को अपना 80 प्रतिशत समय ऐसे काम में लगाना चाहिए, जिसमें उसकी सर्वोच्च प्रतिभा और योग्यताओं की ज़रूरत हो। इसी से उसे सच्ची संतुष्टि मिलेगी।

लोगों को मूलतः उनके सशक्त क्षेत्रों में प्रशिक्षित और विकसित किया जाना चाहिए।

हर व्यक्ति को अपना 80 प्रतिशत समय ऐसे काम में लगाना चाहिए, जिसमें उसकी सर्वोच्च प्रतिभा और योग्यताओं की ज़रूरत हो।

दूसरा मुद्दा यह है कि वह टीम में कितनी अच्छी तरह ढल सकता है। वह चाहे कितना ही अच्छा खिलाड़ी हो, परंतु अगर वह टीम के साथ मिलकर नहीं खेलता है, तो उससे संगठन को कोई लाभ नहीं होगा। टीम में किसी नए सदस्य के आने से टीम की कैमिस्ट्री हमेशा बदल जाती है।

यह खेल जगत में साफ़ नज़र आता है। अच्छी टीम में भिन्न-भिन्न योग्यताओं वाले लोग होते हैं, जो अलग-अलग स्थानों पर खेलते हैं, परंतु उनका लक्ष्य एक ही होता है। (ज़रा कल्पना करें कि किसी बास्केटबॉल टीम में सभी सात फुट ऊँचे खिलाड़ी शॉट रोकने में माहिर सेंटर्स हों, परंतु उस टीम में कोई शूटर, रिबाउंडिंग फ़ॉरवर्ड या प्लेमेकर नहीं हो? अगर पूरी टीम में सिर्फ़ सेंटर्स ही हों, तो बहुत मुश्किल हो जाएगी।)

खेल के बाहर भी रणनीति के आधार पर टीमों को गठित करने की ज़रूरत होती है। उनकी कैमिस्ट्री सही होनी चाहिए। जब हर खिलाड़ी टीम में अपनी विशिष्ट शैली और गुण लेकर आता है तथा टीम के सभी खिलाड़ी सम्मान और प्रशंसा के भाव के साथ एकजुट होते हैं, तो इससे एक अद्भुत व सशक्त टीम बनती है।

* * *

अगर आपने अब तक इन सवालों के जवाब नहीं दिए हों, तो मैं आपको प्रोत्साहित करना चाहूँगा कि आप ऐसा इसी समय कर लें। अपने जवाब लिख लें। अगर संगठन आपका है, तो आप इसके भविष्य की तैयारी को और ज़्यादा नहीं टाल सकते। हो सकता है आप संगठन के सी.ई.ओ. नहीं हों, परंतु फिर भी आप इन सिद्धांतों पर अमल कर सकते हैं। इसे अभी करें!

उत्कृष्टता के लिए तैयार कैसे करें

अब जब आप यह जान चुके हैं कि आपको किसे तैयार करना है और किस काम के लिए तैयार करना है, तो आप इस दिशा में काम शुरू कर सकते हैं। आगे दिए गए क़दम आपको पूरी प्रक्रिया बताएँगे। सबसे पहले तो आपको अपने संभावित लीडर्स के साथ संबंध बनाने होंगे। इस नींव पर आप उनके विकास की योजनाएँ बना सकते हैं, उनकी प्रगति की निगरानी कर सकते हैं, उन्हें काम करने के लिए सशक्त बना सकते हैं और अंततः आप उन्हें अपनी विरासत सौंप सकते हैं।

जिन लोगों को तैयार करना है, उनके साथ व्यक्तिगत संबंध बनाएँ

अच्छे व्यक्तिगत संबंधों से ही अच्छे मार्गदर्शक संबंधों की शुरुआत होती है। जब आपके संभावित लीडर्स आपको जानने और पसंद करने लगेंगे, तो उनके मन में आपका अनुसरण करने और आपसे सीखने की इच्छा बढ़ेगी। अगर वे आपको पसंद नहीं करेंगे, तो वे आपसे कुछ भी नहीं सीखना चाहेंगे और इससे तैयार करने की प्रक्रिया या तो धीमी हो जाएगी या फिर ख़त्म हो जाएगी।

अच्छे व्यक्तिगत संबंधों से ही अच्छे मार्गदर्शक संबंधों की शुरुआत होती है।

संबंध बनाने के लिए संभावित लीडर्स की बातें सुनें और यह जानें कि अब तक उनके जीवन में क्या हुआ है। अगर आप सच्ची रुचि लेंगे, तो उन्हें बहुत फ़र्क़ पड़ेगा। इससे आप उनकी व्यक्तिगत शक्तियों और कमज़ोरियों को भी जान जाएँगे। उनसे उनके लक्ष्यों के बारे में पूछें और यह भी कि उन्हें किस चीज़ से प्रेरणा मिलती है। यह पता लगाएँ कि उनका स्वभाव कैसा है। अगर कोई व्यक्ति आँकड़ों और फ़ाइनेंशियल स्टेटमेंट्स से सबसे ज़्यादा प्रेम करता है, तो आप निश्चित रूप से उसे किसी ऐसे पद के लिए तैयार और विकसित नहीं करना चाहेंगे, जिसमें उसे अपना 80 प्रतिशत समय असंतुष्ट ग्राहकों का सामना करने में बिताना हो।

लोगों को जानने के सबसे अच्छे तरीक़ों में से एक यह है कि ऑफ़िस के बाहर उनके संपर्क किया जाए। आम तौर पर लोग ऑफ़िस में खुलकर व्यवहार नहीं करते हैं। वहाँ वे दूसरों की उम्मीदों के अनुरूप दिखने की कोशिश करते हैं। ऑफ़िस के बाहर किसी अलग माहौल में उनसे मिलकर ही आप उनके वास्तविक स्वरूप को जान सकते हैं। लोगों के बारे में अधिक से अधिक जानने की और उनका दिल जीतने की कोशिश करें। अगर पहले आप उनका दिल जीत लेते हैं, तो बाद में वे ख़ुशी-ख़ुशी आपके लिए काम करेंगे।

अपना सपना बता दें

व्यक्तिगत संबंध बनाते समय उन्हें अपना सपना बता दें। इससे उन्हें आपके बारे में तो जानकारी मिलती ही है, साथ ही वे यह भी जान जाते हैं कि

आप कहाँ जा रहे हैं। सपना जितनी अच्छी तरह से आपकी इच्छा और प्रेरणा को दिखा सकता है, उतनी अच्छी तरह कोई दूसरी चीज़ यह काम नहीं कर सकती।

वुडरो विल्सन ने एक बार कहा था, सपनों से हमारा विकास होता है। सभी महान व्यक्ति स्वप्नदर्शी होते हैं। वे वसंत की हल्की धुंध में या जाड़े की लंबी शाम की आग में चीज़ें देख लेते हैं। हममें से कुछ लोग उन महान सपनों को मुरझाकर मर जाने देते हैं, जबकि बाक़ी लोग उन्हें पोषण देते हैं और उनकी रक्षा करते हैं। वे बुरे दिनों में उन्हें तब तक पोषण देते हैं, जब तक कि सूर्य की रोशनी दुबारा नहीं लौट आए, जो हमेशा उन लोगों के पास आती है, जो पूरे दिल से अपने सपने के सच होने की आशा करते हैं।

मैं अक्सर सोचता हूँ, "इंसान सपने को बनाता है या फिर सपना इंसान को बनाता है?" मेरा निष्कर्ष है कि दोनों ही बातें सच हैं।

हर अच्छे लीडर का एक सपना होता है। हर बड़ा लीडर उन लोगों को अपना सपना बताता है, जो उसे साकार करने में उसकी मदद कर सकते हैं। जैसा फ़्लोरेंस लिट्टोर ने सुझाव दिया है :

हमें सपने देखने की हिम्मत करना चाहिए	:	स्वयं से बड़ी किसी चीज़ को करने की इच्छा रखें।
हमें सपने की तैयारी करना चाहिए	:	अपना होमवर्क करें। जब अवसर आए, तो उसके लिए तैयार रहें।
सपने के अनुरूप काम करें	:	काम करने में जुट जाएँ।
दूसरों को अपना सपना बताएँ	:	दूसरों को सपने का हिस्सा बनाएँ; ऐसा करने पर यह आपकी आशा से ज़्यादा बड़ा बन जाएगा।

संकल्प की माँग करें

अपनी पुस्तक *द वन मिनट मैनेजर* में केन ब्लैंचर्ड कहते हैं, "रुचि और संकल्प में फ़र्क़ होता है। जब किसी काम को करने में आपकी रुचि होती है,

तो आप उसे सिर्फ़ उसी समय करते हैं, जब उसे करना सुविधाजनक हो। परंतु जब आप किसी काम को करने का संकल्प कर लेते हैं, तो फिर आप किसी तरह का कोई बहाना नहीं बनाते हैं।" सिर्फ़ रुचि रखने वाले लोगों को तैयार नहीं करें। इसके बजाय संकल्पवान लोगों को तैयार करें।

संभावित लीडर को सफल लीडर बनने के लिए कई गुणों की ज़रूरत होती है। इन गुणों में संकल्प का स्थान सबसे ऊपर आता है। संकल्प के बिना सफलता नहीं मिल सकती। फ़ुटबॉल कोच लॉउ होल्ट्ज़ ने कहा है कि सिर्फ़ शामिल (involved) होने और सचमुच संकल्पवान (committed) होने में फ़र्क़ होता है, "जो आत्मघाती पायलट 50 बार मिशन पर जाने के लिए हवाई उड़ान भर चुका है, वह हर बार शामिल तो था - परंतु कभी संकल्पवान नहीं था।"

आपकी टीम के लोग संकल्पवान हैं या नहीं, यह तय करने के लिए सबसे पहले यह पता लगाएँ कि क्या वे जानते हैं कि लीडर बनने की उन्हें क्या क़ीमत चुकाना पड़ेगी। इसका मतलब यह है कि आप उनके पद के फ़ायदे-नुक़सान उन्हें बता दें - उन्हें जान लेने दें कि इसमें क्या है। तभी उन्हें यह पता चलेगा कि वे किस चीज़ के प्रति संकल्पवान हो रहे हैं। अगर वे संकल्प नहीं करेंगे, तो वे तैयार होने की प्रक्रिया में इससे आगे नहीं बढ़ पाएँगे। अपना समय बर्बाद नहीं करें।

विकास के लक्ष्य निर्धारित करें

महत्त्वपूर्ण चीज़ हासिल करने के लिए लोगों को स्पष्ट लक्ष्यों की ज़रूरत होती है। सफलता कभी तत्काल नहीं मिलती है। यह कई छोटे क़दम उठाने के बाद हासिल होती है। लक्ष्यों का समूह एक नक़्शा बन जाता है, जिसका अनुसरण करके संभावित लीडर अपना विकास कर सकता है। जैसा शैड हेल्म्सटेटर अपनी पुस्तक *यू कैन एक्सेल इन टाइम्स ऑफ़ चेंज* में कहते हैं, "लक्ष्य योजना को आकार देता है; योजना कार्य को निर्धारित करती है; कार्य परिणाम को हासिल करता है; और परिणाम सफलता प्रदान करता है। और यह सब एक आसान शब्द यानी लक्ष्य से शुरू होता है।" संभावित लीडर्स को तैयार करने वाले लीडर के रूप में हमें अपनी टीम को लक्ष्य निर्धारित करने और उन्हें प्राप्त करने की प्रक्रिया से परिचित करवाना चाहिए।

लिली टॉमलिन ने एक बार कहा था, "मैं हमेशा से ही कुछ बनना चाहती थी, परंतु मुझे इस बारे में ज़्यादा स्पष्ट होना चाहिए था कि मैं क्या बनना चाहती थी।" आज बहुत से लोग खुद को इसी स्थिति में पाते हैं। उनके मन में सफलता के बारे में एक अस्पष्ट विचार होता है और वे इसे हासिल करना चाहते हैं। लेकिन वे इसी लक्ष्य तक पहुँचने की कोई योजना नहीं बनाते हैं। मैंने पाया है कि जीवन में सबसे ज़्यादा सफलता उन्हीं को मिली है, जिन्होंने खुद के लिए लक्ष्य निर्धारित किए और फिर उन तक पहुँचने के लिए कड़ी मेहनत की। लक्ष्य तक पहुँचकर उन्हें क्या मिलता है यह उतना महत्त्वपूर्ण नहीं है, जितना महत्त्वपूर्ण यह है कि वहाँ तक पहुँचकर वे क्या बन जाते हैं।

लक्ष्य निर्धारित करने में अपनी टीम के सदस्यों की मदद करते समय निम्न दिशानिर्देशों का उपयोग करें :

उचित लक्ष्य बनाएँ।

हमेशा ध्यान रखें कि आप उनसे क्या काम करवाना चाहते हैं। यह भी ध्यान रखें कि आप कौन-सा परिणाम चाहते हैं - अपनी टीम के सदस्यों का प्रभावकारी लीडर्स के रूप में विकास। ऐसे लक्ष्य तय करें, जो इस बड़े लक्ष्य को पूरा करते हों।

लक्ष्य को हासिल करने योग्य बनाएँ।

अगर लक्ष्य पाए ही नहीं जा सकते हों, तो लोग मैदान छोड़कर भाग जाते हैं। इस वजह से वे जितनी जल्दी मैदान छोड़ देते हैं, उतना किसी दूसरी वजह से नहीं छोड़ते हैं। मैं एमैक्स कॉरपोरेशन के चेयरमैन इयान मैकग्रेगर के शब्दों को बताना चाहूँगा : "मैं उसी सिद्धांत पर अमल करता हूँ, जिस पर घोड़ों को प्रशिक्षण देने वाले लोग चलते हैं। आप पहले घोड़े से छोटी फ़ेंस लाँघने को कहते हैं, यानी ऐसे लक्ष्य जिन्हें आसानी से पाया जा सके। मैनेजमेंट में यह महत्त्वपूर्ण है कि आप लोगों से ऐसे लक्ष्य पाने के लिए नहीं कहें, जिसे वे स्वीकार नहीं कर सकें।"

लक्ष्यों को नापे जा सकने योग्य बनाएँ।

अगर लक्ष्यों को नापा नहीं जा सके, तो आपके संभावित लीडर्स यह कभी

नहीं जान पाएँगे कि उन्होंने अपने लक्ष्य हासिल कर लिए हैं। अगर लक्ष्यों को नापा जा सकता है, तो लक्ष्य हासिल करने का ज्ञान उन्हें सफलता का अहसास देगा। इससे वे पुराने लक्ष्यों के स्थान पर नए लक्ष्य बनाने के लिए भी प्रेरित होंगे।

लक्ष्यों को स्पष्टता से व्यक्त करें।

जब लक्ष्य स्पष्ट नहीं होते, तो उन्हें पाने की कोशिश करने वाले लोगों के कार्य भी स्पष्ट नहीं होते।

लक्ष्यों को थोड़ा-सा "मुश्किल" बनाएँ।

जैसा मैंने पहले कहा है, लक्ष्य ऐसे होने चाहिए, जिन्हें पाया जा सके। दूसरी ओर, अगर लक्ष्य पाना ज़रा भी मुश्किल नहीं हो, तो लोगों का विकास नहीं होगा। लीडर को अपनी टीम के लोगों को अच्छी तरह जानना चाहिए, ताकि वह ऐसे लक्ष्य बना सके, जो थोड़े-से मुश्किल भी हों।

लीडर को अपनी टीम के लोगों को अच्छी तरह जानना चाहिए, ताकि वह ऐसे लक्ष्य बना सके, जो थोड़े-से मुश्किल भी हों।

लक्ष्यों को लिख लें।

जब लोग अपने लक्ष्यों को लिख लेते हैं, तो वे उनके प्रति ज़्यादा जवाबदेह होते हैं। येल यूनिवर्सिटी में ग्रैजुएटिंग क्लास पर किए गए एक अध्ययन में यह पाया गया कि जिन ग्रैजुएट्स ने अपने लक्ष्य लिखे थे, उन्होंने बाक़ी ग्रैजुएट्स से ज़्यादा सफलता पाई। लिखे हुए लक्ष्य ज़्यादा कारगर होते हैं।

यह भी महत्त्वपूर्ण है कि आप अपने संभावित लीडर्स को प्रोत्साहित करें कि वे अपने लक्ष्यों तथा प्रगति की अक्सर समीक्षा करें। बैन फ़्रैंकलिन हर दिन दो सवालों का जवाब देने का समय निकालते थे। हर सुबह वे ख़ुद से पूछते थे, "आज मैं भलाई का कौन-सा काम करूँगा?" और हर शाम को वे पूछते थे, "आज मैंने भलाई का कौन-सा काम किया?"

मूलभूत बातें संप्रेषित करें

लोगों को अगर अपने व्यवसाय में सफल और संतुष्ट रहना है, तो उन्हें यह पता होना चाहिए कि उनकी मूलभूत ज़िम्मेदारियाँ क्या हैं। यह बहुत आसान लगता है, परंतु पीटर ड्रकर कहते हैं कि आज ऑफ़िसों की बहुत बड़ी समस्या यह है कि कर्मचारी और नियोक्ता के बीच में इस बात पर सहमति ही नहीं होती है कि कर्मचारी को क्या करना है। अक्सर कर्मचारियों को यह अनुभव कराया जाता है जैसे वे एक तरह से हर चीज़ के लिए ज़िम्मेदार हैं। इससे वे किंकर्तव्यविमूढ़ हो जाते हैं। इसके बजाय, हमें उनके सामने यह स्पष्ट करना चाहिए कि वे किस चीज़ के लिए ज़िम्मेदार हैं और किस चीज़ के लिए *नहीं हैं।* तभी वे अपने प्रयासों को उस बात पर केंद्रित कर पाएँगे, जो हम चाहते हैं। तभी वे सफल हो पाएँगे।

एक बार फिर यह देखें कि बास्केटबॉल की टीम कैसे काम करती है। पाँचों खिलाड़ियों का काम निश्चित होता है। एक शूटिंग गार्ड होता है, जिसका काम यह होता है कि वह पॉइंट स्कोर करे। दूसरी खिलाड़ी पॉइंट गार्ड होता है। उसका काम उन लोगों की तरफ़ गेंद बढ़ाना है, जो स्कोर कर सकते हैं। तीसरा खिलाड़ी पॉवर फ़ॉरवर्ड होता है, जिससे यह आशा की जाती है कि वह रिबाउंड करेगा। चौथा खिलाड़ी स्मॉल फ़ॉरवर्ड होता है, जिसका काम स्कोर करना है। पाँचवाँ खिलाड़ी सेंटर होता है, जिसका काम रिबाउंड करना, शॉट रोकना और स्कोर करना होता है। टीम का हर सदस्य जानता है कि उसका काम क्या है और टीम के प्रति उसका क्या योगदान होना चाहिए। जब हर खिलाड़ी अपनी विशिष्ट ज़िम्मेदारियों पर ध्यान केंद्रित करता है, तो टीम जीत जाती है।

अपेक्षाओं को स्पष्ट करने का एक बढ़िया तरीक़ा यह है कि आप अपने कर्मचारियों को उनका कार्य-विवरण दे दें। वर्णन में वे चार-पाँच मूलभूत कार्य लिखें, जो आप उस व्यक्ति से करवाना चाहते हैं। ज़िम्मेदारियों की लंबी-चौड़ी सूची नहीं दें। अगर कार्य-विवरण को संक्षेप में व्यक्त नहीं किया जा सकता, तो इसका मतलब शायद यह है कि काम बहुत बड़ा है। साथ ही यह भी स्पष्ट करने की कोशिश करें कि उनके पास क्या अधिकार हैं, उनके कार्य-प्रदर्शन के मानदंड क्या हैं और संगठन के भीतर अधिकारों की श्रृंखला किस प्रकार की है।

नए लीडर्स को अनिवार्य रूप से यह भी बताया जाना चाहिए कि उन्हें प्राथमिकता का निर्धारण कैसे करना है। मैं लोगों को बताता हूँ कि उनका किया हर काम "ए" या "बी" प्राथमिकता है। इस अवधारणा से उन्हें यह समझने में मदद मिलती है कि सबसे ज़्यादा महत्त्वपूर्ण क्या है।

"ए" प्राथमिकताएँ वे होती हैं, जिनसे संगठन, विभाग या कंपनी आगे बढ़ती है। ये प्राथमिकताएँ नए अवसरों के द्वार खोलती हैं या नए बाज़ार तैयार करती हैं। ये लोगों या संगठन के भीतर विकास को बढ़ावा देती हैं। "बी" प्राथमिकताएँ रखरखाव से संबंधित होती हैं। इनका उद्देश्य यह होता है कि चीज़ें ठीक-ठाक चलती रहें, जैसे पत्रों या फ़ोन के जवाब देना और छोटी-छोटी बातों का ध्यान रखना। इन बातों को नज़रअंदाज़ नहीं किया जा सकता, परंतु इनसे संगठन के महत्त्व में किसी प्रकार की वृद्धि नहीं होती है। मैंने पाया है कि लोग अक्सर "बी" प्राथमिकताओं में अपने सर्वश्रेष्ठ प्रयास करते हैं, क्योंकि ये प्राथमिकताएँ अत्यावश्यक नज़र आती हैं। इसके बाद बचने वाला समय वे "ए" प्राथमिकताओं को देते हैं। मैं हमेशा अपनी टीम के लोगों को प्रोत्साहित करता हूँ कि वे अपना 80 प्रतिशत समय तथा ऊर्जा "ए" प्राथमिकताओं को दें और बचा हुआ 20 प्रतिशत समय "बी" प्राथमिकताओं में लगाएँ।

अंत में, लीडर को अपनी टीम के सदस्यों को यह भी बता देना चाहिए कि उनका काम संगठन और लीडर के लिए महत्त्वपूर्ण है। कर्मचारी के लिए यह सबसे महत्त्वपूर्ण मूलभूत बात होती है।

लोगों को प्रशिक्षित करने के लिए पाँच क़दमों की प्रक्रिया अपनाएँ

संभावित लीडर्स को तैयार करने की प्रक्रिया में लोगों को उन विशिष्ट कामों का प्रशिक्षण देना भी शामिल है, जिसे वे करेंगे। इस प्रशिक्षण में लीडर की शैली काफ़ी हद तक उसके कर्मचारियों की सफलता या असफलता तय करेगी। अगर प्रशिक्षण की नीति शुष्क और अकादमिक है, तो सिखाई गई बातें संभावित लीडर्स को बहुत कम याद रहेंगी। अगर वह बिना दिशा बताए लोगों को काम में जुटा देता है, तो कर्मचारी हैगर द हॉरिबल के इस कर्मचारी की तरह अनुभव करेंगे :

सर्वश्रेष्ठ प्रशिक्षण में इस बात पर ध्यान दिया जाता है कि लोग कैसे सीखते हैं। शोधकर्ता हमें बताते हैं कि हम जो सुनते हैं, वह हमें 10 प्रतिशत याद रहता है; हम जो देखते हैं, वह हमें 50 प्रतिशत याद रहता है; हम जो कहते हैं, वह हमें 70 प्रतिशत याद रहता है और हम जो सुनते, देखते, कहते और करते हैं, वह हमें 90 प्रतिशत याद रहता है। यह जानने के बाद हमें अपने प्रशिक्षण की शैली विकसित करनी चाहिए। मैंने पाया है कि सर्वश्रेष्ठ प्रशिक्षण विधि में पाँच क़दमों की यह प्रक्रिया शामिल होती है :

पहला क़दम : मैं मॉडल बनता हूँ।

यह प्रक्रिया इस बात से शुरू होती है कि मैं जिन कामों का प्रशिक्षण देता हूँ, उन्हें मैं प्रशिक्षण लेने वालों के सामने करके दिखाता हूँ। मैं उस काम को पूरी तरह करके दिखाता हूँ और प्रशिक्षण लेने वाले मुझे पूरे समय देखते हैं। अक्सर ऐसा होता है कि लीडर प्रशिक्षण देते समय काम को शुरू से नहीं करके बीच से करने लगता है, जिससे प्रशिक्षण लेने वाले उलझन में पड़ जाते हैं। जब लोग किसी काम को शुरू से आख़िर तक सही तरह से होते देखते हैं, तो उनके लिए इसका हूबहू अनुसरण करना आसान हो जाता है।

दूसरा क़दम : मैं मार्गदर्शन देता हूँ।

इस अगले क़दम में भी मैं ही वह काम करता हूँ, परंतु प्रशिक्षण लेने वाला व्यक्ति पूरी प्रक्रिया में सहयोग देता है। मैं उसे यह भी समझाता हूँ कि काम को कैसे किया जाए और काम के हर चरण को करना *क्यों* ज़रूरी है।

तीसरा क़दम : मैं निगरानी करता हूँ।

अब हम स्थान बदल लेते हैं। अब काम मैं नहीं, बल्कि प्रशिक्षण लेने वाला करता है। मैं उसके काम में सहयोग देता हूँ तथा सुधार करता हूँ। इस दौर में सकारात्मक रहना तथा उसे प्रोत्साहन देना ख़ास तौर पर महत्त्वपूर्ण है। इससे वह कोशिश करता है और हार मानने के बजाय सुधार करने के लिए प्रेरित होता है। उसके साथ तब तक काम करें, जब तक कि वह लगातार अच्छा काम नहीं करने लगे। जब एक बार वह प्रक्रिया को करने लगे, तो उससे कहें कि वह इसे आपके सामने स्पष्ट करे। इससे उसे समझने और याद रखने में मदद मिलेगी।

चौथा क़दम : मैं प्रेरणा देता हूँ।

यहाँ मैं ख़ुद को काम से बाहर रखता हूँ और प्रशिक्षण लेने वाले को पूरी तरह से काम करने देता हूँ। मैं सिर्फ़ यह सुनिश्चित करता हूँ कि वह यह जान ले कि इस काम को अकेले कैसे करना है। इस दौरान मैं उसे प्रोत्साहित करता रहता हूँ, ताकि वह सुधार करता रहे। यह महत्त्वपूर्ण है कि मैं उसके सफल होने तक उसके साथ रहूँ। इससे उसे बहुत प्रेरणा मिलती है। हो सकता है कि प्रशिक्षण लेने वाला प्रक्रिया में कोई सुधार करना चाहे। उसे ऐसा करने के लिए प्रोत्साहित करें और साथ ही उससे सीखें।

पाँचवाँ क़दम : मैं बहुगुणित करता हूँ।

यह पूरी प्रक्रिया का मेरा सबसे प्रिय हिस्सा है। एक बार जब नए लीडर्स काम को अच्छी तरह से करने लगते हैं, तो अब उन्हें दूसरों को वह काम करना सिखाना चाहिए। जैसा कि शिक्षक जानते हैं, किसी चीज़ को सीखने का सबसे अच्छा तरीक़ा उसे सिखाना है। और इसकी एक अच्छी बात यह भी है कि जब दूसरे प्रशिक्षण देते हैं, तो इससे मैं विकास संबंधी अन्य महत्त्वपूर्ण काम करने के लिए मुक्त हो जाता हूँ।

"तीन बड़ी चीज़ें" दें

अगर आप लोगों को काम करने की पूरी स्वतंत्रता नहीं देते हैं, तो दुनिया भर का प्रशिक्षण भी बहुत सीमित सफलता देगा। मेरा विश्वास है कि अगर

मैं सर्वश्रेष्ठ कर्मचारी खोजता हूँ, उन्हें अपनी भविष्य-दृष्टि देता हूँ, उन्हें मूलभूत बातों का प्रशिक्षण देता हूँ और फिर उन्हें कार्य करने के लिए स्वतंत्र छोड़ देता हूँ, तो मुझे उनसे बहुत लाभ होगा। जैसा जनरल जॉर्ज एस. पैटन ने एक बार कहा था, "कभी भी लोगों को यह नहीं बताएँ कि उन्हें काम कैसे करना है। उन्हें सिर्फ़ यह बताएँ कि क्या करना है। वे अपनी चतुराई से उसे करने का तरीक़ा खोजकर आपको आश्चर्यचकित कर देंगे।"

आप लोगों को इतना स्वतंत्र नहीं छोड़ सकते कि किसी तरह का तंत्र ही नहीं हो, परंतु आपको उन्हें रचनात्मकता की पर्याप्त स्वतंत्रता भी देना चाहिए। इसके लिए आपको उन्हें तीन बड़ी चीज़ें देनी होंगी : *ज़िम्मेदारी, अधिकार और जवाबदेही।*

कुछ लोगों को इन तीनों में ज़िम्मेदारी देना सबसे आसान काम लगता है। हम सब चाहते हैं कि हमारे आसपास के लोग ज़िम्मेदार हों। हम जानते हैं कि यह कितना महत्त्वपूर्ण है। जैसा लेखक/संपादक माइकल कोर्डा ने कहा था, "किसी भी बड़ी सफलता के लिए यह आवश्यक है कि आप ज़िम्मेदारी स्वीकार करें... अंतिम विश्लेषण में सभी सफल लोगों में जो एक गुण होता है, वह है ज़िम्मेदारी लेने की योग्यता।"

कुछ लीडर्स के लिए यह ज़्यादा मुश्किल होता है कि कर्मचारियों को ज़िम्मेदारी देने के बाद वे हमेशा के लिए उससे मुक्त हो जाएँ। ख़राब मैनेजर अपने कर्मचारियों के काम के हर छोटे-छोटे विवरण को नियंत्रित करना चाहते हैं। जब ऐसा होता है, तो उनके अधीन काम करने वाले संभावित लीडर्स कुंठित हो जाते हैं और विकास नहीं कर पाते हैं। ज़्यादा ज़िम्मेदारी चाहने के बजाय वे उदासीन हो जाते हैं या हर ज़िम्मेदारी से बचते हैं। अगर आप चाहते हैं कि आपके कर्मचारी ज़िम्मेदारी लें, तो आप सचमुच उसे देकर मुक्त हो जाएँ।

ज़िम्मेदारी के साथ ही अधिकार भी देने पड़ते हैं। जब तक दोनों इकट्ठे नहीं दिए जाएँ, तब तक प्रगति नहीं हो सकती। द्वितीय विश्व युद्ध के दौरान संसद को संबोधित करते हुए विंस्टन चर्चिल ने कहा था, "मैं आपका सेवक हूँ। आपको यह अधिकार है कि आप जब चाहें मुझे हटा दें, परंतु आपको यह अधिकार नहीं है कि आप मुझे कार्य की शक्ति दिए बिना

ज़िम्मेदारी उठाने के लिए कहें।" जब ज़िम्मेदारी और अधिकार एक साथ होते हैं, तो लोग सचमुच सशक्त बन जाते हैं।

अधिकारों या सत्ता (authority) के एक महत्त्वपूर्ण पहलू पर ध्यान दें। जब हम पहले-पहल नए लीडर्स को अधिकार या सत्ता देते हैं, तो हम उन्हें अधिकार नहीं देते हैं, बल्कि दरअसल उन *अधिकारों के प्रयोग की अनुमति* देते हैं। वास्तविक अधिकार तो हासिल करना पड़ते हैं। जॉर्ज डेविस ने *मैजिक शॉर्टकट्स टु एक्ज़ीक्यूटिव सक्सेस* में कहा है :

> "सत्ता कोई ऐसी चीज़ नहीं है, जिसे हम ख़रीदते हैं या जिसके साथ हम पैदा होते हैं या जो हमारे वरिष्ठ लोग हमें सौंपते हैं। यह तो एक ऐसी चीज़ है, जिसे हम अर्जित करते हैं - और हम इसे अपने अधीनस्थों से अर्जित करते हैं। किसी भी मैनेजर के पास अपने कर्मचारियों पर तब तक सच्ची सत्ता नहीं होगी, जब तक कि वह ख़ुद को इसके योग्य नहीं साबित कर दे - ख़ुद की या वरिष्ठों की नज़रों में नहीं, बल्कि अपने कर्मचारियों की नज़रों में।"

हमें अपनी टीम के सदस्यों को सत्ता अर्जित करने की अनुमति देना चाहिए। यह हमारी ज़िम्मेदारी है। बदले में उन्हें इसे अर्जित करने की ज़िम्मेदारी उठाना चाहिए।

मैंने पाया है कि अधिकार या सत्ता के कई स्तर होते हैं :

अधिकार या सत्ता के स्तर

पद

संगठन में सबसे मूलभूत क़िस्म की सत्ता व्यक्ति को उसके पद से मिलती है। इस तरह की सत्ता पद के अधिकारों से आगे तक नहीं जाती। सभी नए लीडर्स यहीं से शुरू करते हैं। यहाँ से वे या तो ज़्यादा सत्ता अर्जित कर सकते हैं या फिर अपनी सत्ता को और कम कर सकते हैं। यह उन पर निर्भर करता है।

योग्यता

इस तरह की सत्ता व्यक्ति की व्यावसायिक क्षमताओं यानी काम करने की योग्यता पर निर्भर होती है। अनुयायी लीडर की विशेषज्ञता के क्षेत्र में उसे सत्ता प्रदान कर देते हैं।

व्यक्तित्व

अनुयायी किसी व्यक्ति को उसके व्यक्तिगत गुणों जैसे व्यक्तित्व, हुलिये और आकर्षण के लिए भी सत्ता देते हैं। व्यक्तित्व पर आधारित सत्ता योग्यता आधारित सत्ता से ज़्यादा व्यापक होती है, परंतु यह दरअसल बहुत श्रेष्ठ नहीं होती है, क्योंकि यह सतही होती है।

ईमानदारी

ईमानदारी पर आधारित सत्ता व्यक्ति को अपने मूलभूत केंद्र से मिलती है। यह चरित्र पर आधारित होती है। जब नए लीडर्स अपनी ईमानदारी के आधार पर सत्ता हासिल करते हैं, तो वे अपने विकास की एक नई अवस्था को पार कर लेते हैं।

आध्यात्मिकता

धर्मनिरपेक्ष समूहों में लोग शायद ही कभी आध्यात्मिकता पर आधारित सत्ता की शक्ति पर विचार करते हैं। यह उन लोगों को अपने अनुभवों से मिलती है, जो स्वयं को ईश्वर की शक्ति का माध्यम मानते हैं। यह सत्ता का सर्वोच्च रूप है।

* * *

लीडर्स को अधीनस्थों के हर नए समूह के साथ सत्ता अर्जित करना चाहिए। बहरहाल, मैंने यह पाया है कि एक बार जब लोग एक विशिष्ट स्तर पर सत्ता हासिल कर लेते हैं, तो उन्हें लोगों के दूसरे समूह के साथ सत्ता का स्तर निर्धारित करने में बहुत कम समय लगता है। सत्ता का स्तर जितना ऊँचा होगा, यह काम उतनी ही जल्दी होता है।

एक बार जब लोगों को ज़िम्मेदारी और सत्ता दे दी जाती है, तो उन्हें काम करवाने की शक्ति मिल जाती है। परंतु हमें यह भी सुनिश्चित कर लेना चाहिए कि वे सही काम करवा रहे हों। यहीं पर जवाबदेही सामने आती है। नए लीडर्स की सच्ची ज़िम्मेदारी में जवाबदेह होने की इच्छा भी शामिल होती है। अगर हम उन्हें सही माहौल प्रदान कर रहे हैं (जैसा अध्याय दो में बताया गया है), तो वे जवाबदेही से नहीं घबराएँगे। वे अपनी ग़लतियाँ मान लेंगे और उन्हें सीखने की प्रक्रिया का हिस्सा मानेंगे।

जवाबदेही में लीडर का काम यह है कि वह नए लीडर के काम की समीक्षा करने का समय निकाले और ईमानदार तथा रचनात्मक आलोचना करे। यह अनिवार्य है कि लीडर समर्थन तो करे, परंतु ईमानदार रहे। कहा जाता है कि जब राष्ट्रपति फ्रैंकलिन डी. रूज़वेल्ट की मृत्यु के बाद हैरी ट्रूमैन को राष्ट्रपति बनाया गया, तो संसद के स्पीकर सैम रेबर्न ने उन्हें यह सलाह दी थी : "इसके बाद तुम्हारे आस-पास बहुत से लोग रहेंगे। वे तुम्हारे चारों तरफ़ एक दीवार खड़ी करने की कोशिश करेंगे और तुम्हें उनके अलावा किसी दूसरे के विचारों से दूर रखने की कोशिश करेंगे। वे तुम्हें बताएँगे कि तुम कितने महान हो, हैरी। परंतु तुम और मैं दोनों जानते हैं कि ऐसी बात नहीं है।" रेबर्न राष्ट्रपति ट्रूमैन को जवाबदेह ठहरा रहे थे।

उन्हें आवश्यकता के उपकरण (tools) दें

बिना संसाधनों के ज़िम्मेदारी देना मूर्खतापूर्ण है। यह क्षमता को अविश्वसनीय रूप से सीमित कर देता है। अब्राहम मास्लो ने कहा था, "अगर आपके पास उपकरण के नाम पर बस हथौड़ा है, तो आप हर समस्या को कील की तरह देखते हैं।" अगर हम चाहते हैं कि हमारे लोग रचनात्मक और सफल रहें, तो हमें संसाधन प्रदान करने होंगे।

स्पष्ट रूप से सबसे मूलभूत उपकरण वे होते हैं, जो काम को आसान बनाते हैं, जैसे कॉपीइंग मशीन, कंप्यूटर इत्यादि। हमें न सिर्फ़ काम करने के लिए आवश्यक सभी उपकरण देना चाहिए, बल्कि ऐसे उपकरण भी देने चाहिए, जिनसे काम ज़्यादा जल्दी और निपुणता से हो सके, ख़ासकर "बी" प्राथमिकताओं वाले काम। हमेशा लोगों के समय को महत्त्वपूर्ण कामों में लगाने की कोशिश करें।

बहरहाल, उपकरणों में सिर्फ़ काम करने से संबंधित उपकरण ही शामिल नहीं हैं। विकास के उपकरण प्रदान करना भी महत्त्वपूर्ण है। लोगों को उनकी आवश्यकता के विशिष्ट क्षेत्रों में मार्गदर्शन देने में समय दें। पुस्तकों, टेप, सेमिनारों और प्रोफ़ेशनल सम्मेलनों के लिए धन ख़र्च करने के इच्छुक रहें। अच्छी जानकारी का ख़ज़ाना भरा पड़ा है और संगठन के बाहर से आने वाले ताज़े विचारों से विकास की प्रेरणा मिल सकती है। उपकरण प्रदान करने में रचनात्मकता का प्रयोग करें। इससे आपके कर्मचारियों का विकास होता रहेगा और वे काम को अच्छी तरह से करने के लिए तैयार होंगे।

योजनाबद्ध तरीक़े से उनकी जाँच करें

मैं लोगों के साथ अक्सर छोटे-छोटे मूल्यांकन करने में विश्वास करता हूँ। मैं हमेशा संक्षिप्त मूल्यांकन पसंद करता हूँ। जो लीडर्स सिर्फ़ वार्षिक औपचारिक मूल्यांकनों में ही फ़ीडबैक देते हैं, वे मुश्किलों को आमंत्रित करते हैं। लोगों को नियमित रूप से इस प्रोत्साहन की ज़रूरत होती है कि वे अच्छा काम कर रहे हैं। अगर उनका प्रदर्शन अच्छा नहीं है, तो उन्हें यह बात भी जल्दी ही बता देना चाहिए। इससे संगठन की बहुत-सी समस्याएँ उत्पन्न ही नहीं हो पाती हैं और इससे लीडर में भी सुधार होता है।

लोगों को परखने वाले तत्व

मैं कितनी बार अपने लोगों की जाँच करता हूँ, यह बहुत-सी बातों से तय होता है :

काम का महत्त्व

जब कोई काम संगठन की सफलता के लिए बहुत महत्त्वपूर्ण होता है, तो मैं जल्दी-जल्दी मूल्यांकन करता हूँ।

काम की माँगें

मैंने पाया है कि अगर कोई काम बहुत मुश्किल है, तो उसे करने वाले व्यक्ति को प्रोत्साहन की और भी ज़्यादा ज़रूरत होती है। हो सकता है उसे

कुछ सवालों के जवाब चाहिए हों या कुछ मुश्किल समस्याओं को सुलझाने में उसे मदद की ज़रूरत हो। अक्सर, जब काम सचमुच कठिन होता है, तो मैं व्यक्ति को थोड़ा आराम करने की सलाह देता हूँ - मुश्किल काम से व्यक्ति थककर चूर हो सकता है।

काम का नयापन

कुछ लीडर्स को किसी नए काम का सामना करने में कोई समस्या नहीं होती, भले ही वह उनके पुराने काम से कितना ही अलग हो। बहरहाल, कई लोगों को नए काम के अनुरूप ढलने में बहुत दिक़्क़त होती है। कम लचीले या कम रचनात्मक लोगों की मैं ज़्यादा बार जाँच करता हूँ।

नया कर्मचारी

मैं अपने नए लीडर्स को सफल होने का हरसंभव अवसर देना चाहता हूँ। इसलिए मैं नए लोगों की ज़्यादा बार जाँच करता हूँ। इस तरह से मैं समस्याओं का पूर्वानुमान लगाने में उनकी मदद कर सकता हूँ और यह सुनिश्चित कर सकता हूँ कि उन्हें एक के बाद एक सफलता मिलती रहे। इससे उन्हें आत्मविश्वास मिलता है।

कर्मचारी की ज़िम्मेदारी

जब मुझे यह विश्वास हो जाता है कि किसी व्यक्ति को काम देने पर वह हमेशा पूरा हो जाता है, तो हो सकता है कि मैं तब तक उस व्यक्ति की जाँच नहीं करूँ, जब तक कि काम पूरा नहीं हो जाए। कम ज़िम्मेदार लोगों के साथ मैं यह तरीक़ा नहीं अपना सकता।

लोगों की जाँच करने का मेरा तरीक़ा भी हर व्यक्ति के साथ अलग-अलग होता है। उदाहरण के लिए, अनुभवहीन और अनुभवी लोगों के साथ अलग-अलग व्यवहार किया जाना चाहिए। परंतु चाहे व्यक्ति मेरे साथ कितने ही लंबे समय से हो, मैं कुछ चीज़ें हमेशा करता हूँ :

मैं भावनाओं पर चर्चा करता हूँ

मैं हमेशा अपनी टीम के लोगों को उनकी भावनाएँ व्यक्त करने का अवसर

देता हूँ। मैं उन्हें अपनी भावनाएँ भी बता देता हूँ। इससे माहौल साफ़ हो जाता है और हमारे लिए काम को आगे बढ़ाना संभव हो जाता है।

मैं प्रगति को नापता हूँ

हम एक साथ बैठकर प्रगति का मूल्यांकन करने की कोशिश करते हैं। जानकारी लेने के लिए मैं अक्सर सवाल पूछता हूँ। अगर टीम के सदस्यों के सामने बाधाएँ आ रही हैं, तो मैं जितनी बाधाएँ दूर कर सकता हूँ, कर देता हूँ।

मैं फ़ीडबैक देता हूँ

यह प्रक्रिया का बहुत महत्त्वपूर्ण हिस्सा है। मैं उन्हें हमेशा उनके मूल्यांकन की रिपोर्ट देता हूँ। मैं ईमानदार रहता हूँ और अपना होमवर्क कर लेता हूँ, ताकि मेरा मूल्यांकन सटीक हो। मैं रचनात्मक आलोचना करता हूँ। इससे उन्हें यह पता चल जाता है कि वे कितनी प्रगति कर रहे हैं। इससे समस्याएँ दूर हो जाती हैं, सुधारों को प्रोत्साहन मिलता है और काम की गति बढ़ जाती है।

मैं प्रोत्साहन देता हूँ

चाहे व्यक्ति अच्छा प्रदर्शन कर रहा हो या बुरा, मैं हमेशा प्रोत्साहन देता हूँ। मैं बुरे प्रदर्शन करने वालों को बेहतर प्रदर्शन करने के लिए प्रोत्साहित करता हूँ। मैं सर्वश्रेष्ठ प्रदर्शन करने वालों को प्रोत्साहित करता हूँ। मैं मील के पत्थरों की प्रशंसा करता हूँ। जब लोग व्यक्तिगत मामलों की चिंता करते हैं, तब भी मैं आशा और प्रोत्साहन देने की कोशिश करता हूँ। प्रोत्साहन से लोग आगे बढ़ते हैं।

* * *

हालाँकि यह बहुत बार नहीं होता, परंतु कभी-कभार कोई ऐसा व्यक्ति भी होता है, जिसकी प्रगति बहुत लंबे समय तक असंतोषजनक रहती है। जब ऐसा होता है, तो मैं यह पता लगाने की कोशिश करता हूँ कि गड़बड़ कहाँ है। आम तौर पर ख़राब प्रदर्शन इन तीन चीज़ों में से किसी एक की वजह से होता है : (1) काम और व्यक्ति के बीच में तालमेल नहीं होना; (2) अपर्याप्त प्रशिक्षण या लीडरशिप; या (3) काम करने वाले व्यक्ति की कमियाँ।

कोई क़दम उठाने से पहले मैं हमेशा सही मुद्दे का पता लगाने की कोशिश करता हूँ। मैं तथ्य इकट्ठे करता हूँ, ताकि यह सुनिश्चित हो सके कि वास्तव में प्रदर्शन में कमी है या फिर सिर्फ़ मुझे ही ऐसा लग रहा है। फिर मैं यथासंभव सटीकता से यह पता लगाता हूँ कि कमी कहाँ है। आख़िरकार, मैं उस व्यक्ति के साथ बैठकर उसका मूल्यांकन करता हूँ, ताकि मैं उसका पक्ष भी सुन सकूँ।

जब मैं अपना होमवर्क कर लेता हूँ, तो मैं यह पता लगाने की कोशिश करता हूँ कि कमी कहाँ है। अगर व्यक्ति और काम के बीच के तालमेल में गड़बड़ी है, तो मैं उस व्यक्ति के सामने समस्या स्पष्ट कर देता हूँ, उसे किसी ऐसी जगह पर भेज देता हूँ जो उसके अनुरूप है और उसे आश्वस्त करता हूँ कि मुझे उस पर भरोसा है। अगर समस्या प्रशिक्षण या लीडरशिप के मुद्दों से संबंधित है, तो मैं फिर से उस मुद्दे पर लौटता हूँ, जिसे पहले अच्छी तरह से नहीं किया गया था। एक बार फिर मैं उस व्यक्ति को बता देता हूँ कि समस्या क्या है और उसे काफ़ी प्रोत्साहन देता हूँ। अगर व्यक्ति के साथ समस्या है, तो मैं उसे इसके बारे में बता देता हूँ। मैं यह स्पष्ट कर देता हूँ कि उसकी कमियाँ क्या हैं और उन्हें दूर करने के लिए उसे क्या करना चाहिए। फिर मैं उसे एक और अवसर देता हूँ। परंतु मैं रिकॉर्ड रखना भी शुरू कर देता हूँ, ताकि वह उसे निकालते समय काम आए। मैं चाहता हूँ कि वह सफल हो, परंतु अगर वह सुधार करने की सफल कोशिश नहीं करता है, तो मैं उसे बाहर करने में ज़रा भी समय बर्बाद नहीं करूँगा।

समय-समय पर सार्थक बैठकें आयोजित करें

अपनी टीम के लोगों को प्रशिक्षण देने और उन्हें विकास की यात्रा पर ले जाने की प्रक्रिया पूरी करने के बाद भी समय-समय पर सार्थक बैठकें आयोजित करें। इससे आपकी टीम के लोगों को राह पर बने रहने और विकास करते रहने में मदद मिलती है। इससे उन्हें प्रोत्साहन भी मिलता है कि वे स्वयं को सर्वश्रेष्ठ ढंग से तैयार करने की ज़िम्मेदारी लें।

जब मैं लीडर्स तैयार करने के लिए किसी सार्थक बैठक की तैयारी करता हूँ, तो निम्न बातों को शामिल कर लेता हूँ :

अच्छी ख़बर

मैं हमेशा अच्छी ख़बर के साथ बात शुरू करता हूँ। मैं संगठन में होने वाली अच्छी चीज़ों की समीक्षा करता हूँ और उनकी रुचि तथा ज़िम्मेदारी के क्षेत्रों की तरफ़ विशेष ध्यान देता हूँ।

भविष्य-दृष्टि

हो सकता है कि आपके अधीनस्थ अपनी दिन-प्रतिदिन की ज़िम्मेदारियों में इतने ज़्यादा उलझे हों कि वे उस भविष्य-दृष्टि को ही भूल जाएँ, जो संगठन को आगे बढ़ाती है। लीडर्स तैयार करने की सार्थक बैठक के अवसर का प्रयोग करते हुए एक बार फिर उस भविष्य-दृष्टि को बताएँ। इससे उन्हें उस प्रशिक्षण की उचित पृष्ठभूमि भी मिल जाएगी, जो आप उन्हें देने वाले हैं।

सामग्री

सामग्री उनकी ज़रूरतों पर निर्भर करती है। उन क्षेत्रों पर प्रशिक्षण को केंद्रित करने की प्रयास करें, जिनसे उन्हें "ए" प्राथमिकता वाले क्षेत्रों में मदद मिले। अपने प्रशिक्षण में सबक़ पर नहीं, बल्कि लोगों पर ध्यान केंद्रित करें।

प्रशासन

संगठन के किसी ऐसे मुद्दे को हल कर दें, जो लोगों को सुरक्षा का अहसास देता हो या जो उनकी लीडरशिप को प्रोत्साहित करता हो।

सशक्तिकरण

जिन लोगों को आप तैयार कर रहे हैं, उनके साथ संबंध बनाने का समय निकालें। उन्हें व्यक्तिगत रूप से प्रोत्साहन दें। उन्हें यह भी बता दें कि इस तरह की बैठकों से उन्हें बेहतर तरीक़े से काम करने की शक्ति कैसे मिलती है। इससे वे बैठक से लौटते समय सकारात्मक महसूस करेंगे और काम में जुटने के लिए तैयार होंगे।

* * *

लीडर्स तैयार करने की पूरी प्रक्रिया में बहुत से समय और ध्यान की ज़रूरत होती है। सिर्फ़ प्रशिक्षण देना ही काफ़ी नहीं होता। लीडर्स तैयार करते समय लीडर को अपना बहुत-सा समय और समर्पण देना होता है। यह काम अल्पकालीन नहीं, बल्कि दीर्घकालीन होता है। सिर्फ़ अनुयायी बनाने या नए लीडर्स को शामिल करने के बजाय इसका लक्ष्य लीडर्स को बहुगुणित करना होता है। जैसा मैंने लीडर्स तैयार करने की पाँच क़दमों वाली प्रक्रिया में कहा था, यह प्रक्रिया तब तक पूरी नहीं होती, जब तक कि लीडर्स तैयार करने वाला और नया लीडर किसी ऐसे व्यक्ति को नहीं चुन लें, जिसे नया लीडर प्रशिक्षित करे। सिर्फ़ तभी लीडर्स तैयार करने की यह प्रक्रिया पूरी होती है। बिना वारिस के कोई सफलता नहीं हो सकती।

जो लीडर दूसरे लीडर्स को तैयार करता है, उसके पास सफलता की सबसे ज़्यादा संभावना होती है, भले ही वह किसी भी तरह के संगठन में हो। जब कोई लीडर दूसरे लीडर्स को तैयार करने की प्रक्रिया के प्रति समर्पित होता है, तो संगठन के भीतर प्रदर्शन का स्तर नाटकीय रूप से बहुत बढ़ जाता है। हर व्यक्ति काम करने के लिए ज़्यादा अच्छी तरह से तैयार हो जाता है। इससे भी महत्त्वपूर्ण बात यह है कि सर्वश्रेष्ठ ढंग से तैयार लीडर्स बाद में विकास की उस आखिरी अवस्था के लिए भी तैयार हो जाते हैं, जहाँ वे अन्य लीडर्स को तैयार करते हैं। जैसा फ़्रेड ए. मानस्के, जूनियर ने कहा था, "महानतम लीडर लोगों को उस हद तक प्रशिक्षित और विकसित करना चाहता है, जहाँ वे आख़िरकार ज्ञान और योग्यता में उससे आगे निकल जाएँ।" अगला अध्याय बताएगा कि आप यह क़दम कैसे उठा सकते हैं।

❖ ❖ ❖

6

लीडर का आजीवन संकल्प

क्षमतावान लीडर्स का विकास करना

अगर आपने वे सब काम कर लिए हैं, जो मैंने इस पुस्तक में अब तक बताए हैं - यानी आपने बेहतरीन माहौल बना लिया है, अपनी टीम के लोगों को पोषण दे दिया है और आपने आसपास के सर्वश्रेष्ठ लोगों को संसाधन देकर तैयार कर लिया है - तो आपकी उपलब्धियाँ अधिकांश मैनेजरों से ज़्यादा होंगी। आप स्वयं को औसत लीडर से बेहतर मान सकते हैं, परंतु अगर आप इससे आगे नहीं जाएँगे, तो आप कभी *महान* लीडर नहीं बन पाएँगे। भले ही आप कितनी ही कड़ी मेहनत करें या स्मार्ट तरीक़े से मेहनत करें, आप कभी सर्वश्रेष्ठ लीडर्स की गिनती में नहीं आ पाएँगे। क्यों? क्योंकि सर्वश्रेष्ठ लीडर्स यानी चोटी के एक प्रतिशत लीडर अपनी टीम के लोगों को अगले पायदान तक ले जाकर उनका विकास करते हैं, ताकि वे अपनी क्षमता तक पहुँच सकें। अपनी टीम के लोगों का विकास करना लीडर का सर्वश्रेष्ठ काम होता है।

> *अपनी टीम के लोगों का विकास करना लीडर का सर्वश्रेष्ठ काम होता है।*

आप शायद सोच रहे होंगे कि ज़्यादातर लीडर्स यह आख़िरी क़दम क्यों नहीं उठाते हैं। वे ऐसा इसलिए नहीं करते हैं, क्योंकि इस काम में बहुत मेहनत लगती है। मैंने एक धर्मोपदेशक की कहानी सुनी थी।

इस धर्मोपदेशक ने बीस साल तक चर्च में काम किया और फिर उसे छोड़कर अंत्येष्टि प्रभारी बन गया। जब उससे पूछा गया कि उसने ऐसा क्यों किया, तो उसका जवाब यह था, "देखिए, मैंने तीन साल तक फ़्रेड को सीधा करने की कोशिश की, परंतु इसके बावज़ूद उसने शराब नहीं छोड़ी। मैंने छह महीने तक सूज़न के विवाह को सीधा करने की कोशिश की, परंतु इसके बावज़ूद उसने तलाक़ दे दिया। फिर मैंने ढाई साल तक बॉब की नशे की आदत को सीधा करने की कोशिश की, परंतु वह अब भी नशे का आदी है। परंतु अब अंत्येष्टि करते समय जब मैं लोगों को सीधा करता हूँ, तो वे सीधे ही बने रहते हैं।"

ज़िंदा लोगों के लिए यह ज़रूरी होता है कि उनकी तरफ़ लगातार ध्यान दिया जाए। विकास करना बहुत मेहनत का काम है। इसके लिए सिर्फ़ पोषण देना या संसाधन देकर तैयार करना ही काफ़ी नहीं है। इससे ज़्यादा ज़रूरत ध्यान और समर्पण देने की होती है। पोषण देने, संसाधन देकर तैयार करने (equip) और विकास करने के बीच के अंतर को देखने के लिए आगे दी गई टेबल पर नज़र डालें :

पोषण देना	संसाधन देकर तैयार करना	विकास करना
ध्यान रखना	काम का प्रशिक्षण	व्यक्तिगत विकास का प्रशिक्षण
ध्यान आवश्यकता पर	ध्यान काम पर	ध्यान व्यक्ति पर
संबंध (relational)	व्यवहारवादी संबंध (transactional)	कायापलट करने वाले संबंध (transformational)
सर्विस	मैनेजमेंट	लीडरशिप
लीडरशिप बनाए रखता है	लीडरशिप में वृद्धि करता है	लीडरशिप को बहुगुणित करता है
स्थापित करना	मुक्त करना	सशक्त बनाना

मदद करना	सिखाना	मार्गदर्शन देना
आवश्यकता मूलक	दक्षता मूलक	चरित्र मूलक
वे क्या चाहते हैं	संगठन क्या चाहता है	उन्हें किस चीज़ की ज़रूरत है
इच्छा	विज्ञान	कला
कोई विकास नहीं या बहुत कम विकास	अल्पकालीन विकास	दीर्घकालीन विकास
सब	कई	कुछ

लीडर्स का विकास करने से संबंधित गुणों पर एक नज़र डालें। वे इस बात पर आधारित हैं कि संभावित लीडर्स को विकास के लिए किस चीज़ की ज़रूरत है। यह प्रक्रिया उनका निर्माण करने, उनके सर्वश्रेष्ठ गुणों को बाहर निकालने, उनके चरित्र का विकास करने और उन्हें अपनी क्षमता खोजने तथा उस तक पहुँचने में मदद करने के लिए तैयार की गई है।

चूँकि लीडर्स के विकास में समय, ध्यान और समर्पण की ज़रूरत होती है, इसलिए विकास करने वाला एक समय में बहुत थोड़े लोगों के साथ यह काम कर सकता है, जैसा टेबल में सबसे नीचे की पंक्ति में बताया गया है। अपनी टीम के सभी लोगों को पोषण दें और उनमें से कई लोगों को संसाधन देकर तैयार करें। परंतु सिर्फ़ कुछ ही का विकास करें - उन कुछ लोगों का, जो तैयार और इच्छुक हों।

लोगों को संसाधन देकर तैयार करने तथा उनका विकास करने में एक और महत्त्वपूर्ण अंतर है। तैयार करना मूलतः क़दम-दर-क़दम प्रक्रिया है। आप लोगों को तैयार करने के लिए उन्हें विशिष्ट पायदानों पर ले जाते हैं। यह लीडर्स को तैयार करने का *विज्ञान* है। दूसरी ओर, लीडरशिप का विकास विज्ञान के बजाय *कला* अधिक है। इसमें विशिष्ट पायदानों की श्रंखला नहीं होती। इसके बजाय, इसमें सिर्फ़ कुछ पहलू होते हैं, जिन पर विशेष ध्यान दिया जाना चाहिए।

संभावित लीडर्स को उनकी सर्वश्रेष्ठ क्षमता तक पहुँचाने के लिए लीडर को ये बारह काम करने होंगे।

प्रेरणा संबंधी तीन प्रश्न पूछें

विकास प्रेरणा से शुरू होता है। विकासकर्ता के रूप में आपको अपने संभावित लीडर्स की प्रेरणाओं का ज्ञान होना चाहिए और आपको उनका दोहन भी करना चाहिए। ये सवाल पूछकर शुरुआत करें :

वे क्या चाहते हैं?

हर व्यक्ति कुछ न कुछ चाहता है। भले ही कोई व्यक्ति प्रेरित नज़र नहीं आता हो, परंतु उसमें भी इच्छाएँ होती हैं। आपको यह पता लगाने की ज़रूरत है कि आपकी टीम के लोग क्या चाहते हैं। कई बार वे आपको बता देंगे, परंतु कई बार आपको अपनी बुद्धि का प्रयोग करना होगा। चूँकि आपने पहले से ही उनके साथ संबंध बना लिए होंगे, इसलिए उनके साथ हुई व्यक्तिगत चर्चा में मिली जानकारी का उपयोग करें। आप चाहे यह किसी भी तरह से करें, परंतु आपको यह पता लगा लेना चाहिए कि उन्हें विकास करने की प्रेरणा किस चीज़ से मिलेगी।

वे जो चाहते हैं, क्या उनके पास उसे पाने का तरीक़ा है?

जब लोग कुछ चाहते हैं, परंतु उन्हें उसे पाने का कोई तरीक़ा नज़र नहीं आता है, तो वे प्रेरित नहीं होंगे। लीडर के रूप में आपका एक काम यह पता लगाना है कि आपके संभावित लीडर्स किस तरह उनकी मनचाही चीज़ हासिल कर सकते हैं और आपको उन्हें ऐसा करने का तरीक़ा बताना है। चूँकि आप पहले ही सफलता की राह पर यात्रा कर चुके हैं, इसलिए आप उस राह को ज़्यादा स्पष्टता से देख सकते हैं और उन्हें सही दिशा दिखा सकते हैं। कई बार तो हो सकता है कि आपके ही पास वह राह बनाने की शक्ति हो, जिस पर चलकर वे अपनी मनचाही चीज़ हासिल कर सकें।

अगर वे सफल होंगे, तो क्या उन्हें पुरस्कार मिलेगा?

कई बार तो लोगों के पास लक्ष्य भी होते हैं और उन्हें सफलता पाने के

तरीक़े भी मालूम होते है, परंतु इसके बावज़ूद उनमें प्रेरणा का अभाव होता है। क्यों? क्योंकि उन्हें यह विश्वास नहीं होता कि वे जितनी मेहनत करेंगे, पुरस्कार उससे ज़्यादा होगा। उनके लीडर के रूप में आप उन्हें अपने अनुभव के आधार पर ऐसी घटनाएँ बता सकते हैं, जिनसे उन्हें यह पता चल जाए कि पुरस्कार मेहनत की तुलना में बहुत ज़्यादा होते हैं। आप उन्हें यह बताने की स्थिति में भी होते हैं कि उनके व्यक्तिगत लक्ष्य तथा इच्छाएँ किस तरह संगठन के लक्ष्यों और इच्छाओं के साथ तालमेल में हैं। जब दोनों के लक्ष्य समान होते हैं, तो पुरस्कार बहुगुणित हो जाते हैं।

उदाहरण के लिए, अगर आपके किसी संभावित लीडर का लक्ष्य उत्कृष्ट सेल्समैन बनना है, तो उसके इस लक्ष्य से संगठन को भी लाभ होता है। बदले में, संगठन कमीशन या तनख़्वाह के रूप में उसे पुरस्कृत भी करेगा। परिणामस्वरूप, अगर वह व्यक्ति उस लक्ष्य को हासिल कर लेता है, तो उसे व्यक्तिगत लाभ तो मिलेंगे ही, साथ ही संगठन की ओर से वित्तीय पुरस्कार भी मिलेंगे। पुरस्कार बहुगुणित हो जाते हैं।

अपनी टीम के लोगों की प्रेरणा का पता लगाने के लिए सवाल पूछें और फिर उनके विकास में मदद करने के लिए उस प्रेरणा का प्रयोग करें।

अच्छे श्रोता बनें

अच्छे लीडर अच्छे श्रोता होते हैं। जब आप अपनी टीम के लोगों की बातें सुनते हैं, तो इससे आपकी सफलता और उनके विकास में वृद्धि होती है। जब आप उनके विचारों और राय को जान लेते हैं, ख़ासकर निर्णय लेने से पहले, तो आप उनके योगदान को बढ़ा देते हैं। हर बार जब आप उनके विचारों का उपयोग करते हैं और उन्हें श्रेय देते हैं, तो उन्हें महत्त्व का अहसास होगा और उन्हें योगदान देने के लिए प्रोत्साहन मिलेगा। उन्हें रचनात्मक तरीक़े से सोचने की प्रेरणा देने का यह बहुत अच्छा तरीक़ा है। उनमें निर्णय करने की योग्यता भी आ जाएगी, क्योंकि वे यह समझने लगेंगे कि आप उनके कुछ विचारों पर अमल क्यों करते हैं और बाक़ी पर अमल क्यों नहीं करते हैं। वे चीज़ों

> *अच्छे लीडर अच्छे श्रोता होते हैं।*

को ज़्यादा स्पष्टता से देखना सीख जाएँगे और बड़ी तसवीर के संदर्भ में सोचने लगेंगे।

इस प्रक्रिया का सबसे महत्त्वपूर्ण पहलू यह है कि आप ईमानदारी से उनकी सलाह चाहते हैं और फिर सक्रियता तथा सकारात्मकता से उनके विचार सुनते हैं। अगर आप सिर्फ़ दिखावे के लिए यह काम कर रहे हैं, तो आपके कर्मचारियों को यह पता चल जाएगा। इसी तरह, कभी किसी व्यक्ति के सुझाव की आलोचना नहीं करें, भले ही वह सुझाव कितना ही बुरा क्यों नहीं हो। अगर आप लोगों की आलोचना करेंगे, तो वे अपमानित महसूस करेंगे और जल्दी ही सुझाव देना बंद कर देंगे। इससे हो सकता है कि आप उनके अगले बेहतरीन विचार से वंचित रह जाएँ, क्योंकि आपने उन्हें योगदान देने से हतोत्साहित किया है। इस नज़रिये को अपनाने की कोशिश करें : जब तक आपको सर्वश्रेष्ठ विचार नहीं मिल जाता, तब तक हर विचार अच्छा है।

जब तक आपको सर्वश्रेष्ठ विचार नहीं मिल जाता, तब तक हर विचार अच्छा है।

व्यक्तिगत विकास की योजना तैयार करें

मैं पूरे देश में होने वाले सम्मेलनों में भाषण देने में आनंद का अनुभव करता हूँ। मुझे ख़ास तौर पर वे पाँच-छह लीडरशिप सम्मेलन पसंद हैं, जिन्हें हमारा संगठन *इन्जॉय* आयोजित करता है। इन सम्मेलनों में मैं जिन सबसे महत्त्वपूर्ण विषयों पर बात करता हूँ, उनमें से एक है व्यक्तिगत विकास। मैं अक्सर श्रोताओं से कहता हूँ कि अगर किसी के पास विकास की व्यक्तिगत योजना पहले से ही हो, तो वे भाषण के बाद आकर मुझसे उसके बारे में चर्चा करें। क्या आप जानते हैं, कि हालाँकि मैं यह कई सालों से कह रहा हूँ, परंतु अब तक किसी भी व्यक्ति ने बाद में आकर मुझे अपने व्यक्तिगत विकास की योजना नहीं बताई। क्यों? क्योंकि किसी ने भी अपने व्यक्तिगत विकास की योजना बनाई ही नहीं थी।

लोग यह मान लेते हैं कि वे ज़िंदा रहेंगे, तो विकास अपने आप हो जाएगा। वे यह मान लेते हैं कि व्यक्तिगत विकास ज़िंदा रहने का स्वाभाविक परिणाम है, परंतु ऐसा नहीं है। विकास अपने आप नहीं होता। यह भी ज़रूरी

नहीं है कि यह अनुभव के साथ आए या जानकारी इकट्ठी करने से मिले। व्यक्तिगत विकास सायास, सुनियोजित और लगातार होता है।

आप जिन लोगों का विकास कर रहे हैं, उनके लिए आप व्यक्तिगत विकास के मॉडल बन सकते हैं। इसके अलावा आप उनके लिए एक बहुत अच्छी चीज़ यह कर सकते हैं कि आप विकास की व्यक्तिगत योजना को तैयार करने में उनकी मदद करें। मैं इस बात पर ज़ोर देना चाहता हूँ कि विकास के लिए *योजना* की ज़रूरत होती है। जैसा कि मेरे मित्र ज़िग ज़िग्लर कहते हैं, "आप विजेता बनने के लिए पैदा हुए थे, परंतु विजेता बनने के लिए आपको जीतने की *योजना* बनानी होगी और इसकी तैयारी करनी होगी।" विकास करना भी ऐसा ही है। आपको एक योजना बनानी होगी और उसका अनुसरण करना होगा।

मैंने अपने जीवन का अधिकांश हिस्सा अपने व्यक्तिगत विकास में लगाया है। साथ ही मैंने दूसरों के व्यक्तिगत विकास से संबंधित सामग्री भी प्रदान की है। 1985 से मैंने हर महीने व्यक्तिगत विकास के सबक़ तैयार किए हैं और इन्जॉय तथा मैक्ज़िमम इम्पैक्ट के माध्यम से उन्हें देश भर में भेजा है, क्योंकि मेरी सबसे बड़ी इच्छा दूसरों को उनकी पूर्ण क्षमता तक पहुँचाना है। इसीलिए मैं लीडरशिप सम्मेलन आयोजित करता हूँ। मैं आपको विकास की वह योजना बताना चाहूँगा, जो मैं इन सम्मेलनों में लोगों को बताता हूँ। लोगों की आवश्यकताओं के अनुसार इसे ढाला जा सकता है। यह काम करने में उनकी मदद करें। और अगर आप किसी अन्य लाभकारी योजना का पहले से ही प्रयोग नहीं कर रहे हों, तो आप भी इसका प्रयोग करें।

व्यक्तिगत विकास के लिए व्यावहारिक क़दम

विकास के लिए हर दिन समय निकालें

इस क़दम में दो महत्त्वपूर्ण अवधारणाएँ हैं। पहली, विकास का समय *सुनियोजित* होना चाहिए। राह से भटकना दुनिया की सबसे आसान चीज़ होती है। विकास का जो समय सुनियोजित नहीं होता, वह जल्दी ही काफ़ूर हो सकता है, क्योंकि हमारे जीवन में बहुत व्यस्तता होती है। लोगों को सही समय चुनकर अपने कैलेंडर में लिख लेना चाहिए। फिर उन्हें उस समय की

उसी तरह रक्षा करना चाहिए, जिस तरह वे अपने किसी अन्य अपॉइंटमेंट की करते हैं। दूसरी बात, जिस समय को अलग रखा गया है, उसे हर दिन अलग रखा जाना चाहिए - कम से कम सप्ताह में पाँच दिन। शिक्षाविद् बताते हैं कि लोग लंबे, परंतु कभी-कभार होने वाले सत्रों के बजाय छोटे, किन्तु नियमित सत्रों में ज़्यादा प्रभावकारी तरीक़े से सीखते हैं। नीचे वह साप्ताहिक योजना दी गई है, जिसकी सलाह मैं अपने सम्मेलनों में देता हूँ :

सोमवार : ईश्वर के साथ एक घंटा

मंगलवार : एक घंटे तक लीडरशिप टेप सुनना

बुधवार : एक घंटे तक उसी टेप को सुनना (जिसमें नोट्स बनाना और सीखी हुई बातों पर चिंतन करना भी शामिल है)

गुरुवार : एक घंटे तक लीडरशिप की कोई पुस्तक पढ़ना

शुक्रवार : एक घंटे तक उसी पुस्तक को पढ़ना (जिसमें नोट्स बनाना और सीखी हुई बातों पर चिंतन करना शामिल है)

दैनिक योजना के अलावा मैं यह सुझाव भी देता हूँ कि आप अपने ख़ाली समय में लाभकारी सामग्री को सरसरी तौर पर पढ़ लें। उदाहरण के तौर पर, यात्रा करते समय मैं अपने साथ ऐसी पुस्तकें व पत्रिकाएँ ले जाता हूँ, जो मेरे दैनिक अध्ययन लायक़ उपयोगी तो नहीं होती हैं, परंतु उनमें अच्छी सामग्री होती है। अगर मैं हवाई-अड्डे पर इंतज़ार कर रहा हूँ या हवाई जहाज़ में उड़ रहा हूँ, तो मैं उस सामग्री की समीक्षा करता हूँ और उपयोगी लेख व कथन एकत्रित करता हूँ।

जो भी आप सीखें, उसे तत्काल फ़ाइल में लगा लें

जो भी अच्छी जानकारी मिले, उसे छाँटकर फ़ाइल में लगा लेना चाहिए। मैं यह काम पैंतीस साल से कर रहा हूँ। जब मुझे अच्छे लेख या कथन मिलते हैं, मैं उन्हें काट लेता हूँ और फ़ाइल कर लेता हूँ। इससे दो लाभ होते हैं। पहला कि जब भी मुझे भाषण या सेमिनार के लिए सामग्री की ज़रूरत होती

है, तो मेरे पास पैंतीस साल की इकट्ठी सामग्री होती है, जिसका मैं प्रयोग कर सकता हूँ। दूसरा लाभ यह है कि जब भी मैं किसी लेख के सारांश के रूप में इसके सबसे महत्त्वपूर्ण वाक्य या वाक्यांश को उतारता हूँ, तो मैं इसकी सारी जानकारी पर अच्छी तरह विचार करके उसे आत्मसात कर लेता हूँ, उसे संक्षिप्त कर लेता हूँ और उससे सीख लेता हूँ।

जो भी आप सीखें, उस पर तत्काल अमल करें

किसी चीज़ को जानने भर से ही वह आत्मसात नहीं हो जाती। इसके लिए आपको उसे अमल में लाना होगा। हर बार जब आप कोई नई चीज़ सीखते हैं, तो ख़ुद से यह पूछना अच्छा रहता है, "मैं इसका प्रयोग कहाँ, कब और कैसे कर सकता हूँ?" सीखी गई चीज़ों के साथ सिर्फ़ मानसिक जुड़ाव तक ही सीमित रहना मुझे पसंद नहीं है, इसलिए मैं इस योजना का प्रयोग करता हूँ :

- हर सप्ताह एक चीज़ चुनता हूँ, जो मैंने सीखी है।
- इसे 3 x 5 कार्ड पर लिख लेता हूँ। (मैं इसे एक सप्ताह तक अपने सामने रखता हूँ।)
- इसे अपनी पत्नी को बताता हूँ।
- चौबीस घंटे के भीतर इसे किसी दूरारे को बताता हूँ।
- इसे किसी दूसरे को सिखाता हूँ।

किसी दूसरे के साथ विकास करें

मेरे आस-पास ऐसे कई लोग हैं, जिनके साथ मैं सीखी गई नई जानकारी का आदान-प्रदान करता रहता हूँ। सीखी गई बातें दूसरों को बताने से आपका अंतर्ज्ञान बढ़ता है, उनके साथ आपके संबंध बनते हैं, आपको एक साझा भविष्य-दृष्टि मिलती है और आप जवाबदेह बनते हैं। इससे चर्चा भी महत्त्वपूर्ण बन जाती है।

अपने विकास की योजना बनाएँ और एक साल तक उसका अनुसरण करें

पहले जो पाँच दिन की योजना बनाई गई थी, उसका अनुसरण साल भर तक करना है। उस योजना का उपयोग करके आप आसानी से हर साल

12 पुस्तकें पढ़ सकते हैं और 52 टेप सुन सकते हैं। एक साल के अंत में आपके पास ज़बर्दस्त संसाधन होंगे, जिनका आप लाभ उठा सकते हैं और बहुत ज़्यादा विकास कर सकते हैं। अगर आप किसी विषय के विशेषज्ञ बनना चाहते हैं तो अर्ल नाइटिंगेल के अनुसार, पाँच साल तक हर दिन एक घंटे तक उस विषय पर ध्यान केंद्रित करें।

व्यक्तिगत विकास निवेश करने की तरह है। टाइमिंग महत्त्वपूर्ण नहीं है। महत्त्वपूर्ण तो मैदान के अंदर आना है।

अपनी टीम के लोगों के विकास की योजना तैयार करने के बारे में मैं एक और बात कहना चाहूँगा : आज ही उनका विकास करना शुरू करें! लोग आपसे कह सकते हैं कि उनकी उम्र इतनी ज़्यादा है कि वे अभी शुरू नहीं कर सकते, या फिर वे इतने व्यस्त हैं कि वे अब शुरू नहीं कर सकते या यह भी कि *टाइमिंग* सही नहीं है। व्यक्तिगत विकास निवेश करने की तरह है। *टाइमिंग* महत्त्वपूर्ण नहीं है। महत्त्वपूर्ण तो *मैदान के अंदर आना* है। उनका विकास आज ही प्रारंभ कर दें।

विकास को जारी रखें

हम एक प्रतियोगी समाज में रहते हैं, जो सफल होने पर ध्यान केंद्रित करता है। बेसबॉल खिलाड़ी उस दिन का इंतज़ार करते हैं, जब वे बिग लीग में शामिल होंगे। बिज़नेस में लोग कॉर्पोरेट जगत की सीढ़ी पर इस आशा में चढ़ते जाते हैं कि किसी दिन वे कंपनी के सी.ई.ओ. या बोर्ड में चेयरमैन बन जाएँगे। नेटवर्क मार्केटिंग तकनीकों का प्रयोग करने वाली कुछ कंपनियाँ यह सुझाव देती हैं कि अगर कोई व्यक्ति पर्याप्त बड़ा समूह बना ले, तो वह आराम से बैठ सकता है और दूसरों की मेहनत से ज़िंदगी भर आमदनी हासिल कर सकता है, यानी वह व्यक्ति सफल हो जाएगा और अपनी मंज़िल तक पहुँच जाएगा। परंतु मंज़िल तक पहुँचने का विचार एक भ्रम है। हमारा समाज ऐसे लोगों से भरा है, जो मंज़िल पर पहुँचने के बाद भी ख़ुद को उतना ही असंतुष्ट पाते हैं, जितने कि वे सफल होने से पहले थे। यात्रा का लक्ष्य मंज़िल पाना ही नहीं है। इसका लक्ष्य यह भी है कि आपने रास्ते में

क्या सीखा और आप रास्ते में क्या बने। लक्ष्य रखना सकारात्मक बात है। कुछ लक्ष्यों को पाने के बाद यह सोचना कि हमारी यात्रा पूरी हो गई है, एक ऐसा ख़तरा है जिसका हम सामना करते हैं।

जॉन वुडन, जो बास्केटबॉल के बहुत सफल कोच थे, विकास की प्रक्रिया पर ध्यान केंद्रित करते थे। *सिक्स टाइमलेस मार्केटिंग ब्लंडर्स* में विलियम एल. शैंकलिन कोचिंग के बारे में वुडन की नीति पर प्रकाश डालते हैं। शैंकलिन बताते हैं कि जब वुडन यू.सी.एल.ए. के कोच थे, तो वे जीतने पर ज़ोर नहीं देते थे। वे तैयारी, टीमवर्क, परिवर्तन करने की इच्छा और सर्वश्रेष्ठ क्षमता के अनुरूप प्रदर्शन करने की इच्छा पर ज़ोर देते थे। उनका मूल ध्यान अंतिम लक्ष्य पर नहीं, बल्कि प्रक्रिया पर रहता था।

यही कंपनियों के बारे में सच है। एक गुणवत्ता-नियंत्रण विशेषज्ञ ने मुझे यह कहा था, "गुणवत्ता नियंत्रण में हम प्रॉडक्ट के बारे में चिंतित नहीं होते, हम तो प्रक्रिया के बारे में चिंतित होते हैं। अगर प्रक्रिया सही है, तो प्रॉडक्ट भी गारंटी से सही होगा।" यही बात व्यक्तिगत विकास के बारे में भी सही है।

लीडर्स के विकासकर्ताओं के रूप में हमें अपने लोगों का विकास करते रहना होगा। हमें विकास का मॉडल बनना होगा तथा इसे प्रोत्साहित और पुरस्कृत करना होगा। हमें अपनी टीम के लोगों को दिखाना होगा कि दीर्घकालीन विकास कैसे करना है। उन्हें उन वृक्षों की तरह बनना होगा, जो जीवन भर बढ़ते हैं। पूरी तरह विकसित वृक्ष जैसी कोई चीज़ नहीं होती है। जिस दिन वृक्ष विकास करना छोड़ देता है, उसी दिन वह मर जाता है।

ढालने की चार अवस्थाओं वाली प्रक्रिया का प्रयोग करें

नए विचारों पर अमल करने तथा नई स्थितियों के अनुसार ढलने में ज़्यादातर लोगों को समय लगता है। आम तौर पर उन्हें नई अवधारणाओं को आत्मसात करने के लिए चार अवस्थाओं से होकर गुज़रना होता है। मैंने पाया है कि वे आम तौर पर चीज़ों को इस क्रम में स्वीकार करते हैं :

दृश्यात्मक रूप से

अधिकांश लोग दृश्यात्मक होते हैं। आम तौर पर उन्हें किसी नई चीज़ को समझने के लिए उसे देखने की ज़रूरत होती है।

भावनात्मक रूप से

जब लोग किसी नई चीज़ को देख लेते हैं, तो वे उस पर भावनात्मक प्रतिक्रिया करते हैं। अगले दौर तक जाने से पहले उन्हें अपनी भावनाएँ स्पष्ट करने के लिए समय दें।

अनुभवात्मक रूप से

जब लोग किसी नई चीज़ को समझ लेते हैं और उसे भावनात्मक रूप से स्वीकार कर लेते हैं, तो वे उस पर अमल करने के लिए तैयार होते हैं। अनुभव उन्हें अंतिम अवस्था तक पहुँचने में समर्थ बनाता है।

विश्वासात्मक रूप से

लोग जब किसी नई चीज़ को देख लेते हैं, भावनात्मक रूप से उसे स्वीकार कर लेते हैं और उसका सकारात्मक अनुभव कर लेते हैं, तो वह उनके चिंतन और विश्वास के तंत्र का हिस्सा बन जाती है।

अगर आप इन अवस्थाओं के बारे में जागरूक रहेंगे, तो आप लोगों को आसानी से उनके विकास तक पहुँचाने में सफल हो जाएँगे।

इस तरीक़े का अनुसरण करें

भले ही आप व्यक्तिगत विकास की योजना तैयार करने में अपनी टीम के लोगों की मदद कर दें और उन्हें अपने दम पर यथासंभव विकास करने के लिए प्रोत्साहित कर दें, परंतु इसके बावज़ूद आपको उन्हें व्यक्तिगत रूप से भी सिखाना होगा। आदर्श स्थिति तो यह होगी कि आप उन्हें बताएँ कि आप ख़ुद अपना विकास करते समय क्या सीख रहे हैं। मैं अपने संगठन के लोगों के साथ यही करता हूँ। मैंने पाया है कि सर्वश्रेष्ठ तरीक़ा यह है :

निर्देश

प्रदर्शन

अनुभव

जवाबदेही

सबसे पहले तो मैं जीवन संबंधी पृष्ठभूमि में उन्हें निर्देश देता हूँ। जिस विचार या सिद्धांत को वास्तविक जीवन में नहीं उतारा जा सके, वह किसी काम का नहीं है। इसके अलावा, अगर उसे जीवन में उतारा ही नहीं जा सकता हो, तो मैं इसका प्रदर्शन नहीं कर पाऊँगा, जो मेरा अगला क़दम है। दूसरों को बताने से पहले किसी विचार को वास्तव में अपनाकर और उसका प्रदर्शन करके मैं उसका परीक्षण कर सकता हूँ, उससे बेहतर सबक़ सीख सकता हूँ और इस तरह उसे दूसरों को सिखाने के लिए ज़्यादा योग्य बन जाता हूँ। फिर मैं अपने लोगों को वास्तविक अनुभव प्रदान करवाता हूँ। एक बार जब वे उस विचार या सिद्धांत को सुन और देख लेते हैं, तो वे फिर उसे ख़ुद आज़माने के लिए तैयार हो जाते हैं। आख़िरकार, मैं यह सुनिश्चित करता हूँ कि वे जवाबदेह हों : या तो मेरे प्रति या फिर एक-दूसरे के प्रति। अगर आप किसी तरह की जवाबदेही की व्यवस्था नहीं करते हैं, तो हो सकता है कि आपके लोग विचार को तो बहुत बढ़िया मानें, परंतु वे उसका प्रयोग करना भूल जाएँ। बहरहाल, जब लोग उन विचारों का प्रयोग करके किसी के प्रति जवाबदेह बन जाते हैं, तो ये विचार उनका हिस्सा बन जाते हैं।

उन्हें विविध अनुभव प्रदान करें

लोग परिवर्तन का विरोध करते हैं। अगर उन्हें यह विकल्प दिया जाए कि वे कोई आरामदेह और आसान काम करना पसंद करेंगे, जिसे वे पहले भी कर चुके हैं या फिर वे कोई कठिन व नया काम करना पसंद करेंगे, तो अधिकांश लोग सुरक्षित व आसान मार्ग को चुनेंगे। लीडर्स के रूप में हम अपने लोगों को आरामदेह नहीं बनने दे सकते।

विविध अनुभव लोगों के विकास को अविश्वसनीय रूप से बढ़ा सकते हैं। इससे उनका विकास होता है, उनकी क्षमता बढ़ती है और वे सीखते हैं। लोगों के अनुभव जितने व्यापक होंगे, वे नई चुनौतियों का सामना करने, समस्याओं को सुलझाने और कठिन परिस्थितियों से पार पाने में उतने ही ज़्यादा निपुण हो जाएँगे। मेरे संगठन में तीन साल के नियम पर अमल किया जाता है। हमारे लीडर्स को हर तीन साल में अपने महत्त्वपूर्ण कर्तव्य और ज़िम्मेदारियों के महत्त्वपूर्ण हिस्सा बदलना होता है। इससे वे नई योग्यताएँ सीखने के लिए विवश होते हैं। इससे नए लीडर्स को ज़िम्मेदारी के नए

क्षेत्रों में क़दम रखने का अवसर मिलता है। इससे पुराने लीडर्स को भी नई चुनौतियों का सामना करने का अवसर मिलता है इसका लाभ यह होता है कि हर व्यक्ति की रचनात्मकता बढ़ जाती है।

यह बहुत ललचाने वाला विचार होता है कि हम सफल लोगों को वहीं पर रखें, जहाँ वे हैं और उनसे वही काम करवाते रहें। परंतु हमें यह ध्यान रखना चाहिए कि हम सिर्फ़ काम को अच्छी तरह करवाने की कोशिश ही नहीं कर रहे हैं। हमारा लक्ष्य इससे बड़ा है। हम लीडर्स बना रहे हैं और इसके लिए अतिरिक्त प्रयास व समय की आवश्यकता होती है। एंगस जे. मैकक्वीन इस बिंदु को रेखांकित करते हुए जेम्स गारफ़ील्ड के बारे में एक कहानी बताते हैं। वे कहते हैं कि अमेरिका के राष्ट्रपति बनने से पहले गारफ़ील्ड ओहियो में हिरेम कॉलेज के प्रिंसिपल थे। जब एक पिता ने पूछा कि क्या कोर्स को आसान नहीं बनाया जा सकता, ताकि उसका बेटा कॉलेज की पढ़ाई जल्दी पूरी कर ले, तो गारफ़ील्ड ने जवाब दिया, "निश्चित रूप से ऐसा किया जा सकता है, परंतु यह इस बात पर निर्भर करता है कि आप अपने बेटे को क्या बनाना चाहते हैं। जब ईश्वर बलूत (oak) वृक्ष बनाना चाहता है, तो वह सौ साल लेता है। जब वह कुम्हड़ा (कद्दू) बनाना चाहता है, तो इस काम में उसे सिर्फ़ दो महीने लगते हैं।" अपने लीडर्स का धीमे-धीमे विकास करके और उनके अनुभवों में विविधता भरकर गहरी, चौड़ी जड़ें प्रदान करें।

उत्कृष्टता का प्रयास करें

बेहतरीन प्रोफ़ेशनल फुटबॉल कोच और महान लीडर विंस लॉम्बार्डी ने एक बार कहा था, "किसी व्यक्ति के जीवन की गुणवत्ता उत्कृष्टता के प्रति उसके संकल्प के सीधे अनुपात में होती है, भले ही उसका चुना हुआ क्षेत्र कोई भी हो।" लॉम्बार्डी उत्कृष्टता (excellence) के लक्ष्य के महत्त्व को पहचानते थे और जिन खिलाड़ियों को वे प्रशिक्षित कर रहे थे, उनमें उन्होंने यह आकांक्षा सफलतापूर्वक भर दी।

जब आप उत्कृष्टता का प्रयास करते हैं, तो अपने लोगों को शिखर पर पहुँचने के लिए प्रेरित करें। जब लीडर का लक्ष्य उत्कृष्टता के बजाय सिर्फ़ औसत काम होता है, तो संगठन के सर्वश्रेष्ठ लोग भी बस औसत काम ही

करेंगे। बाक़ी लोग तो न्यूनतम काम भी नहीं करेंगे। लेकिन जब उत्कृष्टता लक्ष्य बन जाती है, तो सर्वश्रेष्ठ लोग निशाने पर तीर लगाएँगे और बाक़ी लोगों के तीर कम से कम लक्ष्य के बोर्ड को तो छू ही लेंगे।

उत्कृष्टता पर ध्यान केंद्रित करने का एक और लाभ यह है कि यह आपकी टीम के लोगों के चरित्र को प्रदर्शित करती है। किसी संगठन की सफलता इसके लीडर्स के चरित्र के आगे तक नहीं जा पाएगी। उत्कृष्टता से चरित्र को प्रोत्साहन मिलता है और चरित्र से उत्कृष्टता को। अगर आप अपनी टीम के लोगों से उत्कृष्टता की माँग करेंगे, तो वे स्वयं को तो उत्कृष्ट बनाने की कोशिश करेंगे ही, साथ ही अपनी टीम को भी उत्कृष्ट बनाने की कोशिश करेंगे।

उत्कृष्टता से चरित्र को प्रोत्साहन मिलता है और चरित्र से उत्कृष्टता को।

परिणाम के नियम पर अमल करें

शिक्षण मनोवैज्ञानिक ई.एल. थॉर्नडिक ने बीसवीं सदी के प्रारंभ में व्यवहार-परिवर्तन के विषय पर काम किया। इसी का परिणाम था कि उन्होंने परिवर्तन के नियम की खोज कर डाली। आसान भाषा में यह नियम इस प्रकार है : "जिस व्यवहार को तत्काल पुरस्कृत किया जाता है, वह ज़्यादा बार होने लगता है; जिस व्यवहार को तत्काल दंडित किया जाता है, वह कम बार होने लगता है।"

हमें खुद से पूछना चाहिए कि हमारे संगठन में किस चीज़ को पुरस्कृत किया जा रहा है। क्या हम व्यक्तिगत विकास को पुरस्कृत करते हैं? अगर हम ऐसा करते हैं, तो हमारी टीम के लोग निश्चित रूप से व्यक्तिगत विकास कर रहे होंगे।

कुछ साल पहले मैंने उन व्यवहारों और गुणवत्ताओं की सूची तैयार की थी, जिनकी अपेक्षा मैं अपने संगठन के लोगों से रखा हूँ और जिन्हें मैं पुरस्कृत करने के लिए संकल्पित हूँ। मैं इसे RISE कार्यक्रम कहता हूँ :

R ewards *पुरस्कार*
I ndicating *सूचक हैं*
S taff *स्टाफ़*
E xpectations *से अपेक्षाओं के*

दूसरे शब्दों में मैंने स्टाफ़ के सदस्यों को इस आधार पर पुरस्कृत करने का निर्णय लिया कि वे अपेक्षाओं पर खरे उतर रहे हैं या नहीं। जिन गुणों को मैं सबसे ज़्यादा महत्त्व और पुरस्कार देता हूँ, वे हैं सकारात्मक नज़रिया, वफ़ादारी, व्यक्तिगत विकास, लीडरशिप को बहुगुणित करना और रचनात्मकता। ध्यान दें कि व्यक्तिगत विकास सूची में है। मैं चाहूँगा कि आप भी यह फ़ैसला कर लें कि आप किसे महत्त्व देते हैं। फिर आप अपनी टीम के लोगों को इन बातों के लिए पुरस्कृत करने का निर्णय लें और अपनी सूची में व्यक्तिगत विकास को अवश्य शामिल करें। आप पाएँगे कि जब आप सही लक्ष्यों को हासिल करने के लिए सकारात्मक पुरस्कार तंत्र स्थापित कर देंगे, तो आपकी टीम के लोग अपने आप सर्वश्रेष्ठ मैनेजर बन जाएँगे और लीडर्स के रूप में विकास कर लेंगे।

उनकी इतनी परवाह करें कि उनसे आमना-सामना करें

सकारात्मक व्यवहार को पुरस्कृत करने के लिए कोशिश की ज़रूरत होती है, परंतु ऐसा करना काफ़ी आसान होता है। नकारात्मक व्यवहार से निबटना ज़्यादा मुश्किल होता है। कई लोग आमना-सामना करने (confrontation) से बचते हैं। कुछ को डर होता है कि ऐसा करने पर उन्हें नापसंद किया जाएगा और नकार दिया जाएगा। दूसरी ओर कई लोगों को यह डर होता है कि जिसका वे सामना करने वाले हैं, उसे गुस्सा आ जाएगा और उसमें द्वेष उत्पन्न हो जाएगा, जिससे स्थिति और बिगड़ जाएगी। परंतु जब किसी व्यक्ति का व्यवहार अनुचित हो, तो *आमना-सामना करने से बचने पर स्थिति और बिगड़ जाती है।*

सबसे पहले तो संगठन को नुक़सान होता है, क्योंकि व्यक्ति इसके सर्वश्रेष्ठ हित में काम नहीं कर रहा है। दूसरे, आपको नुक़सान होता है

क्योंकि व्यक्ति की कमियाँ आपकी प्रभावकारिता को कम कर रही हैं। और अंत में, अगर कोई व्यक्ति अनुचित व्यवहार कर रहा हो और उसे बताया नहीं जाए, तो आप उसे सीखने के एक महत्त्वपूर्ण अवसर से वंचित कर रहे हैं तथा उसकी विकास की प्रक्रिया को रोक रहे हैं। जब भी लीडर आमना-सामना करने से बचे, तो उसे ख़ुद से यह पूछना चाहिए कि क्या वह अपने संगठन के हित में ऐसा कर रहा है या फिर अपने हित में। अगर वह ऐसा ख़ुद के हितों के लिए कर रहा है, तो वह स्वार्थपूर्ण उद्देश्य से काम कर रहा है।

जब आमना-सामना (confrontation) सर्वश्रेष्ठ रूप में किया जाता है, तो दोनों पक्षों की जीत की स्थिति होती है। इस देश में हमारी मानसिकता इस तरह की बना दी गई है कि हम सोचते हैं कि संघर्ष में हमेशा एक व्यक्ति जीतता है और दूसरा हारता है। दोनों पक्षों की जीत की स्थिति उत्पन्न करने के लिए हमें सही नज़रिये से आमना-सामना करना चाहिए। आमना-सामना करने को आप इस रूप में देखें कि इससे आप अपनी टीम के लोगों की मदद कर रहे हैं और उनका विकास कर रहे हैं। कभी भी गुस्से में या अपनी शक्ति दिखाने के लिए आमना-सामना नहीं करें। इसे सम्मान से करें और सामने वाले व्यक्ति के सर्वश्रेष्ठ हितों को ध्यान में रखते हुए करें। यहाँ दस मार्गदर्शक सिद्धांत दिए जा रहे हैं, जिनका प्रयोग मैं यह सुनिश्चित करने के लिए करता हूँ कि मैं इस काम को उचित तरीक़े से कर रहा हूँ या नहीं :

जितनी जल्दी हो सके, आमना-सामना करें

मैं जितना ज़्यादा इंतज़ार करूँगा स्थिति और बिगड़ती जाएगी। तत्काल आमना-सामना करने का एक और लाभ यह होता है कि मुझे उस व्यक्ति के साथ पुरानी बातों पर विस्तार से बहस करने की ज़रूरत नहीं होती है।

व्यक्ति को ग़लत कार्य से अलग रखें

मुझे व्यक्ति से दिक़्क़त नहीं होती है, उसके ग़लत काम से दिक़्क़त होती है, इसलिए मैं कार्य के आधार पर आमना-सामना करता हूँ। मुझे व्यक्ति को समर्थन और प्रोत्साहन देना जारी रखना चाहिए।

सिर्फ़ उसी चीज़ के बारे में आमना-सामना करें, जिसे वह व्यक्ति बदल सकता हो

अगर मैं किसी व्यक्ति को कोई ऐसी चीज़ बदलने के लिए कहूँ, जिसे वह बदल ही नहीं सकता हो, तो इससे वह कुंठित हो जाएगा और हमारे संबंध तनावपूर्ण बन जाएँगे।

सामने वाले को संदेह का लाभ दें

मैं हमेशा इस धारणा से शुरू करता हूँ कि लोगों के उद्देश्य सही हैं। मैं उन्हें संदेह का लाभ देता हूँ - ख़ास तौर पर उन क्षेत्रों में, जहाँ व्याख्या की गुंजाइश हो या जो स्पष्ट नहीं हों।

बिलकुल स्पष्ट रहें

मैं जिस व्यक्ति का आमना-सामना कर रहा हूँ, वह उसी चीज़ को बदल सकता है, जिसे स्पष्टता से बताया जाए। अगर मैं स्पष्टता से नहीं बता सकता, तो हो सकता है कि मेरी धारणा ही ग़लत हो।

ताने नहीं मारें

ताने मारने से यह लगता है कि आप लोगों के कार्यों से नहीं, बल्कि लोगों से गुस्सा हैं। इसलिए आमना-सामना करते समय मैं ताना मारने से बचता हूँ।

"हमेशा" और *"कभी नहीं"* जैसे शब्दों में परहेज़ करें

जब मैं किसी व्यक्ति से यह कहता हूँ कि वह उस व्यवहार को *कभी नहीं* करे, तो मैं उसे बिना सोचे-समझे एक नियम से बाँध देता हूँ, उन स्थितियों में भी जब यह सबसे अच्छा काम नहीं हो। इसे बजाय मुझे उसे अपने विवेक का इस्तेमाल करने के लिए प्रोत्साहित करना चाहिए, ताकि वह सही सिद्धांतों के आधार पर किसी भी स्थिति में सही काम कर सके।

व्यक्ति को बता दें कि ग़लत काम के बारे में आप कैसा महसूस करते हैं

अगर व्यक्ति के कार्यों से मुझे कष्ट पहुँचा है, तो मैं उसे तत्काल सीधे-सीधे

वहीं बता देता हूँ। मैं बाद में अपने दिल का गुबार निकालने के लिए इतिहास के पन्ने नहीं पलटना चाहता।

व्यक्ति को समस्या सुलझाने की योजना बताएँ

मैं हमेशा चाहता हूँ कि लोग असफल नहीं, बल्कि सफल हों। अगर मैं समस्या को सुलझाने में उसकी मदद कर सकता हूँ, तो हर व्यक्ति की जीत होगी।

व्यक्ति और मित्र के रूप में उसे मान्यता दें

मैं उसी तरीक़े से आमना-सामना करता हूँ, जिस तरीक़े से मैं सैंडविच बनाता हूँ। मैं आमना-सामना करने को गोश्त की तरह बीच में रखता हूँ। उसके दोनों तरफ़ मैं प्रशंसा और प्रोत्साहन रखता हूँ।

सकारात्मक आमना-सामना करना इस बात की निशानी है कि आप सामने वाले की परवाह करते हैं और आपके दिल में उसके सर्वश्रेष्ठ हित हैं। जब भी आप अपने लोगों से आमना-सामना करके उनकी समस्याओं को सुलझाते हैं, तो आप उन्हें विकास करने का अवसर प्रदान करते हैं।

सकारात्मक आमना-सामना करना इस बात की निशानी है कि आप सामने वाले की परवाह करते हैं।

कठोर निर्णय लें

दूसरे अध्याय में मैंने बताया था कि विकास को प्रोत्साहित करने वाला माहौल बनाने के लिए लीडर्स को कठोर निर्णय लेने के लिए तैयार रहना चाहिए। इन मुश्किल निर्णयों में कर्मचारियों को निकालने के निर्णय लेना भी शामिल है। बहरहाल, लीडर्स की विकास प्रक्रिया के दौरान भी आपको कुछ कठोर निर्णय लेने होते हैं।

लोग विकास के मामले में अलग-अलग तरीक़े से प्रतिक्रिया करते हैं। मैंने व्यक्तिगत अनुभव में पाया है कि हर व्यक्ति विकास के इन छह क्षेत्रों में से किसी एक स्तर पर विकास करता है :

पहला स्तर : धीमा विकास

कुछ लोग बहुत धीमी गति से विकास करते हैं और उनके विकास में दिशा नहीं होती है। ये लोग इतनी धीमी गति से सुधार करते हैं कि यह सुधार नज़र ही नहीं आता है। हो सकता है कि वे अपने काम में निपुण हों, परंतु वे कभी उभरकर सामने नहीं आ पाते हैं।

दूसरा स्तर : विकास उन्हें सक्षम बनाता है

कई लोग ग़लती से यह मान लेते हैं कि अपने काम को अच्छी तरह से करना ही उनके विकास का अंतिम लक्ष्य है। ऐसा नहीं है। अच्छे विकासकर्ता या व्यक्तिगत विकास की प्रबल इच्छा के बिना बहुत से लोग विकास की प्रक्रिया में यहीं पर रुक जाते हैं।

तीसरा स्तर : विकास उन्हें स्वयं को बहुगुणित करने में समर्थ बनाता है

विकास के इस स्तर पर लोग अपने मूल्य में वृद्धि करते हैं, क्योंकि वे अपनी विशेषज्ञता के क्षेत्र में दूसरों को प्रशिक्षित करने में समर्थ हैं। जो लोग तकनीकी रूप से सशक्त होते हैं, परंतु जिनमें लीडरशिप की योग्यताएँ कम होती हैं, वे ऐसा करने में समर्थ होते हैं। प्रबल लीडरशिप योग्यताओं वाले दूसरे लोग यह कर सकते हैं, भले ही उनकी तकनीकी योग्यताएँ कम हों। जो लोग दोनों क्षेत्रों में सशक्त होते हैं, वे अक्सर अगले स्तर तक आगे बढ़ जाते हैं।

चौथा स्तर : विकास उन्हें ऊँचे स्तर वाले काम तक ले जाता है

तीसरे स्तर से चौथे स्तर तक की छलाँग मुश्किल होती है। इसके लिए यह ज़रूरी होता है कि लोग व्यक्तिगत और व्यावसायिक दोनों ही दृष्टियों से विकास करने हेतु स्वयं को समर्पित करने के लिए तैयार हों। जब वे अपनी सोच और अनुभव को व्यापक बना लेते हैं, तो वे ज़्यादा सक्षम बन जाते हैं और अपने संगठन तथा लीडर्स के लिए अधिक मूल्यवान भी बन जाते हैं।

पाँचवाँ स्तर : विकास उन्हें दूसरों को ज़्यादा ऊँचाई पर ले जाने में समर्थ बनाता है

इस स्तर पर महान लीडर उभरते हैं। वे दूसरों के सच्चे विकासकर्ता होते हैं और वे सिर्फ़ अपने लीडर्स तथा संगठनों के मूल्य में वृद्धि ही नहीं करते हैं - वे इसे *बहुगुणित* करते हैं।

छठवाँ स्तर : विकास उन्हें किसी भी काम को करने में समर्थ बनाता है

इस स्तर तक विकास करने वाले लोग बिरले ही हैं। अगर आपने लोगों को इस स्तर तक लाने में मदद की है, तो उनके साथ सर्वाधिक प्रेम और सम्मान से व्यवहार करें। वे ऐसे लीडर्स है, जो कहीं भी सफल हो सकते हैं। उनके पास ऐसी योग्यताएँ व दक्षताएँ हैं, जो किसी विशिष्ट क्षेत्र या उद्योग तक सीमित नहीं हैं। आपके जीवन काल में अगर ईश्वर आपको ऐसे एक या दो व्यक्ति प्रदान करता है, तो आपमें प्रबल सामूहिक क्षमता होगी, जो आपकी व्यक्तिगत क्षमताओं से कहीं आगे जाकर प्रभाव छोड़ सकती है।

अगले पृष्ठ पर दिए गए चित्र पर नज़र डालें। जैसा कि आप देख सकते हैं, हर स्तर पर लोगों के समूह को एक गोले द्वारा दर्शाया गया है। स्तर जितना ऊँचा होगा, वहाँ पर उतने ही कम लोग होंगे। आप यह भी पाएँगे कि स्तर बढ़ने के साथ हर छलाँग ज़्यादा मुश्किल होती जाती है। हर ऊँचे स्तर पर पहले वाले स्तर से ज़्यादा संकल्प, समर्पण और लगन की ज़रूरत होती है।

मैंने मुश्किल निर्णयों का ज़िक्र इसलिए किया है, क्योंकि आप जिन व्यक्तियों का विकास कर रहे हैं, उनमें से प्रत्येक के बारे में आपको कठोर निर्णय लेने होंगे, सिर्फ़ छठे स्तर तक पहुँचने वाले व्यक्ति को छोड़कर। जब आप लोगों का विकास करते हैं, तो आप हर व्यक्ति से उस स्तर पर मिलते हैं, जहाँ पर वह होता है, आम तौर पर पहले स्तर पर। इसके बाद आप अपनी यात्रा शुरू करते हैं। आपका काम यह है कि जब तक वह व्यक्ति आगे बढ़ना और विकास करना चाहे, तब तक आप उसके साथ चलें और उसकी मदद करें। जब वह आगे बढ़ना बंद कर दे, तब आपको कठोर निर्णय लेना पड़ता है - आपको उस व्यक्ति को पीछे छोड़ना होता है। हो

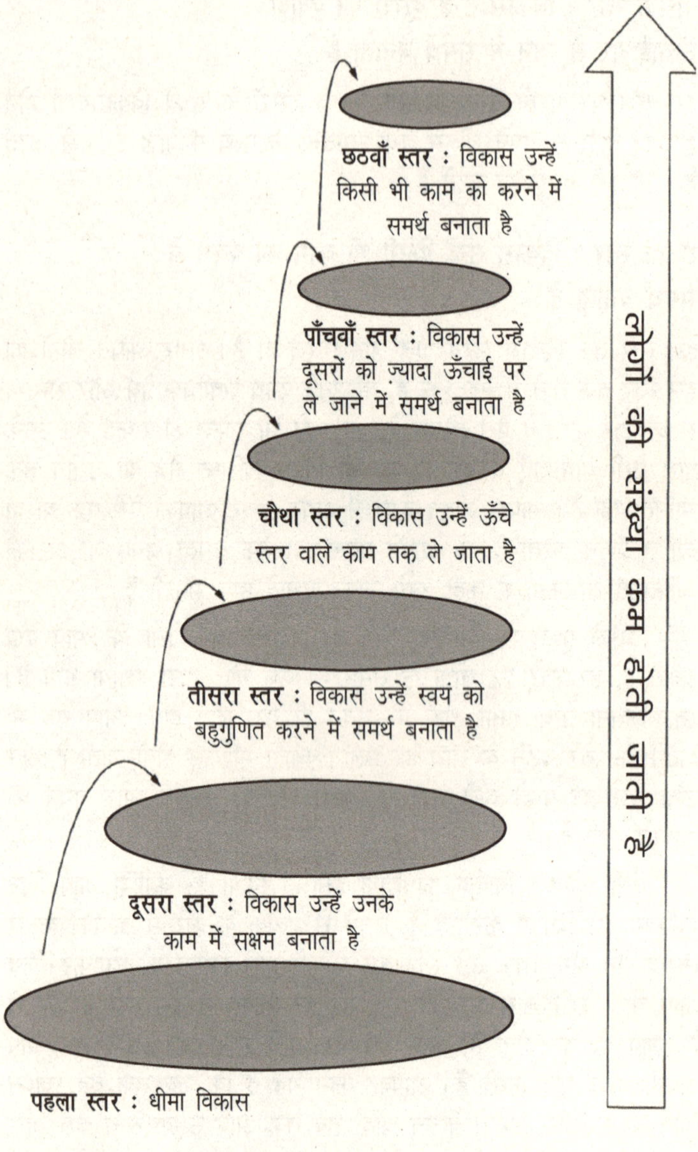

विकास के हर स्तर पर लोगों का समूह

सकता है कि आप उससे संबंध बनाए रखें, परंतु अब आप उसका विकास करना छोड़ देते हैं।

लोगों के विकासकर्ता के रूप में यह बहुत मुश्किल काम होता है। हम लोगों को इतना ज़्यादा समय, ध्यान और अहमियत देते हैं कि किसी को पीछे छोड़ना अपने किसी बच्चे को छोड़ने की तरह मुश्किल होता है, परंतु आप किसी को सबसे ऊँचे स्तर तक विकास करने के लिए बाध्य नहीं कर सकते। आपको उस व्यक्ति को उसी के स्तर पर छोड़ने का कठोर निर्णय लेना होता है। यह मुश्किल होता है, परंतु लोगों का विकास करने के लिए यह क़ीमत आपको चुकानी ही पड़ती है।

व्यक्तिगत रूप से सुरक्षित महसूस करें

लोगों का महान विकासकर्ता होने के लिए आपको व्यक्तिगत रूप से सुरक्षित महसूस करना चाहिए, क्योंकि अपनी टीम के लोगों को उनकी क्षमता की ऊँचाई तक ले जाने का मतलब यह हो सकता है कि वे आपसे आगे निकल जाएँ। जैसा मैंने पहले अध्याय में बताया है, एन्ड्रयू कारनेगी चाहते थे कि उन्हें याद करते हुए यह कहा जाए, "यहाँ वह व्यक्ति लेटा है, जो इतना बुद्धिमान था कि वह अपने से ज़्यादा ज्ञानी लोगों को अपनी सेवा में लाया।" ऐसा करने के लिए बहुत ही सुरक्षित महसूस करने की ज़रूरत होती है, क्योंकि अगर यह मानसिकता नहीं होगी, तो हो सकता है कि आप अपनी टीम के लोगों का विकास करने के बजाय उनसे प्रतियोगिता करने लगें।

जब आप अपने आसपास के लोगों का नेतृत्व और विकास करने की तैयारी करें, तो मैं चाहूँगा कि आप हार्वे फ़ायरस्टोन की यह बात याद रखें : "जब हम दूसरों का विकास करते हैं, सिर्फ़ तभी हम स्थायी रूप से सफल होते हैं।" हम जीवन में प्रतिष्ठा के जो प्रमाणपत्र हासिल करते हैं, वे धूमिल पड़ जाएँगे। जो स्मारक हम बनाते हैं, वे ढह जाएँगे। ट्रॉफ़ियों में ज़ंग लग जाएगी। परंतु हम दूसरों के लिए जो करते हैं, उसका हमारी दुनिया पर स्थायी प्रभाव पड़ेगा।

❖ ❖ ❖

7

लीडर का सर्वोच्च लाभ

लीडर्स की ड्रीम टीम बनाना

प्रोफ़ेशनल खिलाड़ियों से लेकर जूनियर हाई बैंड तक जो भी व्यक्ति किसी टीम में रहा है, वह जानता है कि सफल टीम का सदस्य बनना जीवन के सर्वश्रेष्ठ अनुभवों में से एक होता है। उस पर से अगर टीम सही हो, तो यह सबसे सशक्त अनुभवों में से भी एक होता है।

सबसे पहले तो हम यह जान लें कि टीम क्या होती है? हम जानते हैं कि यह सिर्फ़ लोगों का समूह भर नहीं होती है। यह इससे ज़्यादा होती है। अगर टीम का मतलब सिर्फ़ लोगों का समूह ही होता, तो ट्रॉली बस स्टॉप पर ट्रॉली बस का इंतज़ार कर रहे लोग टीम बना सकते थे, परंतु उनसे टीम नहीं बनती है। मैं यहाँ यह जोड़ना चाहता हूँ कि टीम बनाने के लिए समूह के पास एक *साझा लक्ष्य* होना चाहिए, हालाँकि यह भी पर्याप्त नहीं है। ट्रॉली बस स्टॉप पर ट्रॉली बस का इंतज़ार कर रहे लोगों के पास गंतव्य स्थल तक पहुँचने का साझा लक्ष्य होता है। साझे लक्ष्य से उन्हें कुछ मदद तो मिलेगी, परंतु यह टीम बनाने के लिए पर्याप्त नहीं होगा। उनमें *सहयोग* होना चाहिए, परंतु एक बार फिर यह कहना होगा कि इससे भी तसवीर पूरी नहीं होती है। इसमें *संप्रेषण* भी जोड़ दें, क्योंकि *संप्रेषण* के बिना कोई टीम नहीं बनती है।

आइए एक बार फिर उन लोगों की तरफ़ देखें, जो ट्रॉली बस के आने का इंतज़ार कर रहे हैं। हम यह पता लगाते हैं कि सामान्य समूह और

टीम के कार्य करने में किस तरह का फ़र्क़ होता है। मान लें कि यह एक गर्म और उमस भरा दिन है। स्टॉप पर सूट पहने कुछ बिज़नेसमैन खड़े हैं, कुछ माँएँ गोद में बच्चे लिए हैं, कुछ मज़दूर हैं और कुछ बेघरबार लोग हैं। आख़िरकार, एक भीड़ भरी ट्रॉली बस स्टॉप पर आकर रुकती है। जब लोग देखते हैं कि ट्रॉली बस ठसाठस भरी है, तो वे धक्का-मुक्की करने लगते हैं। हर व्यक्ति जगह की तलाश में इधर-उधर भागने लगता है। बच्चों की माँ अपना सर्वश्रेष्ठ प्रयास करती है कि अपने चार बच्चों को ट्रॉली बस के किसी दरवाज़े से भीतर धकेल दे, परंतु उसे अपने सभी बच्चों को अंदर ले जाने लायक़ जगह नहीं मिलती है। जब तक वह दूसरे दरवाज़े तक पहुँचती है, तब तक दरवाज़े बंद हो जाते हैं और ट्रॉली बस चल दती है। उसे अगली ट्रॉली बस के लिए तीस मिनट तक इंतज़ार करना पड़ेगा।

वही ट्रॉली बस अगले स्टॉप पर रुकती है। वहाँ पर हाई स्कूल के बारह बेसबॉल खिलाड़ी हैं, जो अपने कोच के साथ जा रहे हैं। जब वे देखते हैं कि ट्रॉली बस में भीड़ है, तो वे भी चढ़ने की तैयारी करते हैं। एक खिलाड़ी चिल्लाता है, "मैं पहले डिब्बे में जाकर देखता हूँ कि वहाँ जगह है या नहीं।" दूसरा कहता है, "मैं आख़िरी डिब्बे में देखता हूँ।" कोच दरवाज़े को पकड़कर खुला रखता है, क्योंकि वह जानता है कि जब तक एक भी दरवाज़ा खुला है, तब तक ट्रॉली बस नहीं चल सकती। आख़िरी डिब्बे का खिलाड़ी चिल्लाता है, "यहाँ पर जगह है" और वह दरवाज़े को खोले रखता है। दूसरा खिलाड़ी टीम के उस साथी को खोजने जाता है, जो आगे वाले डिब्बे में जगह ढूँढ़ने गया था। जब वे आख़िरी डिब्बे में इकट्ठे होते हैं, तो कोच उनकी गिनती करता है, ताकि यह सुनिश्चित कर सके कि टीम के सब लोग चढ़ गए हैं।

हालाँकि टीमवर्क बहुत महत्त्वपूर्ण होता है और किसी भी संगठन की सफलता में यह सशक्त भूमिका निभा सकता है, परंतु कई लीडर्स अपने कर्मचारियों को कभी यह नहीं सिखाते हैं कि टीम के रूप में काम कैसे किया जाए। मैनेजमेंट परामर्शदाता केनेथ ब्लैंचर्ड का निष्कर्ष है :

> जब मैं राष्ट्रीय स्तर की कंपनियों में काम करता हूँ, तो मैं अक्सर लोगों से पूछता हूँ कि वे अपने कितने प्रतिशत समय समूहों में बिताते हैं। हालाँकि मैनेजर बताते हैं कि आम तौर पर उनका 60 से 90 प्रतिशत समय सामूहिक गतिविधियों में लगता है, परंतु वे

> यह भी कहते हैं कि उन्हें समूह में अच्छी तरह काम करने के लिए आवश्यक योग्यताओं का प्रशिक्षण ही नहीं दिया जाता है या बहुत ही कम प्रशिक्षण दिया जाता है। बहुत कम कंपनियाँ हैं, जो इस महत्त्वपूर्ण योग्यता के प्रशिक्षण पर ध्यान केंद्रित करती हैं।

कई लीडर्स सोचते हैं कि टीम बनाने और टीमवर्क से सिर्फ़ खेल में ही लाभ होता है। उन्हें यह अहसास नहीं होता कि वे अपने संगठन में भी टीम बना सकते हैं। वे यह भी नहीं जानते हैं कि ऐसा कैसे किया जा सकता है।

लीडर्स का विकास करना अद्भुत होता है। इससे संतुष्टि मिलती है और इसके बहुत से लाभ होते हैं, परंतु लीडर्स की टीम तैयार करना तो जैसे अविश्वसनीय है। कोई भी अच्छी टीम हमेशा उसके व्यक्तिगत सदस्यों के योग से ज़्यादा बड़ी होती है और *लीडर्स* की टीम तो अपनी प्रभावकारिता को कई गुना बढ़ा लेती है। सही लीडर्स को अगर टीम में एक साथ लाया जाए, तो ऐसा कुछ नहीं है, जिसे वे हासिल नहीं कर सकते। जो भी लीडर्स का विकास कर रहा है, वह उन्हें एक टीम के रूप में भी विकसित करता है। यही सबसे बड़ा विकास-संबंधी कार्य है, जिससे सबसे ज़्यादा लाभ होगा।

ड्रीम टीम के गुण

लोगों के विकास और टीम निर्माण संबंधी अपने वर्षों के अनुभव में मैंने पाया है कि सभी सफल टीमों में कुछ साझे गुण होते हैं। अगर टीम के लीडर या कोच के रूप में आप अपने लीडर्स के समूह में इन गुणों को विकसित कर सकें, तो वे टीम के रूप में तैयार हो जाएँगे और यह टीम ऊँची इमारतें लाँघ सकती है या कोई भी अन्य अपेक्षित कार्य कर सकती है। ये गुण इस प्रकार हैं :

टीम के सदस्य एक-दूसरे का ध्यान रखते हैं

सभी महान टीमें इस गुण से शुरू होती हैं। यह वह नींव है, जिस पर हर चीज़ खड़ी होती है। जो टीमें आपस में नहीं जुड़ पाती हैं, वे ऊँचाई पर भी नहीं पहुँच पाती हैं। क्यों? क्योंकि वे कभी संयुक्त इकाई नहीं बन पाती हैं।

इस गुण के बारे में बहुत से लोगों ने लिखा है। साउथ कैरोलिना के फ़ुटबॉल कोच लाउ हॉल्ट्ज ने बहुत बढ़िया वर्णन में कहा है कि उन्होंने एक बार टी.वी. पर एक कार्यक्रम देखा था, जिसमें यह पता लगाया गया कि लोग अपने देश की ख़ातिर जान क्यों देते हैं। इस कार्यक्रम में अमेरिकी नौसेना, फ़्रांसीसी सेना और ब्रिटिश कमांडोज का अध्ययन किया गया था। इसका निष्कर्ष यह था कि लोग अपने देश की ख़ातिर इसलिए जान देते हैं, क्योंकि उनके मन में अपने साथियों के लिए प्रेम होता हैं। इस शो में एक सैनिक का इंटरव्यू लिया गया। यह सैनिक युद्ध में घायल हो गया था और अस्पताल में इलाज करवा रहा था। तभी उसने सुना कि उसकी यूनिट एक ख़तरनाक अभियान पर जा रही है। सैनिक अस्पताल से भागकर अपनी यूनिट के साथ उस अभियान पर गया और दुबारा घायल हो गया। जब इससे पूछा गया कि उसने ऐसा क्यों किया, तो उसने जवाब दिया कि जब आप अपने साथियों के साथ काम करते और रहते हैं, तो जल्दी ही आपको यह अहसास हो जाता है कि आपकी ज़िंदगी एक-दूसरे पर निर्भर करती है।

जो टीमें आपस में नहीं जुड़ पाती हैं, वे ऊँचाई पर भी नहीं पहुँच पाती हैं।

टीम के सफल होने के लिए टीम के सदस्यों को एक-दूसरे की परवाह करना चाहिए। जब टीम का कोई सदस्य किसी दूसरे के बारे में परवाह नहीं करता और सिर्फ़ अपनी परवाह करता है, तो पूरी टीम को कष्ट होता है। टीम की परवाह नहीं करने की बात से मुझे एक कहानी के दो लोग याद आ जाते हैं : एक बार एक जहाज़ डूब गया। दो आदमी एक लाइफ़बोट के एक सिरे पर हाथ पर हाथ धरे बैठे थे। वे ध्यान से देख रहे थे कि नाव के दूसरे सिरे के लोग तेज़ी से पानी बाहर निकाल रहे थे। उनमें से एक आदमी दूसरे से बोला, "भगवान का शुक्र है कि छेद नाव के *हमारी* तरफ़ वाले सिरे में नहीं हुआ!"

मैंने पाया है कि टीम के सदस्यों से एक-दूसरे की परवाह कराने का बहुत अच्छा तरीक़ा यह है कि उन्हें ऑफ़िस के बाहर मिलने-जुलने का मौक़ा दिया जाए, ताकि उनमें संबंध विकसित हों। हर साल हमारे संगठन में हम रिट्रीट और अन्य कार्यक्रम आयोजित करते हैं, ताकि हमारी टीम के लोग सामाजिक माहौल में एक साथ रह सकें। उस दौरान हम यह भी सुनिश्चित

करते हैं कि वे अपना कुछ समय स्टाफ़ के उन सदस्यों के साथ भी बिताएँ, जिन्हें वे बहुत अच्छी तरह नहीं जानते हैं। इस तरह से वे न सिर्फ़ संबंध बनाते हैं, बल्कि उन्हें गुट बनाने से भी रोका जाता है।

टीम के सदस्य जानते हैं कि क्या महत्त्वपूर्ण है

टीम अनुभव के बारे में मुझे एक ख़ास चीज़ यह अच्छी लगती है कि टीम एक यूनिट के रूप में काम करती है। इसके सभी हिस्सों का एक साझा लक्ष्य और उद्‌देश्य होता है। यह गुण तभी विकसित होता है, जब टीम का हर सदस्य जानता हो कि टीम के लिए क्या महत्त्वपूर्ण है। पिछले गुण की तरह ही यह गुण भी टीम के निर्माण की नींव है। इसके बिना टीम के सदस्य कभी सचमुच इकट्‌ठे काम नहीं कर सकते।

बास्केटबॉल जैसे खेल में टीम के सभी खिलाड़ी यह बात जानते हैं कि स्कोर करना महत्त्वपूर्ण है। जब कोई टीम विपक्षी टीम की तुलना में ज़्यादा स्कोर करती है, तो वह जीत जाती है। चूँकि टीम के सदस्य यह बात जानते हैं, इसलिए वे स्कोर करने की अपनी क्षमता को सुधारने और उसे उत्कृष्ट बनाने में अपना समय लगाते हैं। उनका पूरा ध्यान इसी बात पर रहता है। इसके विपरीत, कई संगठनों में टीम के सदस्यों को यह पता ही नहीं होता कि "स्कोर करने" का अर्थ क्या है। हो सकता है उनके पास कर्तव्यों की सूची हो, परंतु वे यह नहीं जानते हैं कि उनके कर्तव्यों से उनकी टीम के स्कोर करने का क्या संबंध है। यह तो उरा तरह का बास्केटबॉल खिलाड़ी होना है, जो यह तो जानता हो कि किस तरह गेंद को छीना जाता है, ड्रिबलिंग की जाती है, पास दिया जाता है या गेंद को उछाला जाता है, परंतु यह नहीं जानता हो कि इस सब कुशलताओं का प्रयोग करके गेंद को बास्केट में कैसे डाला जाता है। जब तक यह ज्ञान नहीं होगा, हर बार गेंद मिलने पर वह खिलाड़ी तब तक ड्रिबलिंग करता रहेगा, जब तक कि खेल ख़त्म करने वाली घंटी नहीं बज जाए। हो सकता है कि वह खिलाड़ी दुनिया में गेंद को सबसे अच्छी तरह ड्रिबल कर लेता हो, यह भी हो सकता है कि गेंद के साथ उसके करतबों से दर्शकों को बहुत मज़ा आए, परंतु जब भी उसे गेंद मिलेगी, तो उसकी टीम स्कोर नहीं कर पाएगी और मैच भी नहीं जीत पाएगी। दूसरी तरफ़, अगर वह यह बात जानता हो कि ड्रिबलिंग करना टीम के स्कोर करने में सिर्फ़ एक सहायक साधन है, तो उसका नज़रिया,

कार्य और प्रभाव नाटकीय रूप से बदल जाएगा और इस परिवर्तन की वजह से पूरी टीम सफल हो जाएगी।

अभी आपने देखा कि अगर बास्केटबॉल टीम के सिर्फ़ एक खिलाड़ी को यह मालूम नहीं हो कि टीम के लिए क्या महत्त्वपूर्ण है तो क्या हो सकता है। इससे वह अप्रभावकारी बन जाता है। जब वह मैदान में होता है, तो टीम के लिए सफल होना असंभव हो जाता है। यही बात किसी संगठन में भी लागू होती है। टीम का जो सदस्य यह नहीं जानता हो कि टीम के लिए क्या महत्त्वपूर्ण है, वह न सिर्फ़ टीम के प्रति योगदान नहीं देता, *बल्कि टीम को सफलता पाने से भी रोकता है।* इसलिए टीम के लीडर के लिए यह जानना अनिवार्य है कि टीम के लिए क्या महत्त्वपूर्ण है। साथ ही यह जानकारी अपनी टीम के सदस्यों तक पहुँचाना भी उतना ही अनिवार्य है।

टीम के सदस्य एक-दूसरे के साथ संप्रेषण करते हैं

किसी प्रभावकारी टीम का तीसरा आधारभूत गुण संप्रेषण है। जिस तरह टीम के लीडर के लिए सदस्यों को यह बताना महत्त्वपूर्ण है कि टीम के लिए क्या महत्त्वपूर्ण है, उसी तरह टीम के सदस्यों को भी एक-दूसरे के साथ संप्रेषण करना चाहिए। इसके बिना खिलाड़ी मिलकर काम करने के बजाय एक-दूसरे के विरोध में काम करते रहेंगे। महत्त्वपूर्ण काम अधूरे रह जाएँगे और टीम के सदस्य यह भी देख सकते हैं कि कामों का दोहराव हो गया है।

जिसने भी बास्केटबॉल खेली है, वह इस स्थिति से परिचित होगा, जब दो खिलाड़ी किसी रिबाउंड का पीछा करते हैं। वे एक-दूसरे से गेंद छीनने की कोशिश करते हैं, परंतु कुछ समय बाद उन्हें पता चलता है कि वे तो एक ही टीम के हैं। जिस टीम के खिलाड़ी एक-दूसरे के साथ संप्रेषण करते हैं, उसका तीसरा खिलाड़ी चिल्लाकर कहेगा, "अपनी ही टीम!" ताकि एक-दूसरे से गेंद छीनने की कोशिश में दूसरे टीम उनसे गेंद नहीं छीन ले। टीम में संप्रेषण इसी प्रकार होता है : सदस्य एक-दूसरे को यह बता देते हैं कि क्या हो रहा है, ताकि टीम के सर्वश्रेष्ठ हितों की रक्षा हो सके।

यही संगठनों के बारे में भी सच है। यहाँ भी स्पष्ट और औपचारिक संप्रेषण होना चाहिए, परंतु इससे भी महत्त्वपूर्ण यह है कि सकारात्मक संप्रेषण का माहौल बनाया जाए और इसे नियमित रूप से प्रोत्साहित किया जाए। टीम

के सदस्यों को यह महसूस कराया जाना चाहिए कि वे एक ऐसे माहौल में हैं, जहाँ सुझाव देना या आलोचना करना सुरक्षित है, जहाँ सहयोग की भावना के साथ सूचना का मुक्त आदान-प्रदान किया जा सकता है और नकारात्मक आलोचना के बिना विचार-विमर्श संभव है। टीम के सदस्यों के बीच खुले संप्रेषण से उत्पादकता बढ़ती है और अच्छे परिणाम मिलते हैं।

टीम के सदस्य एक साथ विकसित होते हैं

टीम के सदस्य जब एक-दूसरे की परवाह करने लगते हैं, जब उनका एक साझा लक्ष्य होता है, जब वे एक-दूसरे के साथ संप्रेषण करने लगते हैं, तो वे विकास करने के लिए तैयार होते हैं। टीम में व्यक्ति का विकास काफ़ी हद तक वैवाहिक जीवन में व्यक्ति के विकास की तरह होता है। इसके बिना टीम और इसके सदस्यों में सुधार नहीं होता, परंतु वैवाहिक जीवन की तरह ही विकास के दौरान साझे अनुभव और संप्रेषण होने चाहिए, ताकि टीम के सदस्य एक-दूसरे से जुड़े रह सकें। जब वैवाहिक जीवन में विकास साझा नहीं होता है, तो अंततः दो लोगों का जीवन एक-दूसरे से अलग विकसित होता है। वे एक टीम के रूप में काम नहीं कर पाते हैं। अगर इस तरह से काम करते हुए ज़्यादा लंबा समय गुज़र जाता है, तो वे अलग-अलग दिशाओं में बहुत आगे पहुँच जाते हैं और एक-दूसरे से बिलकुल अलग रास्तों पर पहुँच जाते हैं। इस स्थिति में एक को यह पता ही नहीं होता कि दूसरा क्या कर रहा है। अंततः वे एक-दूसरे की परवाह नहीं करेंगे, उनके लक्ष्य भिन्न होंगे और वे संप्रेषण करना बंद कर देंगे। इस बात की संभावना है कि उनकी टीम टूट जाएगी।

किसी संगठन में टीम के विकास को एकजुट रखना टीम के लीडर की ज़िम्मेदारी है। उसे यह सुनिश्चित करना चाहिए कि उसके कर्मचारी व्यक्तिगत और व्यावसायिक दोनों ही दृष्टियों से विकसित हों। इसके अलावा उसे यह भी सुनिश्चित करना चाहिए कि उनका विकास एक साथ यानी टीम के रूप में हो।

अपनी टीम के सदस्यों का विकास करते समय मैं कई विधियाँ अपनाता हूँ। सबसे पहले तो हम नियमित आधार पर यानी महीने में कम से कम एक बार इकट्ठे सीखते हैं। इस तरीक़े से मुझे यह *मालूम हो जाता है* कि संगठन के हर व्यक्ति को कुछ चीज़ें मालूम हैं। एक साथ इन चीज़ों को

सीखने का साझा अनुभव होता है, भले ही सीखने वालों का पद या ज़िम्मेदारी कुछ भी हो।

दूसरी बात, मैं नियमित रूप से सीखने वालों की छोटी-छोटी टीमें बनाता हूँ। समय-समय पर हमारे पास तीन-चार लोगों का समूह किसी ऐसे प्रोजेक्ट पर इकट्ठे काम करता है, जिसमें उन्हें सीखने की आवश्यकता होती है। इससे वे लोग एक प्रबल बंधन में बँध जाते हैं। इन टीमों के सदस्यों को अदल-बदल कर रखना एक अच्छा विचार है, ताकि अलग-अलग लोग एक साथ काम करना सीख सकें। यह आपको इकट्ठे काम करते समय विभिन्न समूहों की कैमिस्ट्री की जानकारी भी देता है।

अंत में, मैं अक्सर भिन्न-भिन्न लोगों को सम्मेलनों, कार्यशालाओं और सेमिनारों में भेजता हूँ। उनके लौटने पर उनसे कहता हूँ कि वे अपनी सीखी हुई बातें संगठन के दूसरे लोगों को भी सिखाएँ। इससे हर व्यक्ति एक-दूसरे को सिखाने तथा एक-दूसरे से सीखने का आदी हो जाता है। साझे अनुभवों का आदान-प्रदान और संप्रेषण टीम के विकास को बढ़ाने का बहुत अच्छा तरीक़ा है।

टीम के साँचे में ढलना

जब टीम के सदस्य एक-दूसरे की परवाह करते हुए विकास करते हैं और किसी साझे लक्ष्य के लिए काम करते हैं, तो वे एक-दूसरे को बेहतर तरीक़े से जान लेते हैं। वे एक-दूसरे की शक्तियों की सराहना करने लगते हैं और एक-दूसरे की कमज़ोरियों के बारे में भी जान जाते हैं। वे हर खिलाड़ी के अद्भुत गुणों को पहचानने लगते हैं और उनकी सराहना करने लगते हैं। इससे टीम के "साँचे" (team fit) का विकास होता है।

> *टीम के अच्छे साँचे के लिए पार्टनरशिप का नज़रिया ज़रूरी है।*

टीम का साँचा कैसा होगा, यह कई बातों पर निर्भर करता है। इसमें सिर्फ़ विशेष गुणों वाले लोगों का होना ही काफ़ी नहीं होता। हम सबने शायद देखा होगा कि कई टीमें योग्य खिलाड़ियों से भरी थीं, उन्हें मिलकर अच्छा खेलना चाहिए था, परंतु ऐसा नहीं हो पाया। उनमें योग्यता तो थी, परंतु उनकी कैमिस्ट्री सही नहीं थी।

टीम के अच्छे साँचे के लिए पार्टनरशिप का नज़रिया ज़रूरी है। टीम के हर सदस्य को बाक़ी खिलाड़ियों का सम्मान करना चाहिए। उन सबमें टीम के प्रति योगदान देने की इच्छा होना चाहिए और उन्हें हर खिलाड़ी से योगदान की अपेक्षा भी रखना चाहिए। सबसे बड़ी बात यह है कि उन्हें एक-दूसरे पर भरोसा करना सीखना चाहिए। तभी वे एक-दूसरे पर विश्वास कर पाएँगे। इससे वे एक-दूसरे की कमज़ोरियों का लाभ उठाने के बजाय उनकी भरपाई करेंगे। इसी की वजह से टीम का एक सदस्य दूसरे से यह कह सकता है, "तुम जाओ और यह काम करो, क्योंकि तुम इस काम को मुझसे बेहतर तरीक़े से कर सकते हो।" यह कहते समय उसे ज़रा भी संकोच या शोषण का संदेह नहीं होगा। विश्वास के कारण टीम के सदस्य एक इकाई के रूप में काम करते हैं। इसी की बदौलत वे मिलकर महत्त्वपूर्ण लक्ष्य हासिल करते हैं। जब खिलाड़ी एक-दूसरे को जान जाते हैं, एक-दूसरे पर विश्वास करने लगते हैं और एक साँचे में ढल जाते हैं, तो टीम का व्यक्तित्व उभरकर सामने आने लगता है।

विश्वास के कारण टीम के सदस्य एक इकाई के रूप में काम करते हैं।

टीम के सदस्यों को अपने व्यक्तिगत अधिकारों को टीम के सर्वश्रेष्ठ हित से नीचे रखना चाहिए

जब टीम के सदस्य अपनी टीम के लक्ष्यों और एक-दूसरे में सच्चा विश्वास करने लगते हैं, तो वे सच्चा टीमवर्क प्रदर्शित करने की स्थिति में होंगे। आपसी विश्वास की वजह से ही वे अपने व्यक्तिगत अधिकारों को टीम के सर्वश्रेष्ठ हित के अधीन रखेंगे।

इस बात पर ध्यान दें कि मैंने यह कहा है कि टीम के सदस्य सच्चा टीमवर्क प्रदर्शित करने की *स्थिति* में होंगे। इसका आवश्यक रूप से यह मतलब नहीं है कि वे ऐसा करेंगे ही। टीमवर्क के लिए कई चीज़ों की ज़रूरत होती है। सबसे पहली बात, उनके मन में यह सच्चा विश्वास होना चाहिए कि टीम की सफलता का महत्त्व उनके व्यक्तिगत हितों के महत्त्व से अधिक है। वे यह विश्वास तभी कर पाएँगे, जब वे एक-दूसरे की परवाह करेंगे और

जब उनका लीडर प्रभावकारी तरीक़े से यह भविष्य-दृष्टि दे पाएगा कि क्या महत्त्वपूर्ण है। तभी वे यह समझ पाएँगे कि उनकी सफलता टीम की सफलता पर निर्भर करती है।

दूसरी बात, टीम के सदस्य अपने व्यक्तिगत अधिकारी को टीम के सर्वश्रेष्ठ हित के अधीन रखें, इसके लिए व्यक्तिगत त्याग को प्रोत्साहित और पुरस्कृत किया जाना चाहिए - टीम के लीडर द्वारा भी और टीम के बाक़ी सदस्यों द्वारा भी। ऐसा होने पर टीम के सदस्यों का टीम से गहरा जुड़ाव उत्पन्न होगा। इस बिंदु पर वे यह समझ जाएँगे कि व्यक्तिवाद से ट्रॉफ़ियाँ जीती जा सकती हैं, परंतु टीमवर्क से दिल जीते हैं।

व्यक्तिवाद से ट्रॉफ़ियाँ जीती जा सकती हैं, परंतु टीमवर्क से दिल जीते हैं।

टीम का हर सदस्य एक विशेष भूमिका निभाता है

जब टीम का साँचा प्रबल हो जाता है और सभी सदस्य स्वेच्छा से टीम को ऊपर रखना चाहते हैं, तो वे टीम में अपनी भिन्न भूमिकाओं को पहचानने लगते हैं। वे ऐसा इसलिए कर पाते हैं, क्योंकि वे जानते हैं कि जीतने के लिए क्या करना आवश्यक होगा और वे टीम के साथियों की क्षमताओं को भी जानते हैं। इस ज्ञान और टीम लीडर के प्रोत्साहन के साथ लोग खुशी-खुशी उचित भूमिकाएँ निभाने लगते हैं। फ़िलिप वान ऑकेन ने *द वेल-मैनेज्ड मिनिस्ट्री* में इसे *सबसे उपयुक्त स्थान का सिद्धांत (Niche Principal)* कहा है। वे कहते हैं, "जो लोग टीम में विशेष स्थान बना लेते हैं, वे स्वयं को विशेष महसूस करते हैं और एक विशेष तरीक़े से प्रदर्शन करते हैं। टीम में उपयुक्त स्थान पर उपयुक्त खिलाड़ी टीमवर्क को मानवीय बना देते हैं।"

आदर्श स्थिति में हर व्यक्ति की भूमिका उसकी सबसे प्रबल शक्तियों के अनुरूप होना चाहिए। इस तरीक़े से हर व्यक्ति के गुणों को अधिकतम किया जा सकता है, परंतु यह हमेशा इसी तरीक़े से नहीं होता है। चूँकि टीम की सफलता सबसे महत्त्वपूर्ण होती है, इसलिए कई बार टीम के सदस्यों को लचीला भी होना चाहिए। उदाहरण के लिए, बास्केटबॉल के हर सच्चे प्रेमी ने मैजिक जॉनसन का नाम ज़रूर सुना होगा। 1980 के दशक में वे उस

समय की श्रेष्ठ टीम लॉस एंजिल्स लेकर्स के लिए खेलते थे। उनका सबसे बड़ा गुण था, स्कोर करने में सहयोग देने की उनकी क्षमता। वे सही मौक़े पर लगभग अश्विसनीय सा पास दे देते थे, परंतु जॉनसन एक ऐसा खिलाड़ी थे, जो हमेशा टीम की ज़रूरत के हिसाब से भूमिका निभाने के लिए तैयार रहते थे। कई बार वे एन.बी.ए. चैंपियनशिप मैचों में गार्ड, फ़ॉरवर्ड और सेंटर के रूप में भी उतरे। वे शायद ऐसे एकमात्र प्रोफ़ेशनल बास्केटबॉल खिलाड़ी होंगे, जिन्होंने यह किया है।

सबसे महत्त्वपूर्ण बात यह है कि टीम के सभी सदस्यों को ऐसी भूमिका निभानी चाहिए, जो संगठन के लक्ष्यों तथा आवश्यकताओं के अनुरूप तो हो ही, साथ ही उनके अपने व्यक्तिगत गुणों व योग्यताओं के अनुरूप भी हो। अगर किसी भूमिका को निभाया नहीं जाए, तो पूरी टीम को नुक़सान होता है। यह उस तरह की स्थिति हो सकती है, जो मैनेजमेंट परामर्शदाता जेम्स लूकास्जेवस्की ने अपने भाषण में बताई थी :

> एक दिन एक किसान अपने घर के आँगन में बैठा था। उसने देखा कि हाईवे पर एक ट्रक आकर सड़क के किनारे रुका। उसमें से एक आदमी ने उतरकर सड़क के किनारे एक बड़ा गड्ढा खोदा और वापस ट्रक में चला गया। कुछ समय बाद ट्रक से दूसरा आदमी उतरा, उसने गड्ढे को भरा, मिट्टी को समतल किया और ट्रक में चढ़ गया। फिर ट्रक लगभग पचास गज आगे गया और इसी प्रकिया को दोहराया गया - खोदना, इंतज़ार करना और दुबारा भरना। जब यह पाँच-छह बार हो गया, तो किसान ने उनके पास जाकर पूछा, "आप क्या कर रहे हैं?"
>
> ड्राइवर ने कहा, "हम लोग राजमार्ग सौंदर्यीकरण परियोजना का काम कर रहे हैं। जो कर्मचारी पेड़ों को लगाता है, वह आज बीमारी के कारण छुट्टी पर है।"

टीम लीडर्स के रूप में हमें यह पहचानना चाहिए कि लक्ष्य हासिल करने के लिए हमारी टीम के सदस्यों को कौन-सी भूमिका निभाने की ज़रूरत है। और जब हम देखें कि कोई भूमिका निभाई नहीं जा रही है, तो हमें टीम में इस तरह तालमेल बैठाना चाहिए, ताकि काम पूरा हो जाए।

प्रभावकारी टीम के पास अच्छे रिज़र्व खिलाड़ी होते हैं

खेल जगत में रिज़र्व खिलाड़ी टीम के ऐसा संसाधन होते हैं, जिनके महत्त्व को हमेशा कम आँका जाता है। मैदान में उतरने वाले कई खिलाड़ी यह मान लेते हैं कि महत्त्वपूर्ण तो वे हैं और बेंच पर बैठे खिलाड़ियों का कोई ख़ास महत्त्व नहीं है। वे यह मानते हैं कि बेंच पर बैठे खिलाड़ियों के बिना काम चल सकता है। अधिकांश समय बेंच पर बिताने वाले रिज़र्व खिलाड़ी भी अपने योगदान को नहीं समझ पाते हैं। कुछ की तो यह ग़लत धारणा होती है कि उन्हें मैदान में उतरने वाले खिलाड़ियों की तरह तैयार करने की झंझट नहीं उठाना चाहिए, क्योंकि उन्हें मैदान में तो उतरना ही नहीं है, परंतु सच तो यह है कि अच्छे रिज़र्व खिलाड़ी अनिवार्य हैं। अच्छे रिज़र्व खिलाड़ियों के बिना कोई भी टीम कभी सफल नहीं हो सकती।

अच्छे रिज़र्व खिलाड़ियों का टीम के प्रति सबसे बड़ा योगदान होता है - गहराई। खेलों में कई टीमें पूरे सीज़न जीतती रहती हैं, परंतु जब प्रतियोगिता का स्तर ऊँचा हो जाता है और वे राष्ट्रीय टूर्नामेंट में पहुँचती हैं, तो वे टीमें इसमें सफल नहीं हो पातीं, जिनमें गहराई नहीं होती। अगर टीम में अच्छे रिज़र्व खिलाड़ी नहीं हों, तो वह टीम ज़्यादा आगे नहीं जा पाएगी। मैंने आज तक ऐसी कोई चैंपियन टीम नहीं देखी, जिसके पास अच्छे रिज़र्व खिलाड़ी नहीं हों। दरअसल यह पुस्तक अच्छे रिज़र्व खिलाड़ियों को तैयार करने के बारे में ही है : ऐसे लोगों को चुनना, तैयार करना और विकसित करना, जो अपना सर्वश्रेष्ठ प्रदर्शन करें और आवश्यकता पड़ने पर काम को पूरा कर दें।

भिन्न भूमिकाओं में प्रदर्शन कर सकने वाले अच्छे खिलाड़ी रिज़र्व में हों, तो टीम लीडर को निर्णय लेते समय बहुत से विकल्प मिल जाते हैं। उदाहरण के लिए, बास्केटबॉल में कोच यह फ़ैसला कर सकता है कि लंबे खिलाड़ियों वाली किसी विरोधी टीम के ख़िलाफ़ अलग खिलाड़ी उतारे जाएँ, परंतु तेज़ गति से खेलने वाली टीम के ख़िलाफ़ वह अलग खिलाड़ियों की टीम उतार सकता है। कुछ खिलाड़ी रक्षात्मक खेल को बहुत अच्छी तरह से खेल सकते हैं, तो कुछ आक्रामक खेल को ज़्यादा अच्छी तरह से अंजाम दे सकते हैं। टीम का लीडर किन खिलाड़ियों को मैच में उतारता है, यह अक्सर इस बात पर निर्भर करता है कि विरोधी टीम कौन सी है। जब अच्छे रिज़र्व खिलाड़ी हों, तो बाक़ी संगठनों में भी टीम लीडर्स के पास इसी तरह

के विकल्प होते हैं। अगर गहराई हो, तो टीम विभिन्न स्थितियों का सामना कर सकती है और प्रभावकारी तथा सफल हो सकती है।

टीम की रिज़र्व बेंच का एक गुण यह है कि यह पूरी टीम के खेल के स्तर को तय करती है। यह सच है, क्योंकि टीम की तैयारी रिज़र्व खिलाड़ियों पर निर्भर करती है। खेल जगत में टीमें अपने ही खिलाड़ियों के ख़िलाफ़ प्रैक्टिस करती हैं। अगर मैदान में उतरने वाले खिलाड़ी कमज़ोर खिलाड़ियों के खिलाफ़ संघर्ष करेंगे, तो उनका प्रदर्शन कभी नहीं सुधरेगा। परंतु अच्छी रिज़र्व बेंच खिलाड़ियों को अपना सर्वश्रेष्ठ प्रदर्शन करने और लगातार सुधार करने के लिए प्रेरित करती है। यह किसी संगठन में भी सच है। अगर संगठन में खेल का स्तर हमेशा ऊँचा रहता है, तो टीम का प्रदर्शन महत्त्वपूर्ण मौक़ों पर उत्कृष्ट रहेगा।

अंत में, अच्छी रिज़र्व बेंच सफल टीम के लिए इसलिए आवश्यक है, क्योंकि यह थके हुए खिलाड़ी को आराम करने का अवसर देती है। सफल टीमों में जब थकान या चोट के कारण कोई खिलाड़ी नहीं खेल पाता है, तो उसका रिज़र्व सहयोगी उसके बोझ को उठाता है और उसे आराम करने का मौक़ा देता है। यह शायद टीमवर्क का सबसे अच्छा गुण है - किसी खिलाड़ी द्वारा अपने खेल का स्तर ऊपर उठाना और ज़रूरत पड़ने पर अपनी टीम के सहयोगी के लिए अतिरिक्त मेहनत करना। यह सबसे बड़ा प्रमाण है कि खिलाड़ी अपनी टीम और इसके लक्ष्यों को सबसे ऊपर रखता है।

टीम के सदस्य जानते हैं कि टीम की स्थिति क्या है

मैच के हर क्षण में टीम की स्थिति क्या है, यह जानने की क्षमता ही महान खिलाड़ियों को सामान्य खिलाड़ियों से अलग करती है। प्रतिभा की तरह ही यह गुण भी किसी खिलाड़ी को ऊँचे स्तर तक ले जाता है, जैसे कॉलेज की टीम से प्रोफ़ेशनल टीम में। कोच इस गुण को अलग-अलग नामों से पुकारते हैं। फुटबॉल कोच इसे *फुटबॉल सेन्स* कहता है। बास्केटबॉल कोच इसे *कोर्ट सेन्स* या *विज़न* कह सकता है। इस क्षमता का मतलब यह जानना है कि मैच ख़त्म होने में अभी कितने सेकंड बचे हैं, टीम अभी कितने अंक पीछे है और दोनों टीमों के कौन से खिलाड़ी बहुत अच्छे या चोटिल हैं। यह एक ऐसा गुण है, जो खिलाड़ियों को और अंततः टीमों को महान बनाता है।

खेल जगत से बाहर इस गुण को *संगठनात्मक समझ* भी कह सकते हैं। इसका अर्थ यह जानना है कि संगठन के भीतर क्या हो रहा है, संगठन अपने लक्ष्यों के संदर्भ में कहाँ खड़ा है, प्रतियोगियों के ख़िलाफ़ उसकी क्या स्थिति है, संगठन के विभिन्न लोग कैसा प्रदर्शन कर रहे हैं तथा टीम को लक्ष्य तक पहुँचाने के लिए कितना और प्रयास करने की ज़रूरत है। टीम के सभी सदस्यों में यह समझ समान नहीं होती है। यह टीम के लीडर का काम है कि वह सभी खिलाड़ियों को यह जानकारी दे। उसे सभी खिलाड़ियों को टीम की प्रगति की जाँच करने के लिए प्रेरित करना चाहिए। इसके अलावा उसे अन्य खिलाड़ियों को भी यह बताने का मौक़ा देना चाहिए कि टीम की स्थिति क्या है और वह कहाँ खड़ी है। अगर टीम के सभी सदस्यों को यह पता चल जाए कि टीम किस स्थिति में है, तो वे ज़्यादा अच्छी तरह से जान सकते हैं कि सफल होने के लिए टीम को क्या करना चाहिए।

मैच के हर क्षण में टीम की स्थिति क्या है, यह जानने की क्षमता महान खिलाड़ियों को सामान्य खिलाड़ियों से अलग करती है।

टीम के सदस्य क़ीमत चुकाने के लिए तैयार होते हैं

सफलता त्याग या क़ीमत चुकाने की इच्छा पर निर्भर करती है। यही जीतने वाली टीम के बारे में सच है। टीम के हर सदस्य को अभ्यास और तैयारी करने के लिए अपने समय तथा ऊर्जा का त्याग करने को तैयार रहना चाहिए। उसे जवाबदेही के लिए तैयार रहना चाहिए। उसे अपनी इच्छाओं का त्याग करने के लिए तैयार रहना चाहिए। उसे टीम की सफलता के लिए स्वयं का त्याग करने के लिए तैयार रहना चाहिए।

सफलता त्याग या क़ीमत चुकाने की इच्छा पर निर्भर करती है।

कुल मिलाकर, यह टीम के सदस्यों की इच्छा और समर्पण पर निर्भर करता है। यह खेल जगत में जितना सच है, बिज़नेस के क्षेत्र में भी उतना ही सच है। यहाँ तक कि यह युद्ध में भी उतना ही सच है। खाड़ी युद्ध

में गठबंधन सेना के कमांडर जनरल नॉर्मन श्वार्जकोफ़ से डेविड फ़्रास्ट ने इंटरव्यू में पूछा था, "इससे आपने सबसे बड़ा सबक़ क्या सीखा?" उनका जवाब था :

> मैं सोचता हूँ कि सिर्फ़ एक ही सच्ची आधारभूत सैन्य सच्चाई है। और वह यह है कि आप शक्तियों के आपसी संबंध को बढ़ा सकते हैं, आप टैंकों की संख्या पर ध्यान दे सकते हैं, आप हवाई जहाज़ों की संख्या पर ध्यान दे सकते हैं, आप सैन्य शक्ति के तमाम तथ्यों पर ध्यान दे सकते हैं और उन्हें सशक्त कर सकते हैं। परंतु जब तक पैदल सैनिक या वायु सेना के सैनिक में जीतने की इच्छा नहीं होगी, जब तक उसमें युद्ध में उतरने की चारित्रिक शक्ति नहीं होगी, जब तक उसे यह विश्वास नहीं होगा कि उसका अभियान न्यायपूर्ण है और उसे अपने देश का समर्थन हासिल है... तब तक बाक़ी सारी तैयारी से कोई ख़ास फ़र्क़ नहीं पड़ता है।

जब तक हर व्यक्ति को यह विश्वास नहीं हो कि लक्ष्य क़ीमत चुकाने लायक़ है, तब तक युद्ध जीतना कभी संभव नहीं होगा और टीम सफल नहीं हो पाएगी। समर्पण होना अनिवार्य है।

जब आप अपने संगठन के भीतर टीम बनाते हैं, तो आप सफलता के एक ऐसे स्तर पर पहुँच सकेंगे, जिसे आप पहले संभव नहीं मानते थे। महत्वपूर्ण भविष्य-दृष्टि हो, तो टीमवर्क की बदौलत साधारण लोग असाधारण परिणाम हासिल करके दिखा देते हैं और जब टीम के सदस्य साधारण नहीं, बल्कि लीडर्स हों, तो उनकी उपलब्धियाँ कई गुना बढ़ जाती हैं। टीम को सिर्फ़ सही कोच की ज़रूरत होती है, और सही कोच बनना अगले अध्याय का विषय है।

❖ ❖ ❖

8

लीडर की सबसे बड़ी ख़ुशी

लीडर्स की ड्रीम टीम का कोच बनना

1992 में अमेरिकी खेल पत्रकार ड्रीम टीम के अलावा किसी दूसरे विषय पर बात ही नहीं करते थे। यह ड्रीम टीम अमेरिका की ओलिंपिक बास्केटबॉल टीम थी, जिसमें माइकल जॉर्डन, लैरी बर्ड, मैजिक जॉनसन, चार्ल्स बर्कले और अन्य महान बास्केटबॉल खिलाड़ी थे। इस टीम के कुछ खिलाड़ियों को बास्केटबॉल का महानतम खिलाड़ी माना जाता है। जब लोग उन्हें खेलते देखते थे, तो सवाल यह नहीं होता था कि वे जीतेंगे या हारेंगे। सवाल यह होता था, "मैं कौन से महान पैंतरे देखूँगा और यह टीम कितने अंकों से जीतेगी?" टीम के खिलाड़ी इतने बड़े स्टार थे कि विरोधी टीम के खिलाड़ी तक उनके ऑटोग्राफ़ माँगते थे।

सभी कोच इस तरह की टीम के सपने देखते हैं - ऐसे खिलाड़ी, जो खेल को अंदर और बाहर दोनों तरफ़ से जानते हों, जिनमें सर्वोच्च स्तर पर प्रतियोगिता करने तथा सफल होने की प्रतिभा, इच्छा और अनुशासन हो। ज़्यादातर लीडर्स एक ही सपना देखते हैं, परंतु उनमें से अधिकांश सोचते हैं कि यह कभी साकार नहीं हो पाएगा। और कइयों के लिए यह सच भी है - यह कभी साकार नहीं होगा। क्यों? क्योंकि वे यह नहीं जानते कि विजेता कोच कैसे बना जाता है।

बैंकर वाल्टर रिस्टन ने *हार्वर्ड बिज़नेस रिव्यू* में कहा है, "जो व्यक्ति यह जानता है कि अपने संगठन के लोगों की सम्मिलित प्रतिभा का दोहन किस तरह किया जाता है, वह प्रतियोगियों की धज्जियाँ उड़ा सकता है!" एक महान लीडर यही करता है : वह अपनी टीम के सदस्यों की सम्मिलित प्रतिभा का दोहन करता है। वह जानता है कि टीम के सदस्यों को कैसे चुना जाता है, प्रेरित किया जाता है और सशक्त बनाया जाता है।

तीस साल के मेरे लीडरशिप अनुभव में मुझे कई बहुत अद्भुत लोगों की टीमों का नेतृत्व करने का सौभाग्य मिला है। इतने वर्षों में मैंने पाया है कि ड्रीम टीम का कोच बनने के लिए लीडर को दस गुणों का विकास करना चाहिए।

ड्रीम टीम कोच के गुण

जैसा चार्ल्स फ्रांसेस ने एक बार कहा था, "आप किसी व्यक्ति का समय ख़रीद सकते हैं, आप किसी निश्चित स्थान पर उसकी शारीरिक उपस्थिति भी ख़रीद सकते हैं, परंतु आप उत्साह नहीं ख़रीद सकते... आप वफ़ादारी नहीं ख़रीद सकते... आप हृदय, मस्तिष्क या आत्मा की निष्ठा नहीं ख़रीद सकते। आपको ये चीज़ें अर्जित करनी पड़ती हैं।" नीचे दिए गए दस लक्षण ड्रीम टीम के कोच के वे गुण हैं, जो उसके प्रति टीम के सदस्यों का सम्मान तथा वफ़ादारी अर्जित करेंगे। ये गुण सदस्यों को ड्रीम टीम की तरह खेलने के लिए प्रेरित तथा सशक्त भी करेंगे।

ड्रीम टीम का कोच अच्छे खिलाड़ियों को चुनता है

पूरी पुस्तक में मैंने संभावित क्षमतावान लीडर्स को पहचानने और चुनने पर बहुत ध्यान दिया है और आप पहले से ही जानते हैं कि किस प्रकार लोगों का विकास करके उन्हें प्रभावकारी व्यक्तिगत खिलाड़ी बनाया जा सकता है। सही लोगों को चुनना बहुत ही महत्त्वपूर्ण है। बोस्टन सेल्टिक्स के प्रेसिडेंट रेड ऑरबैक ने कहा था, "आप लोगों को किस तरह चुनते हैं, यह इससे भी ज़्यादा महत्त्वपूर्ण है कि आप उनके नौकरी में आ जाने के बाद उनका प्रबंधन किस तरह करते हैं। अगर आप सही लोगों से शुरू करते हैं, तो आपको बाद में समस्याएँ नहीं होंगी। अगर आप ग़लत लोगों को नौकरी पर

रखते हैं, चाहे आप ऐसा किसी भी कारण से करें, तो आप गंभीर संकट में हैं और दुनिया की तमाम क्रांतिकारी प्रबंधन तकनीकें भी आपको इससे नहीं उबार सकतीं।" एक और महान खेल विशेषज्ञ लाउ हॉल्ट्ज ने इसे इस तरह से कहा है : "जीतने के लिए आपके पास महान खिलाड़ी होना ही चाहिए... आप महान खिलाड़ियों के बिना नहीं जीत सकते, परंतु आप उनके होने के बावज़ूद हार सकते हैं। यहीं पर कोचिंग से फ़र्क़ पड़ता है।" दोनों ही व्यक्तियों ने यह पहचान लिया था कि विजेता टीम बनाने के लिए आपको सही कच्चे माल से शुरुआत करनी पड़ती है।

जैसा बॉब बेहल ने *इन्क्रीज़िंग युअर लीडरशिप कॉन्फ़िडेंस* में कहा है, दिशा स्पष्ट और वित्तीय स्थिति सुदृढ़ हो, तो सही खिलाड़ियों के होने से किसी कंपनी या संगठन की 60 से 80 प्रतिशत सफलता तय होती है। अगर आप स्वयं को जीतने का अवसर देना चाहते हैं, तो विजेता चुनकर शुरुआत करें।

सही खिलाड़ियों के होने से किसी कंपनी या संगठन की 60 से 80 प्रतिशत सफलता तय होती है।

मैं पहचान सकता हूँ कि मेरे संगठन के लिए विजेता कैसा दिखता है। मैं बता सकता हूँ कि किसी व्यक्ति में बेहतरीन योगदान देने की क्षमता है या नहीं। मैं चाहता हूँ कि मेरे आसपास के लोग :

मेरा हृदय जानें : इसमें हम दोनों का समय लगता है और उनके मन में इसकी इच्छा होनी चाहिए।

मेरे प्रति वफ़ादार हों : वे मेरा और मेरे काम का विस्तार हैं।

विश्वसनीय हों : उन्हें सत्ता, शक्ति या विश्वास का दुरुपयोग नहीं करना चाहिए।

बुद्धिमान हों : वे मेरे लिए निर्णय लेते हैं।

सेवक का हृदय हो : वे मेरी उच्च माँगों के कारण भारी बोझ उठाते हैं।

अच्छे चिंतक हों : हमारे दो मस्तिष्क मेरे एक मस्तिष्क से बेहतर हैं।

काम पूरा करने वाले हों	:	उनके पास सत्ता है और वे भविष्य-दृष्टि को साकार करते हैं।
ईश्वर में श्रद्धा रखने वाले हों	:	ईश्वर में श्रद्धा जीवन में मेरी प्रेरक शक्ति है।

जब कोई व्यक्ति इन गुणों को प्रदर्शित करता है, तो मैं जानता हूँ कि उसमें मेरी ड्रीम टीम में खेलने की क्षमता है।

ड्रीम टीम का कोच लगातार अपना गेम प्लान बताता है

मैंने जितने भी अच्छे कोच देखे हैं, वे सब किसी न किसी गेम प्लान पर चलते हैं। हर अच्छे कोच के पास न सिर्फ़ हर मैच के लिए योजना होती है, बल्कि वर्तमान तथा आने वाले सालों में पूरी टीम के विकास की भी योजना होती है। एक बार जब गेम प्लान बन जाता है, तो फिर वह इसे लगातार अपनी टीम को बताता रहता है।

अलबामा यूनिवर्सिटी के फ़ुटबॉल कोच बियर ब्रायंट प्रभावकारी तरीक़े से अपना गेम प्लान खिलाड़ियों को बताते थे। उन्होंने यह जान लिया था कि उनके खिलाड़ियों को कुछ विशिष्ट बातें जानने की ज़रूरत होती है। उनके हिसाब से कोच को क्या करना चाहिए, यह इन पाँच बिंदुओं में बताया गया है।

उन्हें बता दें कि आप उनसे क्या अपेक्षा रखते हैं।

इससे वे जान जाते हैं कि वे किस प्रकार गेम प्लान में फ़िट होते हैं और उन्हें क्या करने की कोशिश करनी चाहिए।

उन्हें प्रदर्शन करने का अवसर दें।

इससे उन्हें गेम प्लान का हिस्सा बनने और भविष्य-दृष्टि को साकार करने का मौक़ा मिलता है।

उन्हें बता दें कि वे कैसा प्रदर्शन कर रहे हैं।

इससे उन्हें सीखने का, सुधार करने का और अपने योगदान को बढ़ाने का अवसर मिलता है।

उनकी आवश्यकता के अनुरूप उन्हें सिखाएँ और सशक्त बनाएँ।

इससे उन्हें सीखने, सुधार करने और अपने योगदान को बढ़ाने के साधन मिलते हैं।

उनके योगदान के अनुसार उन्हें पुरस्कार दें।

इससे उन्हें प्रयास करने के लिए प्रोत्साहन मिलता है।

यह प्रक्रिया गेम प्लान बताने के साथ शुरू होनी चाहिए। यह सफलता की कुंजी है। परंतु यह सूचना के आदान-प्रदान के साथ जारी रहनी चाहिए। जैसा कि सिडनी जे. हैरिस ने कहा था, सूचना दिमाग़ तक पहुँचती है, जबकि संप्रेषण दिल तक पहुँचता है। जब भी टीम के लीडर और उसकी टीम के बीच संप्रेषण होता है, तो वे सफल होने के लिए सशक्त बन जाते हैं।

ड्रीम टीम का कोच गोल घेरा बनाने के लिए समय माँगता है

संप्रेषण की प्रक्रिया का एक महत्त्वपूर्ण हिस्सा गोला बनाना है। जब कोई टीम गोल घेरा बनाती है, तो वह अपने गेम प्लान को याद करती है और यह भी कि इस पर कैसे अमल किया जाना है। जब खिलाड़ी गोल घेरा बनाने के लिए समय नहीं लेते हैं, तो परिणाम विनाशक, यहाँ तक कि हास्यास्पद भी हो सकते हैं।

एक कहानी पर ग़ौर करें। एक व्यक्ति सड़क पर टहल रहा था। तभी उसने देखा कि एक व्यक्ति अपने घर के दरवाज़े पर वॉशिंग मशीन को धका रहा था। जब उसने मदद करने की पहल की, तो घर का मालिक बहुत ख़ुश हुआ। इसके बाद दोनों उस भारी मशीन के साथ ज़ोर-आज़माइश करने लगे। कुछ मिनट तक असफल प्रयास के बाद दोनों रुककर एक-दूसरे की तरफ़ देखने लगे। वे बुरी तरह थक गए थे। आख़िरकार, जब उनके दम में दम आया, तो पहले व्यक्ति ने घर के मालिक से कहा : "हम उस मशीन को कभी घर के अंदर नहीं ले जा पाएँगे!" इस पर घर के मालिक का जवाब था : "अंदर? मैं तो मशीन को बाहर निकालने की कोशिश कर रहा हूँ!"

मैंने पाया है कि चीज़ें कभी इतनी व्यस्त या अत्यावश्यक नहीं होती हैं कि हम गोल घेरा बनाने का समय नहीं निकाल सकें। गोल घेरा बनाने से हमें ये पाँच चीज़ें प्राप्त होती हैं :

ध्यान केंद्रित करना

चाहे कोच कितनी ही बार या कितनी ही अच्छी तरह गेम प्लान बता चुका हो, गोल घेरा बनाने और महत्त्वपूर्ण बातों पर दुबारा ध्यान केंद्रित करने से कभी कोई नुक़सान नहीं होता है। बास्केटबॉल में सफल कोच अपने खिलाड़ियों का गोल घेरा बनवाने के लिए टाइम-आउट लेते हैं। ख़ास तौर पर तब जब विपक्षी टीम उन्हें उनके गेम प्लान से बाहर निकाल लेती है। जब वे गोल घेरा बनाते हैं, तो वे वापस मूलभूत बातों पर लौट आते हैं।

राजनीति में भी ध्यान केंद्रित करना महत्त्वपूर्ण होता है। 1992 के चुनाव अभियान को विश्लेषकों ने फ़्लैट कैम्पेनिंग या सपाट अभियान कहा था, क्योंकि सभी उम्मीदवारों ने यही किया था, परंतु बिल क्लिंटन को राष्ट्रपति चुना गया। इसका एक कारण यह था कि उन्होंने अपने अभियान को उन मुद्‌दों पर केंद्रित किया था, जहाँ अमेरिकावासी सबसे ज़्यादा परिवर्तन चाहते थे।

सुनने का अवसर

जब टीम इकट्‌ठी होती है, तो सभी खिलाड़ियों और कोच के पास सूचना के आदान-प्रदान का अवसर होता है। संप्रेषण दो तरफ़ा होना चाहिए। जब कोच को सही जानकारी मिलती है, तो वह सही जानकारी देकर मदद करता है। नई जानकारी से कोच को फेरबदल करने की प्रेरणा भी मिल सकती है।

समूह में परिवर्तन करने का अवसर

कई बार कोच को जो फेरबदल ज़रूरी लगते हैं, वे खिलाड़ियों या उनकी ज़िम्मेदारियों में परिवर्तन से संबंध रखते हैं। अक्सर किसी समस्या को सुलझाने का सबसे अच्छा तरीक़ा यह होता है कि किसी दूसरे खिलाड़ी को इसका सामना करने दिया जाए। अच्छा कोच यह बात जानता है और वह परिवर्तन करने के लिए तैयार रहता है।

खेल में परिवर्तन करने का अवसर

कई बार खिलाड़ी तो अच्छे होते हैं, परंतु मैच के पैंतरों या रणनीति को बदलने की ज़रूरत होती है। लचीलापन हर कोच का बहुमूल्य गुण है।

सर्वश्रेष्ठ कोच आवश्यक तालमेल करने में निपुण होते हैं।

आराम करने का अवसर

कई बार खिलाड़ियों को सिर्फ़ ठहरने, साँस लेने और समूह के साथ इकट्ठे होने के अवसर की ज़रूरत होती है। सही समय पर बनाया गया गोल घेरा टीम को तरोताज़ा कर देता है, ताकि वे आगे बढ़कर सफलता पा लें।

ड्रीम टीम कोच जानता है कि उसके खिलाड़ियों को क्या पसंद है

टीम के सदस्यों के सर्वश्रेष्ठ स्वरूप को बाहर निकालने के लिए यह आवश्यक है कि उनका कोच उन्हें अच्छी तरह जानता हो। साथ ही, वह यह भी जानता हो कि उनके लिए क्या महत्त्वपूर्ण है। कान्सस स्थित प्रशिक्षण संस्थान के पैजेट थॉमसन ने कर्मचारियों से यह पूछा कि उन्हें जो चीज़ें चाहिए, उनको वे महत्त्व के क्रम में बताएँ। उन्होंने अपने निष्कर्ष *ट्रेनिंग ऐंड डेवलपमेंट जरनल* में प्रकाशित किए। उन्होंने जो सूची दी थी, उनमें कर्मचारियों ने तीन चीज़ों को सबसे ज़्यादा महत्त्वपूर्ण बताया था :

- अच्छे काम की प्रशंसा
- यह भावना कि वे "अंदर" की बात जानते हैं
- उनकी व्यक्तिगत समस्याओं के बारे में मैनेजमेंट की समझ

फिर पैजेट थॉमसन ने इन परिणामों की तुलना उन बातों से की, जो सुपरवाइज़रों के विचार से कर्मचारियों को महत्त्वपूर्ण लगती होंगी। तुलना में सुपरवाइज़रों ने इन तीनों बातों को आठवें, दसवें और नौवें क्रम पर महत्त्व दिया था।

अपने कर्मचारियों के बारे में सुपरवाइज़रों को ज्ञान की कमी एक और सर्वे के आँकड़े से साबित होती है, जो जॉन डी. हैटफ़ील्ड और रिचर्ड सी. ह्यूजमैन ने *मैनेजिंग द इक्विटी फ़ैक्टर* में बताया है। इसके अनुसार अमेरिका के 85 प्रतिशत कर्मचारी कहते हैं कि अपने काम में ज़्यादा मेहनत कर सकते हैं। आधे से ज़्यादा का तो यह दावा है कि "अगर वे चाहें," तो अपनी प्रभावकारिता को दोगुना कर सकते हैं।

सच्चाई तो यह है कि लोग इसलिए उत्पादन नहीं करते हैं, क्योंकि या तो वे प्रेरित नहीं हैं या फिर उनकी प्रशंसा नहीं होती है। उनके लीडर्स यह नहीं जानते हैं कि वे क्या चाहते हैं। लोग अक्सर नौकरियाँ व्यावसायिक कारणों से नहीं, बल्कि व्यक्तिगत कारणों से बदलते हैं। और उनकी भावनाएँ उन्हें प्रेरणा प्रदान करने में सबसे बड़ी भूमिका निभाती हैं। अच्छा कोच जानता है कि उसकी टीम के सदस्य किसे प्राथमिकता देते हैं और वह इस ज्ञान का उपयोग टीम तथा व्यक्तिगत खिलाड़ी दोनों के लक्ष्य हासिल करने में करता है।

ड्रीम टीम का कोच समस्याओं को सुलझाने में उत्कृष्ट होता है

लॉस एंजिल्स रेडर्स के सफल मालिक अल डेविस ने कहा था, "एक अच्छा लीडर समस्याओं को ख़ास नहीं मानता है; वह उन्हें सामान्य मानता है।" सफल कोच का लक्ष्य कभी "पूर्णता" नहीं होता। अगर उसका लक्ष्य पूर्णता होगा, तो वह हर बार असफल होगा। हम एक अपूर्ण संसार में रहते हैं, जहाँ समस्याएँ हमेशा आती रहती हैं। निश्चित रूप से लीडर को उत्कृष्टता के लिए प्रयास करना चाहिए, परंतु उसे समस्याओं के उत्पन्न होने की आशा भी करना चाहिए। और चाहे आप मानें या नहीं मानें, उसे उनका स्वागत करना चाहिए। समस्याएँ लगभग हमेशा सीखने, विकास करने और सुधार करने का अवसर देती हैं।

सभी लीडर्स समस्याओं को अच्छी तरह सुलझाने में निपुण हो सकते हैं। ऐसा करने के लिए उन्हें चार काम करने होंगे : उन्हें *समस्या पैदा होने से पहले* ही उसका अनुमान लगा लेना चाहिए। उन्हें *समस्या पैदा होने के बाद* सकारात्मक नज़रिया रखना चाहिए। *समस्या को रोकने के लिए उनको* यथासंभव जल्दी सुलझाने के लिए अपने सभी संसाधनों का प्रयोग करना चाहिए। और आख़िरकार, उन्हें उससे सबक़ लेना चाहिए, ताकि उसी तरह की समस्याएँ *दुबारा कभी पैदा ही नहीं हों*।

समस्याएँ लगभग हमेशा सीखने, विकास करने और सुधार करने का अवसर देती हैं।

किसी कोच की समस्या सुलझाने की दक्षताओं की आवश्यकता वाले अधिकांश मुद्दे तीन में से किसी श्रेणी में आते हैं। वे खिलाड़ी, तैयारी या मैच से संबंधित होंगे :

खिलाड़ी संबंधी समस्याओं को सुलझाने वाले मुद्दे

खिलाड़ियों से संबंधित मुद्दों में अच्छी संप्रेषण क्षमता तो चाहिए, साथ ही समस्याओं को सुलझाने की योग्यता भी चाहिए। एक आम समस्या यह है कि खिलाड़ी टीम के रूप में इकट्ठे काम नहीं करते हैं। (इस समस्या को सुलझाने के तरीक़ों के लिए अध्याय सात को दुबारा पढ़ें।) यह भी हो सकता है कि कोई खिलाड़ी किसी व्यक्तिगत मुश्किल या समस्या का सामना कर रहा हो, जिसके लिए उसे कोच की मदद और धैर्यपूर्ण समझ की ज़रूरत हो। शायद सबसे कुंठित करने वाली समस्या तब उत्पन्न होती है, जब खिलाड़ी अपनी क्षमता के अनुरूप प्रदर्शन नहीं कर रहा हो। एक अच्छे कोच को खिलाड़ी के साथ मेहनत करनी चाहिए, ताकि वह अपने लक्ष्यों को पहचान सके। इसके बाद कोच को उस खिलाड़ी को प्रेरित करना चाहिए, ताकि वह दुबारा विकास कर सके।

तैयारी संबंधी समस्याओं को सुलझाने वाले मुद्दे

संभवतः तैयारी से संबंधित सबसे आम समस्या बोरियत की होती है। तैयारी में जिन मूलभूत बातों का अभ्यास करना होता है, उनमें से कई नीरस होती हैं। अच्छे कोच ऐसा माहौल बनाते हैं, जो नीरसता को न्यूनतम कर देता है। वे खिलाड़ियों को यह याद दिलाते रहते हैं कि इस तैयारी से सकारात्मक परिणाम मिलेंगे।

बोरियत की समस्या से जुड़ी समस्या मनोबल की है। जब मनोबल कम होता है, तो परिणाम भी कम होता है। अच्छे कोच अपने खिलाड़ियों को नज़रिये को सकारात्मक रखते हैं।

अच्छे कोच हर विपक्षी टीम को नए नज़रिये तथा रचनात्मकता से देखते हैं।

अंतिम समस्या अलग-अलग विपक्षियों (या प्रोजेक्ट्स) के लिए अलग-अलग तैयारी करने में असफलता है। अच्छे कोच हर

विपक्षी टीम को नए नज़रिये तथा रचनात्मकता से देखते हैं। अगर हर नए विपक्षी को अनूठा माना जाए, तो सफलता मिलने की संभावना ज़्यादा होती है।

मैच संबंधी समस्याओं को सुलझाने के मुद्दे

जैसा कि मैंने पहले कहा है, अच्छे कोच हमेशा मैच से पहले गेम प्लान बनाते हैं। यह एक प्रोएक्टिव नीति है। बहरहाल, चूँकि समस्याएँ उत्पन्न होती हैं, इसलिए अच्छे कोच यह भी जानते हैं कि उन्हें तत्काल निर्णय लेने पड़ सकते हैं। ऐसे निर्णय तत्क्षण लिए जाने चाहिए और फिर उन्हें तत्काल ही तथा स्पष्टता से संप्रेषित किया जाना चाहिए।

मैंने एक बार पढ़ा था कि जनरल युलिसिस एस. ग्रांट एक औसत सैनिक को हमेशा अपने साथ रखते थे। जब भी वे अपने किसी जनरल को आदेश देने की तैयारी करते थे, तो सबसे पहले वे उस औसत सैनिक को वह आदेश देते थे, ताकि यह सुनिश्चित कर सकें कि वह उस आदेश को समझ गया है। इस तरीक़े से वे यह सुनिश्चित कर लेते थे कि उनके सभी आदेश स्पष्ट तथा समझ में आने योग्य हैं।

अंततः समस्त कोच जानते हैं कि उनके निर्णयों की आलोचना होगी। भले ही समस्या को किसी भी तरह से सुलझाया जाए, कोई न कोई कहेगा कि यह निर्णय ग़लत था। भीड़ भले ही कितना भी शोर मचाए, कोच को अपने विश्वासों का अनुसरण करना सीखना चाहिए।

जब आप समस्याओं से जूझने की तैयारी करें, तो डलास काउबॉयज़ के पूर्व प्रमुख कोच टॉम लैंड्री के इन शब्दों को याद रखें, "सफल लीडर को नवाचारी होना चाहिए। अगर आप भीड़ से एक क़दम आगे नहीं हैं, तो आप जल्दी ही बाक़ी सबसे एक क़दम पीछे होंगे।" समस्याओं को सुलझाने की नीति बनाते समय रचनात्मक रहें और अपनी टीम के सभी लोगों का उपयोग संसाधनों के रूप में करें। यह भी एक कारण है, जिसकी वजह से आपने उन्हें चुनने और विकसित करने के लिए इतनी कड़ी मेहनत की है।

ड्रीम टीम का कोच सफलता के लिए आवश्यक समर्थन देता है

समर्थन का सबसे प्रबल माहौल तब बनता है, जब कोच तानाशाह के बजाय फ़ेसिलिटेटर (लोगों के अनुकूल) बनने का फ़ैसला करते हैं। खिलाड़ी और कोच जितने जुड़ते हैं, टीम उतनी ही सफल होती है। कोच द्वारा पूर्ण नियंत्रण (भले ही वह किसी भी तरह ऐसा करने में कामयाब हो जाए) कभी सामूहिक प्रयास की तरह प्रभावकारी नहीं होता है। इस फ़र्क़ को देखिए कि तानाशाह और फ़ेसिलिटेटर किस तरह काम करते हैं :

तानाशाह :	फ़ेसिलिटेटर :
1. निर्णयों को ख़ुद तक ही रखते हैं।	1. निर्णयों को सबसे निचली क़तार तक पहुँचाते हैं।
2. निर्णय अकेले लेते हैं या फिर बहुत ही चुनिंदा लोगों के समूह तक सीमित रखते हैं।	2. महत्त्वपूर्ण निर्णयों में यथासंभव अधिकतम लोगों को शामिल करते हैं और उन निर्णयों को लेने के लिए अधिकतम स्थान देते हैं।
3. सच्चाई और बुद्धि को अपनी जागीर समझते हैं, क्योंकि वे लीडर्स हैं।	3. यह मानते हैं कि ईमानदारी और बुद्धि संगठन के सभी व्यक्तियों में है।
4. ऊपर से आदेश देकर कर्मचारियों को हैरान कर देते हैं।	4. ज़िम्मेदार लोगों को यह निर्णय करने देते हैं कि काम कैसे किया जाए।
5. अपने हितों की रक्षा करते हैं।	5. लोगों का विकास करके सबका हित करते हैं।
6. स्वयं के लिए लेते रहते हैं।	6. संगठन को देते रहते हैं।

महान कोच समर्थन का माहौल बनाते हैं, जिसमें सबको प्रोत्साहन दिया जाता है। इसके अलावा महान कोच काफ़ी तारीफ़ें भी करते हैं। दुनिया में ऐसा कोई खिलाड़ी नहीं है, जो इस पर सकारात्मक प्रतिक्रिया नहीं करे।

एक और तरीक़े से सर्वश्रेष्ठ कोच अपने खिलाड़ियों का समर्थन करते हैं। वे अपने खिलाड़ियों के जीवन को आसान बना देते हैं। क्या आप किसी ऐसे व्यक्ति के बारे में सोच सकते हैं, जो अफ़सरशाही की लेटलतीफ़ी पर सकारात्मक अनुभव करता हो? मुझे विश्वास है कि :

फ़ॉर्म्स, फ़ॉर्म्स, फ़ॉर्म्स + नियम, नियम, नियम = कुंठा, कुंठा, कुंठा

अगर मैं इसे आसान कर सकता हूँ, तो मैं कर देता हूँ। मैं अपनी टीम के सबसे रचनात्मक और नवाचारी लोगों को लोहे के गोल घेरे नहीं देना चाहता, जिसके बीच से वे छलाँग लगाकर निकलें। इसके बजाय मैं उन्हें दौड़ने के लिए खुला मैदान देना चाहता हूँ।

अंत में, स्थायी समर्थन देने का एक अच्छा तरीक़ा संगठन के लिए विजय की परंपरा बनाना है। बोस्टन सेल्टिक्स या डलास काउबॉयज़ में आने वाले नए प्रोफ़ेशनल खिलाड़ी अक्सर टीम की जीतने की परंपरा के बारे में प्रशंसा भरी बातें करते हैं। इस परंपरा से सकारात्मक माहौल बनता है। इससे अनमोल संवेग (momentum) उत्पन्न होता है।

जब किसी टीम के पास कुछ विजयों का इतिहास होता है, तो इससे सकारात्मक नज़रिया और संवेग उत्पन्न होता है। जब उसके पास कुछ सालों का विजय का इतिहास होता है, तो उसके पास परंपरा होती है। जब ऐसा हो जाता है, तो फिर कोच बाहर जाकर विजेताओं को नहीं खोजता है, बल्कि विजेता खुद उसे खोजते हुए चले आते हैं।

ड्रीम टीम का कोच खिलाड़ियों का सम्मान हासिल करता है

सम्मान के बिना कोई कोच अपने खिलाड़ियों से अपना मनचाहा काम कभी नहीं करवा पाएगा। *सेवन हैबिट्स ऑफ़ हाइली इफ़ेक्टिव पीपल* में स्टीफ़न कवी ने इसे इस तरह से कहा है :

अगर मैं लोगों को प्रभावित करने वाली तकनीकों या रणनीतियों का प्रयोग इस उद्देश्य से करूँ कि किस तरह लोगों से अपना मनचाहा या बेहतर काम करवाऊँ, किस तरह उन्हें अधिक प्रेरित करूँ, ताकि वे मुझे व एक-दूसरे को ज़्यादा पसंद करें - जबकि मेरा चरित्र मूलतः दोषपूर्ण और छल-कपट से भरा हो - तो मैं लंबे समय तक सफल नहीं हो सकता। मेरे छल-कपट की वजह से अविश्वास पैदा होगा और मेरे हर काम को (जिसमें लोक-व्यवहार की तथाकथित अच्छी तकनीकों का प्रयोग भी शामिल है) जोड़-तोड़ या चालाकी माना जाएगा। इससे ज़रा भी फ़र्क़ नहीं पड़ता कि शब्दों का जाल कितना अच्छा है या इरादे कितने नेक हैं। मूल बात यह है कि अगर विश्वास नहीं है या बहुत कम है, तो स्थायी सफलता की नींव ही नहीं है। सिर्फ़ मूलभूत अच्छाई ही तकनीकों को सफल बनाती है।

सम्मान को समय के साथ अर्जित करना पड़ता है। यहाँ पर शॉर्टकट काम नहीं आते हैं। यह तीन गुणों से अर्जित किया जाता है :

सम्मान को समय के साथ अर्जित करना पड़ता है। यहाँ पर शॉर्टकट काम नहीं आते हैं।

विश्वसनीयता

लोग कभी ऐसे व्यक्ति का सम्मान नहीं करेंगे, जिस पर वे विश्वास नहीं कर सकते हैं। सर्वश्रेष्ठ कोच यह बात जानते हैं। वे अपने खिलाड़ियों को यह विश्वास दिलाने के लिए मेहनत करते हैं कि उन पर विश्वास किया जा सकता है। ड्यूक यूनिवर्सिटी के हेड बास्केटबॉल कोच माइक क्रजाइज़ेवस्की ने इसे इस तरह से कहा था : "अगर आप संप्रेषण और विश्वास का माहौल बनाते हैं, तो यह एक परंपरा बन जाती है। टीम के पुराने सदस्य नए लोगों को आपकी विश्वसनीयता के बारे में बता देंगे। भले ही वे आपके हर बात को पसंद नहीं करते हों, परंतु वे फिर भी यही कहेंगे कि वे विश्वसनीय हैं, कोच के रूप में हमारी टीम के प्रति निष्ठावान हैं।"

परवाह करने वाला नज़रिया

इतने बरसों तक लोगों का नेतृत्व करने के दौरान मैंने इस बात को हज़ार से भी ज़्यादा बार कहा होगा : "लोग इस बात की परवाह नहीं करते कि आप कितना जानते हैं, जब तक कि वे यह नहीं जान लेते कि आप कितनी परवाह करते हैं।" यह सच है। अगर खिलाड़ी भाँप लेते हैं कि आप उनकी सच्ची परवाह करते हैं और आपके दिल में उनके हित हैं, तो वे आपकी बात सुनेंगे और आपका सम्मान करेंगे। जैसा कि मिशिगन यूनिवर्सिटी के प्रमुख फ़ुटबॉल कोच बो श्केम्बेचलर ने कहा था, "आपके खिलाड़ियों को गहराई में यह जान लेना चाहिए कि आप उनकी परवाह करते हैं। यह सबसे महत्त्वपूर्ण बात है। अगर खिलाड़ियों को यह नहीं लगता कि मैं उनकी परवाह करता हूँ, तो वे मेरे कामों को कभी बर्दाश्त नहीं करते। वे जानते हैं कि लंबे समय में मैं उनका समर्थक हूँ।"

कठोर निर्णय लेने की योग्यता

खिलाड़ी ऐसे कोच का सम्मान नहीं कर सकते, जो टीम की सफलता के लिए आवश्यक कठोर निर्णय नहीं ले सकता। जब कोच कठोर निर्णय लेने के लिए तैयार होता है, तो खिलाड़ी जानते हैं कि वह टीम के सर्वश्रेष्ठ हित में कार्य कर रहा है। वे सुरक्षित अनुभव करते हैं और इस बात की काफ़ी संभावना होती है कि बदले में वे भी टीम के सर्वश्रेष्ठ हित में काम करेंगे। टॉम लैंड्री ने कहा था, "शायद कोच के लिए सबसे मुश्किल काम यह तौलना है कि व्यक्ति के लिए क्या सर्वश्रेष्ठ है और टीम के लिए क्या सर्वश्रेष्ठ है। अगर मैं किसी खिलाड़ी को सिर्फ़ व्यक्तिगत रूप से पसंद करने की वजह से टीम में रखता हूँ या फिर अतीत के महान योगदान की वजह से टीम में रखता हूँ, तो यह ठीक नहीं है। जब मुझे यह अहसास हो जाए कि कोई दूसरी खिलाड़ी टीम के लिए ज़्यादा अच्छा प्रदर्शन कर सकता है, तो व्यक्तिगत पसंद या अतीत के योगदान के कारण किसी खिलाड़ी को खिलाना टीम के लक्ष्यों को नुक़सान पहुँचाएगा।" वह अपने खिलाड़ियों से मिलने वाला सम्मान भी गँवा देगा।

ड्रीम टीम का कोच हर खिलाड़ी से समान व्यवहार नहीं करता

कोच यह मानने की बहुत बड़ी ग़लती कर सकता है कि उसे अपने सभी खिलाड़ियों से समान व्यवहार करना चाहिए। कोच को टीम को विजयी बनाने के लिए नौकरी पर रखा जाता है - न कि हर खिलाड़ी को ख़ुश करने या हर एक को बराबर समय, धन या संसाधन देने के लिए। हर खिलाड़ी को समर्थन और प्रोत्साहन दिया जाना चाहिए, परंतु यह विश्वास करना कि सबके साथ समान व्यवहार किया जाना चाहिए, न सिर्फ़ अयथार्थवादी है, बल्कि विनाशक भी है। जब सभी खिलाड़ियों के साथ समान व्यवहार किया जाता है और उन्हें समान पारिश्रमिक मिलता है, तो ख़राब या औसत प्रदर्शन को भी सर्वश्रेष्ठ खिलाड़ियों के उत्कृष्ट योगदान जितना ही पुरस्कार मिलता है।

महान कोच खिलाड़ियों के अतीत के प्रदर्शन के अनुसार उन्हें अवसर, संसाधन और खेलने का समय देते हैं।

महान कोच खिलाड़ियों के अतीत के प्रदर्शन के अनुसार उन्हें अवसर, संसाधन और खेलने का समय देते हैं। खिलाड़ी जितना बढ़िया होगा, अवसर उतना ही अधिक होगा। जब आपके पास माइकल जॉर्डन जैसे खिलाड़ी हों, जो शिकागो बुल्स के महान खिलाड़ी थे, तो आप यह चाहेंगे कि जितनी ज़्यादा बार गेंद उनके हाथ में पहुँचे, उतना ही अच्छा है।

ऐसे भी मौक़े आएँगे, जब आप किसी खिलाड़ी के प्रदर्शन के बारे में अनिश्चय की स्थिति में होंगे, क्योंकि आपको उसका खेल देखने का समय नहीं मिला। यह ख़ास तौर पर तब होता है, जब आपके पास कोई नया खिलाड़ी होता है। जब ऐसा हो, तो उसे बार-बार किंतु छोटे अवसर दें, और जितनी बार संभव हो, अवसरों को बदल-बदल कर दें। अगर आप ऐसा करते हैं, तो जल्दी ही आप उसके खेल के स्तर को जान सकेंगे। और इससे आपको पता चल जाएगा कि किस प्रकार प्रतिक्रिया करना है।

ड्रीम टीम का कोच जीतना जारी रखता है

सफल कोच के लिए विजय पाने से ज़्यादा कठिन सिर्फ़ एक चुनौती होती है और वह है लगातार विजय पाना। टेनिस और गोल्फ़ खिलाड़ी तथा पूर्व

ओलिंपिक चैंपियन एल्थिया गिब्सन ने कहा था, "खेलों में आपको तब तक सचमुच चैंपियन नहीं समझा जाता, जब तक कि आप अपना टाइटल सफलतापूर्वक दुबारा हासिल नहीं कर लें। एक बार जीतना क़िस्मत की बात हो सकती है; परंतु दो बार जीतने से यह साबित हो जाता है कि आप सर्वश्रेष्ठ खिलाड़ी हैं।" लगभग हर व्यक्ति यह बता सकता है कि वह एक बार जीत चुका है, परंतु महान कोच बनने के लिए एक से ज़्यादा बार जीतने की ज़रूरत होती है। इसमें सतत सकारात्मक प्रदर्शन की ज़रूरत होती है।

लगातार कई साल तक जीतना खेल जगत में इतना मुश्किल है कि टीमें मनोवैज्ञानिक ब्रूस ऑगिल्वी जैसे कई परामर्शदाताओं की सेवाएँ लेती हैं, जो यह सिखा सकें कि यह काम कैसे करना चाहिए। *सक्सेस* पत्रिका के जुलाई/अगस्त 1988 के अंक में पत्रकार डैन गटमैन लिखते हैं कि सफलता सुनिश्चित करने के लिए ऑगिल्वी के प्रमुख सुझाव निम्न हैं :

विशिष्ट योग्यताओं पर काम करें। चाहे टीम को कितनी ही सफलताएँ मिली हों, सुधार की गुंजाइश हमेशा रहती है। टीम में ऐसे लोग होते हैं, जो अभी अपनी पूर्ण क्षमता तक नहीं पहुँच पाए होंगे। सुधार करने तथा विकास करने के लिए टीम के हर सदस्य के साथ मेहनत करें। हर खिलाड़ी को उस साल के नए लक्ष्य पर केंद्रित करें।

परिवर्तन करें। हर विजेता का प्रलोभन यह होता है कि वह चीज़ों को पहले की तरह ही करता रहे, परंतु यह सफलता की दोषपूर्ण नीति है। आप और आपकी टीम एक ही जगह पर खड़े रह जाएँगे तथा दूसरी टीम आपको पछाड़ते हुए आपके आगे निकल जाएगी। अपनी पिछली सफलताओं से हासिल संवेग का उपयोग बदलाव और विकास करने के लिए करें।

जिसे पुरस्कार नहीं मिला हो, उसे पुरस्कृत करें। हर टीम में ऐसे हीरो होते हैं, जिनकी तारीफ़ नहीं हुई है – ऐसे लोग जिन्होंने टीम की सफलता में योगदान तो दिया था, परंतु उसके लिए उन्हें प्रशंसा नहीं मिली। ऐसे लोगों की तलाश करते रहें और प्रशंसा, धन व प्रगति के अवसर देकर उन्हें पुरस्कृत करें।

बोझ बदलते रहें। जैसा कि मैंने पहले कहा है, सफलता हमेशा क़ीमत चुकाने के बाद मिलती है। अगर आपकी टीम सफल हुई है, तो ऐसा इसलिए हुआ है, क्योंकि टीम के कुछ सदस्यों ने त्याग करके बोझ को उठाया है।

उन्होंने अपने परिवार के साथ गुज़ारे जाने वाले समय का त्याग किया है, बहुत समय तक मेहनत की है, अपने मूलभूत लक्ष्यों को टीम के लक्ष्यों के नीचे रखा है। कुछ लोगों ने इतना ज़्यादा त्याग किया होगा कि वे भविष्य में उतना त्याग नहीं कर पाएँगे। उन्हें विश्राम दें और बोझ को उन लोगों की तरफ़ बढ़ा दें, जो इच्छुक और समर्थ हों।

सबसे बड़ी बात यह है कि अतीत की जीत पर नहीं टिके रहें। अगर आपका ध्यान आगे होने के बजाय पीछे है, तो आप औंधे मुँह गिर पड़ेंगे। यह उस कहानी की तरह है, जो मैंने एक सेल्समैन के बारे में सुनी थी। 1 जुलाई को एक सेल्स मीटिंग हुई, जिसमें मैनेजर ने कहा, "मैं केंट को बहुत बढ़िया काम करने के लिए बधाई देना चाहता हूँ। उसने पिछले महीने किसी भी अन्य सेल्समैन की तुलना में ज़्यादा कारें बेची हैं।" सभी ने तालियाँ बजाईं। "परंतु यह पिछले महीने हुआ था। अब आइए हम जुलाई पर अपना ध्यान केंद्रित करें।" विजय का जश्न मनाएँ, उसका संक्षिप्त आनंद लें और फिर आगे की तरफ़ देखें।

खिलाड़ियों की जीतने में मदद करने का एक और तरीक़ा यह है कि थकान से बचने में उनकी मदद करें। यह करने का सर्वश्रेष्ठ तरीक़ा इसे पहले से भाँपकर इससे बचना है। मनोवैज्ञानिक बीवर्ली पॉटर का मानना है कि अगर समय पर रोकथाम कर ली जाए, तो बर्नआउट या लंबी थकान से बचा जा सकता है। वे सुझाव देती हैं कि व्यक्ति को इन चीज़ों के बारे में सावधान रहना चाहिए : ऊर्जा की कमी, नींद नहीं आना, रचनात्मकता का अभाव, निर्णय लेने की अक्षमता, दीर्घकालीन क्रोध, कटु या व्यंग्यात्मक भाषा अथवा शारीरिक लक्षण जैसे थकान, तनाव, सिरदर्द, शरीर का दर्द और जी घबराना।

खेल विश्लेषक और ऑकलैंड रेडर्स के पूर्व चैंपियनशिप कोच जॉन मैडन बर्नआउट अर्थात लंबी थकान के शिकार थे। उनसे एक बार पूछा गया कि उनके बर्नआउट के प्रथम लक्षण क्या थे। उन्होंने कहा, "आपके पास ऊर्जा नहीं होती है, क्योंकि आपकी कोई रुचि नहीं होती है। अचानक, आपको खिलाड़ियों को चुनने की कोई परवाह नहीं होती है। आपकी कैंप में कोई रुचि नहीं होती है। आपको इस बात की परवाह नहीं होती है कि कॉलेज का सर्वश्रेष्ठ लाइनबैकर कौन है। आपको इस बात की परवाह नहीं होती है कि दूसरी टीमों ने आपके अनुभवी खिलाड़ियों से कॉन्ट्रैक्ट साइन

करवा लिया है। जब आपको कोई परवाह नहीं होती है, तो आपके जाने का समय आ चुका है... आप इतिहास का हिस्सा बन चुके हैं... आप ख़त्म हो चुके हैं।" चूँकि वे बर्नआउट का शिकार थे, इसलिए वे कोचिंग जारी नहीं रख पाए। यही आपके या आपके खिलाड़ियों के साथ हो सकता है। जीतना जारी रखने के लिए आपको बर्नआउट से बचना चाहिए।

ड्रीम टीम का कोच खिलाड़ियों के स्तरों को समझता है

कोच एक बहुत बड़ी ग़लती यह कर सकता है कि वह अपने किसी खिलाड़ी के स्तर को ग़लत समझ ले। अगर लीडर यह जानने के लिए हर खिलाड़ी के साथ मेहनत नहीं करता है कि वो विकास के किस स्तर पर है और कहाँ पर है, तो खिलाड़ी परिणाम नहीं देगा, सफल नहीं होगा तथा विकास नहीं करेगा। मैनेजमेंट परामर्शदाता केन ब्लैंचर्ड के अनुसार, लीडरशिप की आवश्यकता के संदर्भ में टीम के सभी सदस्य इन चार श्रेणियों में से किसी एक में आते हैं :

जिन्हें दिशा की ज़रूरत होती है : जिन खिलाड़ियों को दिशा की ज़रूरत होती है, वे दरअसल यह नहीं जानते हैं कि उन्हें क्या करना है या कैसे करना है। उनके विकास की इस अवस्था में आपको उन्हें हर क़दम पर निर्देश देने की ज़रूरत होती है। नौसिखिया खिलाड़ी जो भी परिणाम देगा, वह आपके माध्यम से ही संभव है, क्योंकि वह स्वतंत्र रूप से कुछ भी करने में सक्षम नहीं है।

जिन्हें कोचिंग की ज़रूरत होती है : कुछ समय बाद नौसिखिया खिलाड़ी अपने दम पर ज़्यादा काम करने लगता है। अब वह ज़्यादा स्वतंत्र बन जाता है, परंतु अब भी वह दिशा तथा फ़ीडबैक के लिए आप पर निर्भर होता है। आप दोनों पार्टनरशिप में काम करते हैं।

जिन्हें समर्थन की ज़रूरत होती है : इस स्तर पर खिलाड़ी आपके दिशा-निर्देश के बिना काम करने में समर्थ होगा, परंतु अब भी उसे आपके समर्थन और प्रोत्साहन की ज़रूरत होगी।

जिन्हें आप काम सौंपते हैं : इस अवस्था में खिलाड़ियों को काम सौंपकर यह विश्वास किया जा सकता है कि वह काम पूरा हो जाएगा। इस खिलाड़ी को आपकी आवश्यकता सिर्फ़ नेतृत्व करने के लिए है। सामने वाले

सिरे पर भविष्य-दृष्टि रखें और पिछले सिरे पर जवाबदेही। इसके बाद व्यक्ति आपके प्रयासों को कई गुना करके सफलता की ओर बढ़ जाएगा।

डेलीगेशन : ड्रीम टीम के कोच का सबसे सशक्त औज़ार

किसी लीडर में ये दसों गुण हो सकते हैं, परंतु अगर वह डेलीगेशन या काम सौंपने की कला नहीं सीखता है, तो वह कभी ड्रीम टीम का कोच नहीं बन पाएगा। डेलीगेशन लीडर का सबसे सशक्त औज़ार होता है। यह उसकी व्यक्तिगत उत्पादकता को तो बढ़ाता ही है, साथ ही यह उसके विभाग या संगठन की उत्पादकता को भी बढ़ा देता है। जो लीडर्स डेलीगेट नहीं कर सकते हैं या डेलीगेट नहीं करते हैं, वे उत्पादकता की राह में बाधा खड़ी कर देते हैं।

डेलीगेशन का एक अन्य लाभ यह है कि यह संगठन के भीतर लोगों की पहल को बढ़ाता है, क्योंकि यह उन्हें विकास करने और सफलता का आदी होने का अवसर देता है। अगर डेलीगेशन किसी लीडर की सफलता के लिए इतना महत्त्वपूर्ण है, तो कुछ लीडर्स प्रभावकारी ढंग से डेलीगेट क्यों नहीं कर पाते हैं? इसके कई कारण हैं :

डेलीगेशन लीडर का सबसे सशक्त औज़ार होता है।

असुरक्षा

कई लीडर्स को यह डर होता है कि अगर वे हर चीज़ को नियंत्रित नहीं करेंगे, तो इसका मतलब यह है कि वे अपना काम ठीक तरह से नहीं कर रहे हैं। वे डरते हैं कि दूसरे लोग उन पर ज़िम्मेदारियों से बचने का आरोप लगाकर उनकी आलोचना करेंगे। मूल बात यह है कि उन्हें डर होता है कि उनका पद छिन जाएगा।

दूसरों के प्रति विश्वास की कमी

कुछ लीडर्स यह मानते हैं कि उनके कर्मचारी इतने योग्य नहीं है कि उस काम को कर पाएँ, इसलिए वे कभी कोई काम डेलीगेट नहीं करते हैं। वे

यह महसूस नहीं कर पाते हैं कि काम करने का मौक़ा देने से ही लोगों में डेलीगेशन का विकास होता है, वे ग़लतियाँ करते हैं और उनसे सीखते हैं। सफल बनने के लिए हर लीडर को अंततः यह महत्त्वपूर्ण क़दम उठाना पड़ता है कि वह बोझ का कुछ हिस्सा दूसरों को उठाने की अनुमति दे। डेलीगेशन की प्रक्रिया में काम सौंपते समय लीडर कई ग़लतियाँ करेगा और जिन लोगों को काम सौंपा जाता है, वे भी कई ग़लतियाँ करेंगे, परंतु इसी तरह तो सीखा जाता है।

दूसरों को प्रशिक्षित करने की योग्यता का अभाव

सफल डेलीगेटर काम के लिए लोगों को तैयार किए बिना उन पर काम नहीं थोपता है। अगर वह ऐसा करेगा, तो उसकी टीम के सदस्य असफल हो जाएँगे और उससे चिढ़ने लगेंगे। इसके बजाय, काम सौंपने से पहले और ग़लतियाँ होने के बाद लीडर को अपनी टीम को प्रशिक्षित करना चाहिए। जब लीडर दूसरों को प्रशिक्षित करना सीख लेता है, तो वह काम सौंपने के लिए बेहतर तैयार हो जाता है।

काम का व्यक्तिगत आनंद

लोगों के लिए उन कामों को छोड़ना मुश्किल होता है, जिन्हें करने में उन्हें आनंद आता है, परंतु कई बार आनंददायक काम को छोड़ना लीडर द्वारा किया गया सर्वश्रेष्ठ काम हो सकता है। लीडर को ख़ुद से यह सवाल पूछना चाहिए कि क्या उस काम को कोई दूसरा कर सकता है। अगर इसका जवाब हाँ में है, तो उस काम को संभवतः उस व्यक्ति को सौंप दिया जाना चाहिए। लीडर को सिर्फ़ वही काम नहीं करना चाहिए, जिनमें उसे आनंद आता हो। उसे सिर्फ़ ऐसे काम करने पर अपना ध्यान केंद्रित करना चाहिए, जिन्हें कोई दूसरा नहीं कर सकता।

आदत

किसी काम के आनंद की तरह ही आदत भी रुकावट बन जाती है। लोग किसी काम में माहिर हैं, इसका यह मतलब नहीं है कि उन्हें वही काम करते रहना चाहिए। जब कोई काम आसान और सरल लगने लगे, तो लीडर्स को

इसे डेलीगेट कर देना चाहिए और किसी ज़्यादा जटिल काम की तरफ़ बढ़ जाना चाहिए।

काम सौंपने के लिए किसी व्यक्ति को नहीं खोज पाना

मार्क ट्वेन ने एक बार कहा था, "कभी कोई काम करना मत सीखो। अगर आप नहीं सीखते हैं, तो आपको हमेशा कोई न कोई ऐसा व्यक्ति मिल जाएगा, जो आपके लिए वह काम कर देगा।" हालाँकि ट्वेन गंभीरता से यह बात नहीं कह रहे थे, परंतु उनकी इस बात में सच्चाई है। सच्चाई यह है कि आपको हमेशा ऐसे लोगों की तलाश करनी चाहिए, जिन्हें आप काम सौंप सकें। बहुत कम बार ऐसा होगा कि लोग आपको खोजकर कोई काम माँगेंगे। जो लीडर काम सौंपने के लिए लोगों को नहीं खोज सकता, हो सकता है वह पूरी मेहनत से कोशिश ही नहीं कर रहा हो।

अतीत की असफलताओं से उत्पन्न अनिच्छा

जैसा कि मैंने कहा है, जब लीडर्स के काम सौंपने के शुरुआती प्रयास असफल होते हैं, तो कई बार वे काम सौंपने के प्रति अनिच्छुक बन जाते हैं। जैसा केन एलन *द इफ़ेक्टिव एक्ज़ीक्यूटिव* में कहते हैं, डेलीगेशन की असफलता के परिणामस्वरूप हमें हर काम खुद करने की कोशिश नहीं करनी चाहिए, न ही हमें उन लोगों को दोष देना चाहिए, जिन्हें हमने काम सौंपा था। उनका कहना है, "शायद ही कभी ऐसा होता है कि डेलीगेशन अधीनस्थ की ग़लती की वजह से असफल है। हो सकता है आपने काम के लिए ग़लत आदमी को चुना था; शायद आपने उसे पर्याप्त रूप से प्रशिक्षित, विकसित या प्रेरित नहीं किया था।" अगर आपको अतीत में काम सौंपने में मुश्किल आई थी, तो हिम्मत नहीं हारें। यह पता लगाने की कोशिश करें कि समस्या क्यों उत्पन्न हुई थी, उससे सीखें और एक बार फिर काम सौंपने की कोशिश करें।

समय की कमी

दूसरे व्यक्ति को काम सिखाने के लिए पर्याप्त समय नहीं होना शायद वह सबसे आम कारण है, जिसकी वजह से लोग डेलीगेट नहीं करते हैं। और डेलीगेट नहीं करना शायद वह सबसे आम कारण है, जिसकी वजह से लोगों के पास पर्याप्त समय नहीं होता है। समय की कमी के कारण डेलीगेट नहीं

करना या काम नहीं सौंपना अल्पकालीन मानसिकता है। शुरू में डेलीगेटिंग में लगने वाला समय बाद में कई गुना होकर लौटता है।

उदाहरण के लिए, हम यह मान लेते हैं कि कोई लीडर किसी निश्चित साप्ताहिक काम को करने में एक घंटे का समय लगाता है। उसके हिसाब से किसी दूसरे को वह काम करना सिखाने में उसे शुरुआत में पाँच घंटे लगेंगे, फिर अगले तीन हफ़्तों तक हर सप्ताह एक घंटे का समय लगेगा। कुल मिलाकर उसके आठ घंटे बर्बाद होंगे - उसकी व्यस्त दिनचर्या का *एक पूरा दिन प्रशिक्षण देने में चला जाएगा।* इतने समय में तो वह अगले दो महीने तक यह काम कर सकता है।

बहरहाल, अगर वह दूर तक की सोचता है, तो उसे यह अहसास होता है कि आठ घंटे का यह निवेश वर्ष के अंत तक 42 घंटे का अतिरिक्त समय बचाएगा, जिसमें वह अन्य काम कर सकता है। *यानी कि वह पूरे एक सप्ताह का समय हासिल कर लेगा!* और इसके साथ ही यह अतिरिक्त लाभ भी है कि जिस कर्मचारी को वह काम सौंपता है, वह भविष्य में उसके लिए दूसरे काम करने के लिए ज़्यादा अच्छी तरह तैयार हो जाएगा। समय की कमी के दुष्चक्र को तोड़ने के लिए लीडर को डेलीगेट करने या काम सौंपने के लिए सही व्यक्ति खोजने की ज़रूरत है। इसके अलावा उसे शुरुआती प्रशिक्षण देने के लिए समय निकालने की इच्छाशक्ति की भी ज़रूरत है।

"मैं इसे सर्वश्रेष्ठ ढंग से करता हूँ" वाली मानसिकता

जो लीडर्स यह विश्वास करते हैं कि किसी चीज़ को सही तरीक़े से करने के लिए उन्हें वह काम ख़ुद करना पड़ेगा, वे अंततः बहुत कम हासिल कर पाएँगे। नए लीडर्स के सामने सबसे बड़ी समस्या यह आती है कि वे काम करने के बजाय काम का *प्रबंधन* करने की स्थिति में नहीं आना चाहते हैं। यू.एस. स्टील के चेयरमैन एडगर स्पियर ने कहा था, "आप यह नियंत्रण करने की कोशिश भी नहीं करते हैं कि लोग उस काम को कैसे करेंगे। ऐसा करने का कोई तरीक़ा नहीं है। इसके अलावा इसका कोई उद्देश्य नहीं है। हर व्यक्ति काम को अलग तरह से करता है और सब लोग यह दिखाना चाहते हैं कि वे उस काम को अपने तरीक़े से कितनी अच्छी तरह से कर लेते हैं। सुपरवाइज़र का काम परिणामों के विश्लेषण करना है, यह नियंत्रण करना नहीं है कि कोई काम कैसे किया जाए।" अगर आप कुछ छोटे काम

सही तरीक़े से करना चाहते हों, तो उन्हें ख़ुद करें, परंतु अगर आप बड़े काम करना चाहते हों और व्यापक प्रभाव डालना चाहते हों, तो डेलीगेट करना या काम सौंपना सीख लें।

अगर आपने ऊपर दिए गए किसी वर्णन में ख़ुद की झलक देखी हो, तो शायद आप पर्याप्त काम नहीं सौंप रहे हैं। अगर आप डेडलाइन चूक जाते हैं या आपके सामने बार-बार संकट आ जाते हैं, तो इससे भी यह संकेत मिल सकता है कि आपको किसी दूसरे को काम सौंपने की ज़रूरत है। अपने अधीन ऐसे कर्मचारियों की तलाश करते रहें, जो नए संसार को जीतने के लिए तैयार हों - उन्हें काम सौंपने का यह सबसे अच्छा समय है।

डेलीगेशन की दिशा में क़दम

लोगों को आराम से डेलीगेशन में ढालना महत्त्वपूर्ण है। जैसा कि मैंने पहले कहा है, अगर आप चाहते हैं कि वे सफल हों, तो आपको उन पर काम थोपना नहीं चाहिए। मैं निम्न क़दमों के अनुसार डेलीगेट करता हूँ :

उनसे सिर्फ़ तथ्य खोजने के लिए कहें।

इससे उन्हें अपने क़दम जमाने का मौक़ा मिल जाता है और वे मुद्दों तथा लक्ष्यों से परिचित हो जाते हैं।

उनसे सुझाव देने के लिए कहें।

इससे वे सोचना शुरू कर देते हैं। इससे आपको उनकी विचार प्रक्रिया को समझने का मौक़ा मिलता है।

उनसे किसी एक अनुशंसा पर अमल करने को कहें, परंतु तभी जब आप उस पर अपनी सहमति दे दें।

यह एक महत्त्वपूर्ण दौर है। उन्हें असफलता के लिए नहीं बल्कि सफलता के लिए स्थापित करें। और उन्हें बहुत-सा प्रोत्साहन दें।

उन्हें अपने दम पर काम करने को कहें, परंतु परिणाम तत्काल बताने को कहें।

इससे उन्हें आत्मविश्वास मिलता है और नुक़सान होने की स्थिति में आप अब भी नुक़सान को नियंत्रित कर सकते हैं।

उन्हें पूरा अधिकार दे दें।

यह आख़िरी क़दम है - जिसके लिए आप काम कर रहे हैं।

कोच का काम टीम के सदस्यों से वह करवाना है, जो वे करना नहीं चाहते, ताकि वे वह बन सकें, जो वे हमेशा से बनना चाहते थे। सही औज़ारों और सही नज़रिये के साथ ऐसा किया जा सकता है। आप अपनी योग्यताओं और विकास पर जितनी ज़्यादा मेहनत करेंगे तथा अपने खिलाड़ियों को जितना ज़्यादा देंगे, आप उतने ही सफल कोच बन सकेंगे। अगर आप सचमुच अपना सब कुछ झोंक देते हैं, तो आप भी किसी दिन ड्रीम टीम के कोच बन सकते हैं। यह आपके जीवन की सबसे बड़ी ख़ुशियों में से एक होगी।

आगे दो प्रश्नावलियाँ दी गई हैं, ताकि आपकी कोचिंग की योग्यताओं को नापने में मदद मिल सके। पहली डेलीगेशन से संबंधित है।

डेलीगेशन के बारे में मिथ्या अवधारणाएँ

सवाल :

हर सवाल का जवाब सत्य (T) या असत्य (F) में दें।

1.	हमेशा उसी अधीनस्थ को काम सौंपें, जिसे इस तरह के कामों का अनुभव हो।	T	F
2.	जिस व्यक्ति को आप काम सौंप रहे हैं, उसके पास काम के बारे में यथासंभव अधिकतम जानकारी होनी चाहिए।	T	F

3.	सौंपे गए काम पर शुरू से ही नियंत्रण होना चाहिए।	T	F
4.	सौंपे गए कामों में अपेक्षित परिणाम पाने के लिए कार्यविधि की निगरानी महत्त्वपूर्ण है।	T	F
5.	सौंपे गए काम संबंधी अत्यावश्यक निर्णय अब भी डेलीगेटर ही लेता है।	T	F
6.	हमेशा सौंपे गए काम को चुनौती की तरह लें, भले ही वह काम महत्त्वहीन हो।	T	F
7.	काम सौंपने का मतलब काम बाँटना है।	T	F
8.	काम सौंपते समय सलाह नहीं दें।	T	F
9.	हर अधीनस्थ के साथ जवाबदेही की एक जैसी पद्धति का उपयोग करें, ताकि पक्षपात के आरोपों से बचा जा सके।	T	F
10.	अगर कोई अधीनस्थ सौंपे गए काम में असफल होता है, तो उसे दुबारा कोई काम नहीं सौंपें।	T	F

जवाब :

1. असत्य : अगर आप बार-बार उन्हीं लोगों को, और एक से ही काम सौंपते हैं, तो उन्हें विकास करने के अतिरिक्त अवसर नहीं मिलेंगे। यह कम अनुभवी अधीनस्थों के लिए भी उचित नहीं है, जिन्हें विकास करने के लिए अवसर की ज़रूरत है।
2. सत्य : जिस व्यक्ति को काम करना है, उसे आप काम की पृष्ठभूमि संबंधी जितनी ज़्यादा जानकारी देंगे, काम सौंपने की प्रक्रिया उतनी ही ज़्यादा तेज़ और आसान होगी। ज़्यादा अनुभवी अधीनस्थों को आप सिर्फ़ थोड़ी-सी जानकारी दे सकते हैं और उन्हें यह बता सकते हैं कि वे ज़्यादा जानकारी कहाँ से प्राप्त कर सकते हैं।

3. सत्य : नियंत्रण न सिर्फ़ विनाश से बचाते हैं, बल्कि वे आपको काम सौंपने का विश्वास भी देते हैं।

4. असत्य : यह अनुभवहीन डेलीगेटर का बहुत आम दोष है। परिणाम ही सब कुछ हैं। सब लोग आपकी ही विधि का प्रयोग करें, यह दुराग्रह करना पहल और रचनात्मकता को कुंद कर सकता है, जो सफल डेलीगेशन के लिए ज़रूरी हैं।

5. असत्य : यह ख़राब डेलीगेटर्स की एक और आम ग़लती है। सच्चे डेलीगेशन के साथ निर्णय लेने का अधिकार और ज़िम्मेदारी भी दी जाती है।

6. असत्य : सौंपे गए कामों का छल-कपटपूर्ण वर्णन अधीनस्थों का अपमान है और इससे विश्वास भी कम होता है।

7. असत्य : सच्चे डेलीगेशन में अधिकार और ज़िम्मेदारी सौंपने शामिल है, ताकि यह तय हो सके कि क्या काम किया जाना चाहिए, इस पर कैसे जुटना चाहिए और इसे कौन करेगा।

8. असत्य : लोगों को अपने तरीक़े से काम करने दें, परंतु काम शुरू करने से पहले उन्हें आवश्यकता के अनुसार सलाह (और भविष्य-दृष्टि) प्रदान करें। उनके सवालों का जवाब देने के लिए उपलब्ध रहें, परंतु लगातार उनके पीछे से नहीं झाँकें या उनके लिए उनकी समस्याएँ नहीं सुलझाएँ। समस्याओं को सुलझाना सीखना विकास की प्रक्रिया का हिस्सा है।

9. असत्य : काम अलग-अलग होते हैं और उसी तरह लोग भी। काम की कठिनाई और व्यक्ति के अनुभव तथा योग्यता का हमेशा ध्यान रखें। जब आप काम सौंपें, तो जवाबदेही को व्यक्ति के अनुरूप रखें।

10. असत्य : एक असफलता के कारण अधीनस्थ को काम सौंपना नहीं छोड़ें। हो सकता है कि ऐसा उस व्यक्ति के नियंत्रण के बाहर की परिस्थितियों के कारण हुआ हो। असफलता आपकी डेलीगेशन की विधि का परिणाम भी हो सकती है। यह जाँच करें कि क्या ग़लत हुआ था और क्यों।

स्कोरिंग :

ख़ुद को हर सही जवाब के लिए एक अंक दें :

9-10	आप बहुत अच्छे डेलीगेटर हैं।
6-8	आप मूलभूत बातें जानते हैं, परंतु सीखते रहें।
5 या इससे कम	आपने अपनी लीडरशिप क्षमताओं की एक गंभीर कमज़ोरी जान ली है।

अगर आप वर्तमान में लोगों का नेतृत्व कर रहे हैं या सुपरवाइज़ कर रहे हैं, तो आप अपनी टीम के प्रदर्शन के लिए ज़िम्मेदार हैं। यह दूसरी प्रश्नावली आपको यह बताएगी कि आप अपना काम कितनी अच्छी तरह से कर रहे हैं :

आप अपनी टीम की कोचिंग कितनी अच्छी तरह से कर रहे हैं?

नीचे दी गई कुंजी का प्रयोग करते हुए सवालों के जवाब दें, फिर अपना स्कोर जोड़ें।

1 – इसके बारे में अभी सोचा ही नहीं है
2 – अभी शुरुआती अवस्था में है
3 – अच्छी तरह प्रगति हो रही है
4 – लगभग हासिल हो चुकी है
5 – पूरी तरह हासिल हो चुकी है

1.	मैंने अपने खिलाड़ियों को अच्छी तरह चुना है।	1	2	3	4	5
2.	मैंने अपने खिलाड़ियों के सामने यह साबित कर दिया है कि मैं उनकी परवाह करता हूँ।	1	2	3	4	5

3.	मैं उन्हें एक-दूसरे का ध्यान रखने के लिए प्रोत्साहित करता हूँ।	1	2	3	4	5
4.	मैं जानता हूँ कि मेरे खिलाड़ियों को क्या पसंद है।	1	2	3	4	5
5.	मैं सक्रियता से टीम के विकास को प्रोत्साहित करता हूँ।	1	2	3	4	5
6.	मैंने एक ऐसी टीम विकसित कर ली है, जो "सटीक साँचे" में ढल चुकी है।	1	2	3	4	5
7.	मैं अपने खिलाड़ियों का समर्थन करता हूँ।	1	2	3	4	5
8.	मैंने उन्हें सिखा दिया है कि महत्त्वपूर्ण क्या है।	1	2	3	4	5
9.	मैं उन्हें अक्सर गेम प्लान बताता हूँ।	1	2	3	4	5
10.	मैंने उनके सामने क़ीमत चुकाने की मॉडलिंग की है।	1	2	3	4	5
11.	मेरे खिलाड़ी टीम को स्वयं से पहले रखने के इच्छुक हैं।	1	2	3	4	5
12.	मैंने रिज़र्व खिलाड़ियों की एक अच्छी बेंच तैयार कर ली है।	1	2	3	4	5
13.	मैंने हर खिलाड़ी को उसकी भूमिका खोजने और निभाने के लिए प्रोत्साहित किया है।	1	2	3	4	5
14.	मैंने अपने खिलाड़ियों का सम्मान अर्जित कर लिया है।	1	2	3	4	5
15.	मैं अपने खिलाड़ियों को उनके प्रदर्शन के अनुसार पुरस्कार देता हूँ।	1	2	3	4	5
16.	मैंने जीतने की परंपरा डाल ली है।	1	2	3	4	5
17.	मैं समस्याओं को भाँप लेता हूँ और उनसे निबटने की तैयारी करता हूँ।	1	2	3	4	5

18.	मैं अपने सभी खिलाड़ियों का स्तर जानता हूँ।	1	2	3	4	5
19.	मैं सिखाने और काम सौंपने में समय लगाता हूँ।	1	2	3	4	5
20.	मैं सिर्फ़ वही काम करता हूँ, जिसे दूसरों को सौंपा नहीं जा सकता।	1	2	3	4	5

स्कोरिंग :

90-100 आप अपनी ड्रीम टीम के महान कोच हैं; आप चैंपियनशिप जीतने के लिए तैयार हैं।

80-89 आप उत्कृष्ट कोच हैं; अपनी टीम और अपनी दक्षताओं को निखारते रहें।

70-79 आप ठोस कोच हैं। यहीं पर नहीं रुकें। अपने अच्छे काम को आगे बढ़ाएँ और उत्कृष्टता के लिए प्रयास करें, जो आपकी पहुँच के भीतर है।

60-69 आपके खिलाड़ी टीम का रूप ले रहे हैं; सीखते रहें और टीम बनाते रहें।

60 से कम आपको अभी बहुत काम करना है, परंतु निराश नहीं हों। इस अध्याय के सिद्धांतों का प्रयोग टीम बनाने और अपनी लीडरशिप योग्यताओं को सुधारने के लिए करें, आज ही।

❖ ❖ ❖

9

लीडर का सबसे अच्छा समय

लीडर्स द्वारा दूसरे लीडर्स के मूल्य में वृद्धि

स्ट्रस के लेखक एलेक्स हैली ने अपने ऑफ़िस में एक तसवीर टाँग रखी थी, जिसमें एक कछुआ फ़ेंस के ऊपर बैठा था। इस तसवीर को वे वहाँ पर इसलिए रखते थे, ताकि उन्हें एक सबक़ याद रहे, जो उन्होंने बरसों पहले सीखा था : "अगर आप किसी कछुए को फ़ेंस पर देखें, तो आप यह समझ जाते हैं कि उसे किसी की मदद मिली होगी।" हैली का यह कहना था, "जब भी मैं यह सोचना शुरू करता हूँ, 'वाह, मैंने कितना बेहतरीन काम किया है!' तो मैं उस तसवीर की तरफ़ देखता हूँ और याद करता हूँ कि किस तरह यह कछुआ - यानी कि मैं - इतनी ऊँचाई पर पहुँचा हूँ।"

विकसित लीडर्स और उनका विकास करने वाले दोनों ही उस कछुए की तरह हैं। उन्हें बहुत से लोगों की मदद मिली है। वे फ़ेंस पर पहुँच गए हैं, यह दूसरों की वजह से संभव हुआ है। विकास की प्रक्रिया के द्वारा नए लीडर्स और विकासकर्ताओं ने अपने मूल्य में वृद्धि की है।

किसी व्यक्ति के मूल्य में वृद्धि उसकी व्यक्तिगत पदोन्नति या संगठनात्मक सुधार से कहीं ज़्यादा महत्त्वपूर्ण होती है। यह सच है कि जो लोग विकास करते हैं, उन्हें तरक़्क़ी मिलती है और यह भी उतना ही सच

है कि जब संगठनों में दूसरों के विकास के प्रति समर्पित लीडर्स होते हैं, तो संगठनों में सुधार होता है और वे तरक़्क़ी करते हैं। परंतु मूल्य बढ़ाना उससे भी ज़्यादा बड़ा काम है। यह लोगों के जीवन की गुणवत्ता को समृद्ध करता है। यह उनके जीवन के लक्ष्यों और क्षमताओं का विस्तार करता है। लोगों का विकास हर शामिल व्यक्ति की ज़िंदगी को बदल देता है। *ब्रिंगिंग आउट द बेस्ट इन पीपल* में एलन मैक्गिनिस ने कहा था, "दुनिया में कोई और काम इतना महान नहीं है, जितना कि किसी दूसरे इंसान की मदद करना।" और जैसा मैंने अध्याय चार में बताया है, जब हम दूसरों की मदद करते हैं, तो हमें भी हमेशा लाभ होता है।

लोगों का विकास हर शामिल व्यक्ति की ज़िंदगी को बदल देता है।

नए लीडर्स के मूल्य को बढ़ाना

कई साल पहले जब मैं एक चर्च और बिज़नेस संगठन का नेतृत्व कर रहा था, तो मैंने मूल्य बढ़ाने की अवधारणा को समझने के लिए अपने कई लीडर्स का सर्वे किया। ऐसा मैंने इसलिए नहीं किया था कि मेरा संगठन इसके सर्वश्रेष्ठ उदाहरण प्रस्तुत करता था, बल्कि इसलिए किया था क्योंकि मैं इन लोगों को अच्छी तरह जानता था। मैं अपने लीडर्स के मूल्य को कितना बढ़ाता हूँ, यह जानने के लिए मैंने अपने संगठन के दस लोगों से फ़ीडबैक माँगा। मैंने उनसे आग्रह किया, "कृपया मुझे बताएँ कि मैं आपके मूल्य में क्या वृद्धि करता हूँ और आप मेरे मूल्य में क्या वृद्धि करते हैं, ताकि हम दूसरों को भी ऐसा करना सिखा सकें।"

आगे उनकी प्रतिक्रियाओं को संक्षेप में बताया गया है। लोगों ने मेरी काफ़ी तारीफ़ की, परंतु मैं इस वजह से उन प्रतिक्रियाओं को यहाँ नहीं बता रहा हूँ। मैं उन्हें इसलिए बता रहा हूँ, क्योंकि मैं ठोस उदाहरण देना चाहता हूँ, जिनसे यह पता चले कि लोगों का विकास करने के अभूतपूर्व परिणाम मिलते हैं, जिसे मान्यता मिलती है और फिर उसका दूसरों को हस्तांतरण किया जाता है। (अध्याय दस में मैं बताऊँगा कि किस तरह इनमें से कुछ लोग विकास की प्रक्रिया को आज भी अपने आस-पास के लोगों के साथ

जारी रख रहे हैं।) जब आप अपने लोगों का विकास करने में समय लगाएँगे, तो आपको भी इसी तरह की प्रतिक्रिया मिलेगी, जैसी मुझे मिली है।

मॉडलिंग

मेरे संगठन के अधिकांश लोगों के अनुसार महत्त्वपूर्ण बात यह थी कि मैं उनका मॉडल था। एक व्यक्ति ने कहा, "आप संगठन की गति को निर्धारित करते हैं। आप जितना स्वयं देने के लिए तैयार होते हैं, उससे ज़्यादा की माँग कभी नहीं करते हैं। यह 'वाटरमार्क' मुझे लगातार अपना सर्वश्रेष्ठ प्रदर्शन करने के लिए प्रेरित करता है।" मॉडलिंग एक महत्त्वपूर्ण उत्प्रेरक है, क्योंकि इससे लोगों को न सिर्फ़ यह पता चलता है कि आप क्या अपेक्षा रखते हैं, बल्कि यह भी पता चलता है कि क्या हासिल किया जा सकता है।

मेरी टीम के लोगों ने कहा कि मैं एक बहुत महत्त्वपूर्ण बात की मॉडलिंग करता हूँ। वह महत्त्वपूर्ण बात यह है कि मैं अपने व्यक्तिगत विकास के प्रति समर्पित हूँ। जब वे मुझमें यह गुण देखते हैं, तो इसके महत्त्व को समझ लेते हैं। और वे जल्दी ही मेरे विश्वास को अपने विश्वास के रूप में अपना लेते हैं। भले ही वे मुझे छोड़कर चले जाएँ, परंतु वे लगातार विकास करते रहेंगे, क्योंकि उन्होंने उस विश्वास को अपना लिया है।

भविष्य-दृष्टि और दिशा

हर सफल संगठन का लीडर अपनी टीम के लोगों को भविष्य-दृष्टि प्रदान करता है। मैंने हमेशा यह सुनिश्चित किया है कि मेरे आसपास के लोग मेरी भविष्य-दृष्टि जान जाएँ, क्योंकि इस पर केंद्रित हुए बिना हम अपने लक्ष्य हासिल नहीं कर सकते। स्टाफ़ के एक सदस्य का कहना था, "बड़ी तसवीर पर ध्यान केंद्रित करने की उनकी क्षमता मुझे संकीर्ण दृष्टि रखने से रोकती है।" एक और का कहना था, "वे भविष्य-दृष्टि और दिशा प्रदान करते हैं। उनके संपर्क में रहकर मैं जान जाता हूँ कि मैं अपने व्यावसायिक लक्ष्य की ओर बढ़ रहा हूँ।" बर्ट नैनुस ने *विज़नरी लीडरशिप* में लिखा था, "किसी संगठन को उत्कृष्टता और व्यापक सफलता की ओर ले जाने वाले सबसे ज़्यादा शक्तिशाली इंजन है भविष्य की आकर्षक, महत्त्वपूर्ण और हासिल की जा सकने वाली दृष्टि, जिसे ज़्यादातर लोग जानते हों।"

भविष्य-दृष्टि होने और उसे बताने से सिर्फ़ संगठन ही नहीं चलता है। इसके अन्य लाभ भी होते हैं। यह लोगों को उनके व्यक्तिगत जीवन के लिए भी भविष्य-दृष्टि और दिशा भी देता है। जब वे संगठन के ज़्यादा बड़े लक्ष्यों के प्रति योगदान देते हैं, तो भविष्य-दृष्टि से ज़्यादा स्पष्टता से जुड़ने लगते हैं। जब भविष्य-दृष्टि ज़्यादा स्पष्ट हो जाती है और दिशा का अहसास बहुत प्रबल हो जाता है, तो उनका जीवन अधिक सार्थक बन जाता है।

प्रोत्साहन और प्रशंसा

मैंने जितने भी लोगों का सर्वे किया, उन सबका कहना था कि उन्हें मुझसे प्रोत्साहन मिलता था। इससे मैं ख़ुश होता हूँ, क्योंकि मैं सबसे ज़्यादा यही चाहता हूँ कि मेरी टीम के लोग यह जान लें कि मैं उनसे प्रेम करता हूँ और उनके लिए सर्वश्रेष्ठ की कामना करता हूँ। एक व्यक्ति ने कहा, "वे मुझे व्यक्तिगत प्रोत्साहन और प्रशंसा देते हैं। मैंने अपने जीवन में ऐसा कोई दूसरा व्यक्ति नहीं देखा, जो इस काम को उनसे बेहतर तरीक़े से करता हो... कई बार मैं ऐसे लोगों से भी मिलता हूँ, जो किसी काम को बहुत अच्छी तरह से नहीं कर पाते हैं, परंतु उनकी भी यही राय होती है कि जॉन उनसे प्रेम करते हैं।" एक और का कहना था, "वे मेरी व्यक्तिगत तौर पर परवाह करते हैं और मुझे विश्वास है कि उनके हृदय में मेरे सर्वश्रेष्ठ हित हैं। वे चाहते हैं कि मैं विजय हासिल करूँ। उनका सकारात्मक नज़रिया और प्रोत्साहन मुझे बता देता है कि वे मेरी सफलता पर ख़ुश होते हैं। वे उसके बारे में भी परवाह करते हैं, जो मेरे लिए सबसे महत्त्वपूर्ण है - मेरा परिवार।"

हमारे समाज में लोगों को प्रोत्साहन कम मिलता है। वे बुरी तरह प्रोत्साहन चाहते हैं, परंतु उन्हें यह कभी-कभार ही मिल पाता है। दो प्रमुख कारणों से मेरे संगठन के लोग बहुत प्रोत्साहित अनुभव करते हैं। पहला कारण तो यह है कि मैं उन्हें जानने और उनके साथ संबंध बनाने के लिए समय का निवेश करता हूँ। मैं पता लगाता हूँ कि वे कौन हैं, वे कहाँ से आए हैं, उनका जीवनसाथी कौन है, उनके बच्चे कौन हैं। मैं उनकी प्रतिभाओं और लक्ष्यों को जानता हूँ। मैं सचमुच उन्हें जान लेता हूँ। दूसरा कारण यह है कि मैं उनसे प्रेम करता हूँ और मैं उस प्रेम को उनके सामने नियमित रूप से व्यक्त भी करता हूँ। मैं सिर्फ़ उनके काम की ही तारीफ़ नहीं करता हूँ। मैं उन्हें यह भी बता देता हूँ कि मैं सबसे पहले व्यक्ति के रूप में उनकी

परवाह करता हूँ और उनसे प्रेम करता हूँ। लोगों के साथ संबंध की नींव बनाने का कोई विकल्प नहीं है। अगर आप लोगों का विकास करना चाहते हैं, तो आपको इसी नींव पर निर्माण करना होगा। भले ही आप अपनी टीम के लोगों को जानने, उनसे प्रेम करने तथा उन्हें प्रोत्साहित करने से ज़्यादा कुछ नहीं करें, परंतु इसके बावज़ूद आप उनके जीवन के मूल्य में वृद्धि कर देंगे।

उनमें विश्वास

मैंने जिन लोगों का विकास करने में अपना समय लगाया है, उनमें से ज़्यादातर छुईमुई की तरह संकोची नहीं थे। बहरहाल, आत्मविश्वास वाले लोगों को भी ज़्यादा आत्मविश्वास हासिल करने के लिए प्रोत्साहित किया जा सकता है। स्टाफ़ के एक सदस्य ने लिखा है, "जॉन मेरे ऑफ़िस में अक्सर यह देखने आते थे कि मैं कैसा काम कर रहा हूँ। वे मेरी तारीफ़ करते थे और मुझे बताते थे कि मैं कितना बोझ उठा रहा हूँ। शुरुआत से ही उन्होंने मुझे हर वह काम करने के लिए प्रेरित किया, जिसके मैं सपने देखता था। उन्होंने मुझे ऐसे प्रोजेक्ट्स लेने के लिए प्रोत्साहित किया, जिन पर मैंने पहले कभी काम नहीं किया था। इसके अलावा, उन्होंने मुझे विकास करते रहने के लिए भी प्रोत्साहित किया।"

> *अगर आप लोगों पर विश्वास करेंगे, तो वे उस विश्वास पर खरा उतरने की पूरी कोशिश करेंगे।*

अपनी पुस्तक *द विनिंग एटीट्यूड* में मैंने जिन विचारों का विस्तार से परीक्षण किया है, उनमें से एक यह है कि लोग जिस तरह से खुद को देखते हैं, उससे भिन्न तरीक़े से वे लगातार किसी काम को नहीं कर सकते। यह सच है, चाहे लोग सकारात्मक परिस्थितियों का सामना करें या नकारात्मक परिस्थितियों का। जो लोग विश्वास करते हैं कि वे सफल हो सकते हैं, वे विपत्तियाँ आने के बावज़ूद सफल होते हैं। हो सकता है बाक़ी लोगों को जीवन में हर अच्छी चीज़ मिले, परंतु इसके बावज़ूद वे असफल होते हैं, क्योंकि वे स्वयं को असफल व्यक्ति के रूप में देखते हैं।

जब मैं अपने संगठन के लीडर्स को जान लेता हूँ, उनमें विश्वास करता हूँ, उन्हें प्रोत्साहित करता हूँ और सफल होने में उनकी मदद करता हूँ, तो इससे उनका आत्मविश्वास दृढ़ होता है। मैं लगातार बड़ी जीत हासिल करने

में उनकी मदद करता हूँ। लगभग हमेशा लोग आपके अपेक्षाओं को पूरा करने की कोशिश करते हैं। अगर आप लोगों पर विश्वास करेंगे, तो वे उस विश्वास पर खरा उतरने की पूरी कोशिश करेंगे।

नई चीज़ें आज़माने की इच्छा

मेरे एक लीडर ने कहा, "वे मुझे जोखिम लेने और नई ऊँचाइयों तक पहुँचने का आत्मविश्वास देते हैं और इस दौरान उन्हें मुझ पर सच्चा विश्वास होता है।" लोगों के आत्मविश्वास का एक महत्त्वपूर्ण परिणाम यह होता है कि उनमें नई चीज़ों को आज़माने की इच्छा जाग्रत होती है। जब लोग आरामदेह काम करते रहते हैं, तो वे एक ढर्रे में फँसकर रह जाते हैं। वे विकास करना छोड़ देते हैं। जबकि जोखिम लेने के इच्छुक लोग ऐसे काम करते हैं, जिन्हें वे असंभव मानते थे। वे उससे ज़्यादा हासिल करते हैं, जितना वे संभव मानते थे। इसके अलावा वे उससे ज़्यादा बन जाते हैं, जितना वे स्वयं को मानते थे। जोखिम के साथ जिस तरह का विकास होता है, वह लोगों के जीवन के मूल्य में अविश्वसनीय वृद्धि कर सकता है।

व्यक्तिगत विकास

मैंने यह आदत डाल ली है कि मैं अपने आसपास के लोगों का विकास करने के लिए अलग से समय रखूँ। एक लीडर ने कहा, "आपने एक दशक से भी ज़्यादा समय तक मेरा मार्गदर्शन किया और मुझे प्रशिक्षित किया।" मैं अपने लीडर्स को सलाह देने के लिए समय निकालता हूँ। मैं मुश्किल परिस्थितियों का सामना करने में उनकी मदद करता हूँ। मैं उन्हें तैयार करने के लिए भी नियमित रूप से समय देता हूँ। कई लीडर्स ने मेरे द्वारा दिए जाने वाले मासिक लीडरशिप निर्देश को मूल्यवान बताया। एक ने मुझे उन अनुभवों की याद दिलाई, जो मैंने बताए थे। उसने कहा, "वे हमेशा चाहते हैं कि उनके आसपास के लोग उनके अधिकारों और अवसरों का अनुभव करें।"

मैं अपने लोगों को वह सब देने की कोशिश करता हूँ, जो मैं दे सकता हूँ। कई बार यह उनके साथ समय बिताने के रूप में होता है, कई बार मैं उन्हें मार्गदर्शन देता हूँ। अगर मैं उन्हें कोई मूल्यवान अनुभव बता सकता हूँ, तो मैं ऐसा कर देता हूँ। उदाहरण के लिए, स्टाफ़ की एक सदस्य ने ज़िक्र किया कि मेरी मदद से एक बार वह कोरिया में डॉ. चो के साथ नाश्ते

की टेबल पर बैठी थी। चो दुनिया के सबसे बड़े चर्च के पास्टर हैं। स्टाफ़ के एक और सदस्य ने हमेशा बिली ग्राहम से प्रत्यक्ष मुलाक़ात का सपना देखा था। जब मुझे इस महान धर्मगुरु से मिलने का अवसर मिला, तो मैं अपने स्टाफ़ के उस सदस्य को अपने साथ ले गया। ये दोनों घटनाएँ मेरे स्टाफ़ के सदस्यों के लिए रोमांचक थीं, परंतु विकास संबंधी आम अनुभवों से ज़्यादा मूल्यवान नहीं हैं, जो मैं उनके साथ दिन-प्रतिदिन बाँटने की कोशिश करता हूँ। मैं ऐसे अवसरों की तलाश करता हूँ, जब मैं अपने लोगों के साथ खुद को बाँट सकूँ और आपको भी ऐसा ही करना चाहिए।

ऐसे अवसरों की तलाश करें, जब आप अपने टीम के लोगों के साथ खुद को बाँट सकें।

व्यक्तिगत विकास का समर्पण

अब तक आप जान चुके होंगे कि व्यक्तिगत विकास किसी व्यक्ति की सफलता के लिए कितना महत्त्वपूर्ण होता है। इसी से व्यक्ति के जीवन के मूल्य में सर्वाधिक वृद्धि होती है। मेरे संगठन की एक लीडर ने इस बारे में कहा है :

> जॉन विकास के प्रति समर्पित हैं, व्यक्तिगत रूप से और संगठनात्मक रूप से भी, चाहे क़ीमत कुछ भी हो। चूँकि वे खुद हमेशा ऊर्जावान रहते हैं, अपने जीवन में हमेशा विकास और चुनौती चाहते हैं, इसलिए वे मुझे ऊर्जा, प्रेरणा और साहस देते हैं, ताकि मैं कठोर निर्णय लूँ तथा आत्म-संतुष्टि से बचूँ। विकास करने के लिए जॉन को लोगों को नौकरी से निकालना पड़ा है, लोगों से *नहीं* कहना पड़ा है और अपने जीवन की प्राथमिकताएँ तय करनी पड़ी हैं। वे लीडर के रूप में एकाकीपन की क़ीमत चुकाने के लिए तैयार हैं!

जैसा इस सदस्य ने बताया, मैं अपने संगठन में अकेला ही नहीं हूँ, जो व्यक्तिगत विकास की क़ीमत चुकाता हूँ। मेरे आसपास के सभी शीर्ष लीडर्स इसके प्रति पूरी तरह समर्पित हैं। अगर मैं कल संगठन छोड़ दूँ, तब भी वे विकास करने की आवश्यक क़ीमत चुकाते रहेंगे। और जैसा वाल्टर लिपमैन ने कहा था, "लीडर का आख़िरी इम्तिहान यह है कि वह दूसरे लोगों में

अपने विश्वास और आगे बढ़ने की इच्छा-शक्ति को अपने पीछे छोड़ जाता है।"

सशक्तिकरण

मैंने यह पाया है कि लोग तब सशक्त बनते हैं, जब आप उन्हें तीन चीज़ें देते हैं : अवसर, स्वतंत्रता और सुरक्षा। मैं अपने लीडर्स को संगठन के लिए नए काम करने का अवसर देता हूँ, रचनात्मकता तथा पहल-शक्ति का प्रयोग करके लक्ष्य हासिल करने की स्वतंत्रता देता हूँ और यह जानने की सुरक्षा देता हूँ कि योजना के हिसाब से काम नहीं होने पर भी मैं उनका समर्थन करूँगा। स्टाफ़ के एक सदस्य का कहना था, "आपने मुझे आश्वस्त किया है कि आप अपनी पूरी शक्ति से मेरी मदद करने की कोशिश करेंगे। इससे मुझे सुरक्षा और विश्वास का अहसास मिलता है।" मुझे अपने संगठन में लोगों को सफल होते देखने से प्रेम है और उन्हें सशक्त बनाने से ही यह संभव होता है।

लोग तब सशक्त बनते हैं, जब आप उन्हें तीन चीज़ें देते हैं : अवसर, स्वतंत्रता और सुरक्षा।

सशक्तिकरण में एक उलझन हो सकती है। आपको अपनी आवश्यकताओं का संतुलन सशक्त बनने वाले लीडर के विकास से करना होता है और हमेशा संगठन के सर्वश्रेष्ठ हितों का ध्यान रखना होता है। मेरे संगठन के एक लीडर ने इसे "रस्सी का सिद्धांत" कहा है :

> जॉन मुझे हमेशा पर्याप्त रस्सी देते हैं, ताकि मैं काम को स्वयं पूरा कर लूँ, परंतु वे इतने ज़्यादा रस्सी भी नहीं देते कि मैं खुद को फाँसी पर लटका लूँ... "रस्सी के सिद्धांत" के प्रयोग द्वारा वे व्यक्ति के विकास को संगठन के हित के साथ संतुलित भी करते हैं। अगर स्टाफ़ का कोई सदस्य इस प्रक्रिया में विकसित हो रहा हो, तो वे किसी काम को पूरा करने के लिए सामान्य से थोड़ा ज़्यादा इंतज़ार करने को तैयार रहते हैं। बहरहाल, वे कभी इतनी ढील नहीं देते हैं कि संगठन को कोई नुक़सान हो।

जिन लीडर्स का मैंने सर्वे किया, उनमें से एक के अनुसार सशक्तिकरण वह प्रमुख लक्षण है, जो लीडर्स के मूल्य में सर्वाधिक वृद्धि करता है। उसने कहा :

> प्रेरणा, विश्वास, मार्गदर्शन और बाक़ी सभी गुण व्यक्ति के भीतर की चीज़ों का दोहन करते हैं। सशक्तिकरण उस व्यक्ति में एक नया आयाम जोड़ता है, जिसका पहले अस्तित्व ही नहीं होता है... सशक्तिकरण के उपहार के साथ एक बड़ी ज़िम्मेदारी भी जुड़ी होती है। ग़लत उद्देश्य हों, तो लीडर लोगों और संगठन के बजाय स्वयं अपने हित में सशक्तिकरण कर सकता है। जॉन ने हमेशा संगठन तथा दूसरे लोगों को ख़ुद से पहले रखा है।

सार्थक जीवन जीने के लिए व्यक्ति को स्वयं से बड़ी किसी चीज़ का हिस्सा बनना चाहिए।

अपने संगठन के व्यक्ति में इस नए आयाम को जोड़ने से आप न सिर्फ़ ज़्यादा शक्तिशाली लीडर बनेंगे, बल्कि आप उसके मूल्य को भी बढ़ाएँगे।

स्वयं से बड़ी किसी चीज़ का हिस्सा बनना

सार्थक जीवन जीने के लिए व्यक्ति को स्वयं से बड़ी किसी चीज़ का हिरराा बनना चाहिए। मैं अपने आसपास के लोगों को ऐसा जीवन जीने की चुनौती देता हूँ, जिसका प्रभाव अस्थायी नहीं, बल्कि शाश्वत हो। मैं चाहता हूँ कि मेरे स्टाफ़ का हर सदस्य वह बने, जिसके लिए उसे बनाया गया है - यानी कि वह अपनी पूरी क्षमता तक पहुँचे।

सर्वे की सबसे उत्साहवर्धक टिप्पणियों में से एक इन्जॉय के मेरे एक बहुत क़रीबी व्यक्ति ने दी। उसने कहा, "मैं अकेले जितनी चीज़ें हासिल कर सकता हूँ, उनके साथ मैं उससे बड़ी चीज़ें हासिल कर सकता हूँ।" लोगों के जीवन की सार्थकता में वृद्धि करने के सबसे बड़े पुरस्कारों में से एक यह है कि यह कई गुना होकर आपके पास लौटता है।

लोगों के जीवन की सार्थकता में वृद्धि करने के सबसे बड़े पुरस्कारों में से एक यह है कि यह कई गुना होकर आपके पास लौटता है।

मैंने जिन लोगों का विकास किया है, उन्होंने मेरे मूल्य में क्या वृद्धि की है

अगर मैं सिर्फ़ अपनी टीम के लोगों के मूल्य में ही वृद्धि करता रहूँ और बदले में मुझे कुछ नहीं मिले, तब भी मैं यह काम करूँगा, परंतु यह इस तरह से नहीं होता। चाहे मैं कितना ही ज़्यादा दूँ, मुझे हमेशा बदले में उससे ज़्यादा मिलता है। यह बिलकुल अविश्वसनीय है।

संगठनात्मक लीडर के रूप में मैंने पाया है कि सभी कर्मचारी दो श्रेणियों में से एक में आते हैं : तनख़्वाह लेने वाले या तनख़्वाह बनाने वाले। तनख़्वाह लेने वाले कम से कम काम करते हैं और अपनी तनख़्वाह लेते हैं। तनख़्वाह बनाने वाले अपना सब कुछ झोंक देते हैं और अपनी तनख़्वाह से ज़्यादा योगदान देते हैं। मैंने पाया है कि जो लोग विकास करने के इच्छुक होते हैं, वे हमेशा तनख़्वाह बनाने वाले होते हैं। आप दोनों प्रकार के लोगों की कही बातों से उनके बीच के फ़र्क़ को समझ सकते हैं :

तनख़्वाह लेने वाले	तनख़्वाह बनाने वाले
मुझे क्या मिलेगा?	मैं क्या दे सकता हूँ?
क्या इससे काम चल जाएगा?	मैं हरसंभव प्रयास करूँगा कि यह सही हो जाए।
यह मेरा काम नहीं है।	काम चाहे जो हो, मैं आपकी मदद कर सकता हूँ।
कोई दूसरा ज़िम्मेदार है।	मैं ज़िम्मेदार हूँ।
मैं किस तरह अच्छा दिख सकता हूँ?	टीम किस तरह अच्छी दिख सकती है?
क्या यह चल जाएगा?	क्या यह मेरा सर्वश्रेष्ठ प्रयास है?
तनख़्वाह ही मेरे काम करने का कारण है।	तनख़्वाह तो मेरे काम का गौण परिणाम है।

क्या यहाँ काम करने से मैं बेहतर स्थिति में हूँ?	क्या मेरे यहाँ काम करने से टीम बेहतर स्थिति में है?
मुझे अभी भुगतान करें, मैं परिणाम बाद में दूँगा।	मैं अभी परिणाम दूँगा। आप मुझे बाद में भुगतान कर सकते हैं।

यहाँ पर ऐसे विशिष्ट तरीक़े दिए जा रहे हैं, जिनसे मेरे संगठन के लीडर्स मेरे मूल्य में वृद्धि करते हैं। इस सूची में मूल्य वृद्धि के वे बिंदु शामिल हैं, जिन्हें उन्होंने मेरे आग्रह पर स्वयं चुना था। मैंने इसमें "तोहफ़ों का संतुलन" जोड़ा है। यह मूल्य मेरे लिए महत्त्वपूर्ण था, परंतु इसे उन्होंने स्पष्ट रूप से नहीं चुना था।

वफ़ादारी

मेरे संगठन के कई लीडर्स ने कहा कि मेरे कारण वे मेरे और मेरे संगठन के प्रति वफ़ादार हैं। एक व्यक्ति ने मज़ाक़ में कहा, "मैं उनके लिए चट्टान से नीचे खाई में नहीं कूद जाऊँगा, परंतु मैं निश्चित रूप से इस पर विचार करूँगा!" बाक़ियों ने यह कहा कि वे संगठन के हितों की रक्षा करना चाहते हैं, क्योंकि वे इसमें विश्वास करते हैं, या वे मुझे उन छुटपुट दबावों से भी बचाना चाहते हैं, जिनका मुझे सामना करने की ज़रूरत नहीं है। मैं इन सब बातों के लिए कृतज्ञ हूँ।

मैं यह भी पहचानता हूँ कि मेरे लीडर्स की वफ़ादारी के दो कारण हैं। पहला तो यह कि उनका संगठन के कार्यों में विश्वास है और दूसरा यह है कि टीम के प्रति उनमें समर्पण का भाव है। मेरे आसपास के लोग मिलकर बहुत सुंदरता से काम करते हैं। वे हमेशा मदद करने के लिए तत्पर रहते हैं और हरसंभव कोशिश करते हैं। वे अपने व्यक्तिगत हितों को टीम के सर्वश्रेष्ठ हितों से नीचे रखते हैं।

प्रोत्साहन

दूसरों को प्रोत्साहित करने से उनमें भी आपको प्रोत्साहित करने की इच्छा उत्पन्न होती है। मेरे एक लीडर ने लिखा है, "मैंने जॉन को लगातार प्रोत्साहित करने को अपना सिद्धांत बना लिया है। मुझे लगता है कि हम सबको

समय-समय पर प्रोत्साहन की ज़रूरत होती है। इस क्षेत्र में वे बहुत अच्छे मॉडल हैं और प्रोत्साहन का आदान-प्रदान करने में मुझे बहुत ख़ुशी होती है।"

मैं नैसर्गिक रूप से बहुत सकारात्मक हूँ, इसलिए मैं निराशा के जाल में नहीं फँसता हूँ, परंतु मेरी दिनचर्या अक्सर बहुत कठिन होती है और मैं थक जाता हूँ। जब ऐसा होता है, तो मेरा स्टाफ़ मेरी मदद करता है। वे न सिर्फ़ मुझे प्रोत्साहित करते हैं, बल्कि जितना बोझ कम कर सकते हैं, उतना कम करने का प्रस्ताव रखते हैं।

व्यक्तिगत सलाह और समर्थन

लीडर्स को विकसित करने का एक बहुमूल्य परिणाम यह होता है कि आपको उनसे सलाह और परामर्श मिल सकता है। मैं अपने संगठन के लीडर्स के ज्ञान और बुद्धि से लाभान्वित होता हूँ। उनमें से एक ने कहा था, "मैं जो सोचता हूँ या महसूस करता हूँ, वह जॉन को बता देता हूँ, भले ही मैं जानता होऊँ कि वे असहमत हो सकते हैं। मैं हाँ में हाँ मिलाने वाला व्यक्ति नहीं हूँ।" मुझे दूसरे लीडर के दृष्टिकोण को सुनना अच्छा लगता है और मैं ईमानदारी का सम्मान करता हूँ। दरअसल, जो व्यक्ति मुझसे असहमत होता है, वह अक्सर मुझे सहमत होने वाले व्यक्ति से ज़्यादा सिखा सकता है। एक और लीडर ने कहा था, "मुझे लगता है, जॉन जानते हैं कि मैं हमेशा उनके चाहे गए किसी भी क्षेत्र में विचार-विमर्श करने और उन्हें जानकारी देने के लिए तैयार रहता हूँ। मुझे आशा है कि वे यह भी जानते होंगे कि वे मुझ पर 100 प्रतिशत समर्थन का भरोसा रख सकते हैं।" अपने लोगों से मुझे जो समर्थन और सलाह मिलती है, उसकी मैं प्रशंसा करता हूँ। इससे मेरे जीवन में अविश्वसनीय मूल्य-वृद्धि होती है।

काम को पूरा करना

मेरे आसपास लोगों का एक बहुत बढ़िया समूह है, जिसे मैं "दरवाज़े बंद करने वाले" कहता हूँ। मैं उन्हें ऐसा इसलिए कहता हूँ, क्योंकि मैं उन्हें कोई भी काम या प्रोजेक्ट इस विश्वास के साथ सौंप सकता हूँ कि वे इसे पूरा कर देंगे और अपने पीछे दरवाज़ा बंद कर देंगे। वे विचारों पर अमल करते हैं, प्रोजेक्ट पूरे करते हैं, छोटे-छोटे विवरणों का ध्यान रखते हैं और मेरे लिए समस्याओं को सुलझाते हैं। वे मेरे द्वारा प्रदान की गई भविष्य-दृष्टि के

दायरे के भीतर अपने विचार उत्पन्न करते हैं और उन पर अमल करते हैं। वे लगातार संगठन के लक्ष्यों को आगे बढ़ाते हैं। जैसा कि उनमें से एक ने कहा, "मैं आपको ज़्यादा महत्त्वपूर्ण काम के लिए मुक्त रख रहा हूँ। मैं बोझ का कुछ हिस्सा उठा रहा हूँ।"

इन लीडर्स के काम मेरे तथा संगठन के लिए महत्त्वपूर्ण हैं। इन कामों को करना ही होता है और वे इसे प्रभावकारिता से कर सकते हैं। हर बार जब भी मेरे सामने किसी नए काम, प्रोजेक्ट या गतिविधि की चुनौती आती है, तो मैं हमेशा ख़ुद से पूछता हूँ, "क्या मेरे संगठन में कोई ऐसा व्यक्ति है, जो इसे प्रभावकारी ढंग से कर सकता है?" अगर ऐसा व्यक्ति होता है, तो मैं वह काम उसे सौंप देता हूँ। मैं उसे काम पूरा करने देता हूँ। इसके बदले में मुझे वह अगली मूल्यवान चीज़ मिल जाती है, जो मेरे आसपास के लोग मुझे प्रदान करते हैं।

समय

मेरे संगठन में कई बहुत योग्य और प्रभावकारी लीडर्स काम करते हैं। मैंने उन्हें विकसित करने में जो समय लगाया है, उसके कारण वे मेरे और संगठन के ज़्यादातर काम कर सकते हैं। इससे मुझे उन कामों को करने के लिए ज़्यादा समय मिल जाता है, जिन्हें सिर्फ़ मैं ही कर सकता हूँ या जिन्हें दूसरे लोग उतनी अच्छी तरह नहीं कर सकते। जैसा कि मेरे संगठन के एक व्यक्ति ने कहा, "मैं उन्हें उन चीज़ों के लिए स्वतंत्र छोड़ देता हूँ, जिन्हें वे सर्वश्रेष्ठ तरीक़े से कर सकते हैं : सिखाना, नेतृत्व करना, भाषण देना, प्रेरित करना आदि।" समय पाना एक अविश्वसनीय उपहार है। मेरे आसपास के लोग मुझे तत्काल किए जाने वाले कामों से मुक्त कर देते हैं, ताकि मैं महत्त्वपूर्ण काम कर सकूँ।

उपहारों का संतुलन

सभी लोगों की तरह मुझमें भी शक्तियाँ और कमज़ोरियाँ हैं। मेरी कमज़ोरी के कुछ क्षेत्रों को मैं व्यक्तिगत विकास के द्वारा सुधारने में सफल हुआ हूँ। फिर भी कुछ क्षेत्रों में सुधार की काफ़ी गुंज़ाइश है, ख़ास तौर पर उन क्षेत्रों में, जो मेरे स्वभाव के विपरीत हैं। मेरे आसपास के लोग मेरी कमियों को अपनी ख़ूबियों से संतुलित करके मेरे मूल्य में वृद्धि करते हैं।

मैं उत्साही और पित्त प्रकृति का हूँ। मुझे काम में सफलता पाने में आनंद आता है और मैं हमेशा आगे बढ़ता रहता हूँ। मैंने अतीत में क्या किया है, इस पर ठहरकर चिंतन करने का मेरा सामर्थ्य नहीं है। उदाहरण के लिए, जब मैं स्काईलाइन वेस्लीयन चर्च का पादरी था, तो मैं हर रविवार को अपने प्रवचन में सिखाए गए सिद्धांतों को बाद में चर्च के बाहर सिखा सकता था या उन सबक़ों में शामिल कर सकता था, जिन्हें मैं हर महीने इन्जॉय के माध्यम से लीडर्स को भेजता था, परंतु एक बार रविवार को प्रवचन देने के बाद मैं उसके बारे में दुबारा नहीं सोचता था और अगले काम में जुट जाता था। यह एक कमज़ोरी थी।

सौभाग्य से मैंने लोगों को इस तरह से विकसित किया है, ताकि वे मेरी कमज़ोरी के इन क्षेत्रों को दूर कर सकें। मेरे प्रवचनों के संदर्भ में मुझे अपनी एक सहयोगी की मदद मिली। मेरे साथ दस साल से ज़्यादा समय से काम कर रही यह सहयोगी मुझसे हर सोमवार को सवाल पूछती थी, ताकि मैं अपने सिखाए गए सिद्धांतों पर चिंतन कर सकूँ। फिर वह मेरी टिप्पणियों के आधार पर नोट्स बनाती थी और उन्हें फ़ाइल कर लेती थी, ताकि मैं भविष्य में उनका उपयोग कर सकूँ।

दूसरों का आकर्षण

कोई संगठन लगातार बनता रहे और विकास करता रहे, इसके लिए उसे उच्च गुणवत्ता के नए लोगों को लगातार आकर्षित करना चाहिए। अध्याय तीन में मैंने आपको बताया है कि लीडर्स के लिए संभावित क्षमतावान लीडर्स को पहचानना और नियुक्त करना कितना महत्त्वपूर्ण है। हालाँकि यह बहुत महत्त्वपूर्ण है, परंतु मैं इस काम में उतना समय नहीं दे सकता, जितना मैं देना चाहता हूँ। बहरहाल, मेरे संगठन के लीडर्स ऐसा करते हैं। वे लगातार नए लीडर्स को तैयार करते हैं। बहुत से संगठनों के प्रमुखों के साथ ऐसा होता है, परंतु सौभाग्य से मेरे साथ ऐसा कभी नहीं हुआ कि मेरे यहाँ पर लीडरशिप वाले पद भरे जाने हों, परंतु उनके लिए लोग नहीं मिल रहे हों।

लोगों का विकास

मैंने जिन लीडर्स का सर्वे किया, उनमें से हर एक ने अन्य लोगों के विकास को अपनी सर्वोच्च प्राथमिकताओं में से एक के रूप में सूचीबद्ध किया और

इसे मेरे मूल्य में वृद्धि करने के रूप में भी परिभाषित किया। वे जानते हैं कि लीडर्स का विकास करने से मूल्य में जितनी वृद्धि होती है, उतनी किसी दूसरी चीज़ से नहीं होती। लोगों के विकास के बारे में एक लीडर ने लिखा था, "मेरी प्रबल भावना यह है : ईश्वर से प्रेम करने तथा लोगों से प्रेम करने व उनका नेतृत्व करने के लिए लोगों को चुनना, उन्हें तैयार करना और विकसित करना।" एक अन्य लीडर ने कहा, "मैं दूसरों को सिखाकर और विकास का माहौल प्रदान करके जॉन के लीडरशिप संगठन को गहरा बनाता हूँ। मैंने यह करना जॉन से सीखा है, जिन्होंने मेरे लिए यह किया था।" और लोगों को विकसित करना सिर्फ़ उनके आसपास के लोगों पर ही केंद्रित नहीं है, बल्कि यह स्वयं उन पर भी केंद्रित है। वे अपने व्यक्तिगत विकास के प्रति समर्पित होते हैं। जैसा एक लीडर ने कहा था, "मैं संगठन और इसके प्रभाव की ख़ातिर अपनी व्यक्तिगत ईमानदारी बनाए रखने और अपना चारित्रिक विकास करने के लिए मेहनत करता हूँ।" और अपने विकास के लिए वे जो भी काम करते हैं, उससे उनके प्रभाव क्षेत्र में आने वाले हर व्यक्ति पर सकारात्मक प्रभाव पड़ता है, जिसमें मैं भी शामिल हूँ।

बढ़ा हुआ प्रभाव

दरअसल अपने आसपास लीडर्स को विकसित करने का सबसे बड़ा लाभ यह है कि यह आपके प्रभाव को बढ़ा देता है। अपनी पुस्तक *डेवलपिंग द लीडर्स विदिन यू* में मैंने लीडरशिप की वह परिभाषा बताई है, जिसे मैं इसकी सबसे अच्छी परिभाषा मानता हूँ : *लीडरशिप प्रभाव है।* मैंने जिन लीडर्स का सर्वे किया, उनमें से एक ने कहा, "मैं उस जनता के सामने आपका प्रतिनिधित्व करता हूँ, जिस तक आप समय और संख्या के कारण नियमित रूप से नहीं पहुँच पाते हैं।" उदाहरण के लिए स्काईलाइन चर्च में, जिसका मैं नेतृत्व करता था, व्यस्त रविवार को लगभग 4,000 लोग आते थे। अगर मैं अपनी अन्य ज़िम्मेदारियों के अलावा उन सब लोगों से सिर्फ़ आधे घंटे के लिए व्यक्तिगत रूप से मिलना चाहता, तो मुझे हर दिन लगभग छह घंटे तक दस से भी ज़्यादा लोगों से मिलना पड़ता, सप्ताह में सातों दिन, बावन सप्ताह तक एक भी दिन का नागा किए बिना। साल के अंतर तक मैं स्काईलाइन चर्च में आने वाले हर व्यक्ति से मिल लिया होता, परंतु कोई भी इस गति से काम नहीं कर सकता।

हालाँकि मैं व्यक्तिगत रूप से इनमें से हर व्यक्ति से नहीं मिल सकता, परंतु मैं फिर भी उन पर प्रभाव डाल सकता हूँ - अपने लीडर्स की टीम के द्वारा। मेरी टीम का हर लीडर सैकड़ों लोगों तक पहुँचता है और उनके जीवन को स्पर्श करता है। और उनमें से हर एक ने लीडर्स की ऐसी टीम विकसित कर ली है, जो बदले में अन्य लोगों तक पहुँचती है और उनके जीवन को स्पर्श करती है। जब मैं व्यक्तिगत रूप से विकास करता हूँ और दूसरों का विकास करता हूँ, तो मेरा प्रभाव भी बढ़ता रहता है। अपने जीवन के अंतर तक (अगर ईश्वर मुझे उतना उत्पादक जीवन देता है, जिसकी मैं आशा करता हूँ) मैं एक करोड़ से ज़्यादा लोगों पर सकारात्मक प्रभाव डालूँगा - सिर्फ़ अपने माध्यम से नहीं, बल्कि उन लीडर्स के माध्यम से भी, जिन्हें मैंने अपने आसपास विकसित किया है। जैसा इन्जॉय के एक शीर्ष लीडर का कहना है, "मैं उन्हें उनके प्रभाव को बढ़ाने का अवसर देता हूँ। वे अकेले जितना कर सकते हैं, मैं उनके काम को उससे आगे तक ले जाता हूँ।"

जब आप अनुयायियों के बजाय लीडर्स तैयार करते हैं, तो वे भी आपके लिए यही करेंगे। और वे परंपरा को आगे बढ़ाएँगे, जिस तरह मेरे कुछ लीडर्स करते हैं। इस पुस्तक का अंतिम अध्याय बताता है कि मेरे द्वारा तैयार किए गए चार लीडर्स किस तरह लीडर्स के उत्कृष्ट विकासकर्ता बन चुके हैं।

❖ ❖ ❖

10

लीडर का दीर्घकालीन योगदान

लीडर्स की पीढ़ियों को तैयार करना

"यह लीडरशिप की नई पीढ़ी का समय है," जॉन एफ. कैनेडी ने राष्ट्रपति पद के लिए 1960 के चुनाव अभियान के दौरान टी.वी. पर दिए भाषण में यह कहा था। लीडर्स की नई पीढ़ी की आवश्यकता को शायद और किसी राष्ट्रपति ने कैनेडी से ज़्यादा नहीं पहचाना था। कैनेडी अमेरिका के पहले राष्ट्रपति थे, जो बीसवीं सदी में पैदा हुए थे। वे राजनैतिक परिवर्तनों से भरे एक दशक के बाद देश के लीडर के रूप में उभरे थे।

जैसा कि मैंने *डेवलपिंग द लीडर विदिन यू* में स्पष्ट किया है, अधिकांश लोग यह मानते हैं कि लीडर्स की हर नई पीढ़ी विकसित होने के बजाय पैदा होती है। वे सोचते हैं कि नए लीडर्स पैदाइशी लीडर्स होते हैं और तब तक इंतज़ार करते हैं, जब तक कि वे समाज के लीडर्स बनने लायक़ बड़े नहीं हो जाएँ। इसका परिणाम यह होता है कि कई लीडर्स सिर्फ़ अनुयायी बनाना चाहते हैं और वे यह आशा करते हैं कि समय आने पर नए लीडर्स परिदृश्य पर अपने आप उभर आएँगे। इस तरह के लीडर्स को यह पता ही नहीं होता कि वे अपनी तथा अपने आसपास के लोगों की क्षमता को कितना सीमित कर रहे हैं।

जैसा कि मैंने पहले कहा है, जो लीडर सिर्फ़ अनुयायी बनाता है, वह अपनी सफलता को वहीं तक सीमित कर रहा है, जहाँ तक उसका प्रत्यक्ष और व्यक्तिगत प्रभाव पड़ता है। जिस सीमा तक वह नेतृत्व कर सकता है, उसकी सफलता वहीं पर ख़त्म हो जाती है। दूसरी ओर, जो लीडर दूसरे लीडर्स तैयार करता है, वह अपने प्रभाव को कई गुना बढ़ा लेता है। इससे उसका ही नहीं, उसकी टीम के लोगों का भविष्य भी सुखद होता है। उसका संगठन तब भी बनता और बढ़ता रहता है, जब वह व्यक्तिगत रूप से लीडरशिप नहीं दे पाता।

जो लीडर दूसरे लीडर्स तैयार करता है, वह अपने प्रभाव को कई गुना बढ़ा लेता है।

हो सकता है लीडर के रूप में आपने इस पुस्तक में दिए सभी मार्गदर्शक सिद्धांतों का अनुसरण किया हो। आपने सही माहौल बनाया है। आपने संभावित लीडर्स को पहचाना है। आपने उन्हें पोषण दिया है, तैयार किया है, विकसित किया है। आपने बहुत अच्छी टीम बनाई है और उसे प्रशिक्षण देना सीख लिया है। अब आप यह सोच सकते हैं कि आपका काम पूरा हो चुका है, परंतु ऐसी बात नहीं है। एक और बहुत ज़रूरी तत्व है, जो अभी बाक़ी है। और यह उस लीडर की सफलता की सच्ची परीक्षा है, जो अन्य लीडर्स का विकास करता है। जिन लीडर्स को आपने विकसित किया है, उन्हें विकास की परंपरा को आगे बढ़ाना चाहिए और लीडर्स की तीसरी पीढ़ी तैयार करनी चाहिए। अगर वे ऐसा नहीं करते हैं, तो लीडर्स को तैयार करने की प्रक्रिया यहीं पर रुक जाएगी। सच्ची सफलता सिर्फ़ तभी मिलती है, जब हर पीढ़ी अगली पीढ़ी को तैयार करती है तथा उन्हें लीडर्स के अगले समूह का विकास करने के महत्त्व और तरीक़े सिखाती है।

मैंने अपने जीवन का अधिकांश हिस्सा लीडर्स तैयार करने में लगाया है, जो बदले में लीडर्स की अगली पीढ़ी को तैयार करें। वे जिन लीडर्स की नई पीढ़ी को तैयार कर रहे हैं, उनमें से कई लोग उनसे उम्र में बड़े होते हैं। दरअसल, कुछ साल पहले तक मैंने जिन लोगों को तैयार किया था, उनमें से ज़्यादातर उम्र में मुझसे बड़े

सच्ची सफलता सिर्फ़ तभी मिलती है, जब हर पीढ़ी अगली पीढ़ी को तैयार करती है।

थे। अपनी युवावस्था में ही मैंने स्वयं को लीडर्स तैयार करने की प्रक्रिया के प्रति समर्पित कर दिया था।

कई लीडर्स यह मानने की ग़लती कर लेते हैं कि वे सिर्फ़ उन्हीं लोगों को तैयार कर सकते हैं, जो व्यक्तित्व में, स्वभाव में, नैसर्गिक योग्यताओं में और सामाजिक-आर्थिक पृष्ठभूमि में उनकी ही तरह हों, परंतु यह सच नहीं है। लीडर्स कई तरह के लोगों को विकसित कर सकते हैं। जब मैं स्काईलाइन चर्च में पादरी था, तो ऐसे चार लोग थे, जिन्हें मैं लीडरशिप विकास में अपनी सबसे बड़ी सफलता मानता था। उनके विकास के लिए जो चीज़ें आवश्यक थीं, वे हर मामले में बिलकुल अलग थीं। परंतु वे विकसित हुए और उन्होंने मेरे जीवन के मूल्य को अविश्वसनीय रूप से बढ़ाया - मेरे परिवार के बाहर के किसी भी अन्य व्यक्ति से अधिक। हर व्यक्ति ने न सिर्फ़ मेरे बोझ को हल्का किया और मेरे प्रभाव को बढ़ाया, बल्कि उसने अपने आसपास के लीडर्स को विकसित करने की परंपरा को भी आगे बढ़ाया।

इन चारों लोगों में से प्रत्येक ने लीडर्स के विकासकर्ता के रूप में मेरे सामने एक अलग चुनौती पेश की। उनके अनुभव के स्तर अलग थे। उनके स्वभाव मुझसे और एक-दूसरे से अलग थे। कुछ में संबंध बनाने की अच्छी योग्यता थी, तो कुछ में नहीं थी, परंतु उनकी भिन्नताओं के बावज़ूद वे सब लीडर बनने और अन्य लीडर्स को विकसित करने में सक्षम थे। मैंने पाया है कि लीडर बनने के लिए व्यक्ति में तीन चीज़ें आवश्यक हैं :

इच्छा

लीडर बनने की योग्यता इच्छा से शुरू होती है। यह एकमात्र ऐसी चीज़ है, जो विकासकर्ता प्रदान नहीं कर सकता। इच्छा कितनी है, काफ़ी हद तक इसी से संभावित लीडर की प्रगति तय होती है। प्रबल इच्छा लीडर की बहुत-सी नैसर्गिक कमियों की भरपाई कर सकती है।

संबंध बनाने की योग्यता

अपने जीवन में मैं आज तक किसी ऐसे महान लीडर से नहीं मिला, जिससे अच्छे संबंध बनाने की योग्यता नहीं हो। यह लीडरशिप की सबसे

महत्त्वपूर्ण योग्यता है। इसके बिना कोई भी व्यक्ति प्रभावकारी ढंग से नेतृत्व नहीं कर सकता। कई लोग मानते हैं कि संबंध बनाने की योग्यता जन्मजात होती है और यह सीखी नहीं जा सकती। परंतु यह सच नहीं है। लोगों का स्वभाव उन्हें दूसरों से एक ख़ास तरीक़े से व्यवहार करने के लिए प्रेरित कर सकता है, परंतु यह उनकी संबंध बनाने की योग्यता को निर्धारित नहीं करता है। यहाँ तक कि सबसे संकोची और निराशावादी व्यक्ति भी अच्छे संबंध बनाने की योग्यता सीख सकता है। लगभग हर व्यक्ति संबंध बनाने की योग्यता सीख सकता है और उसे सुधार सकता है।

> *अच्छे संबंध बनाने की योग्यता लीडरशिप की सबसे महत्त्वपूर्ण योग्यता है।*

व्यावहारिक लीडरशिप की योग्यताएँ

ये लीडरशिप के "कैसे करें" वाले सिद्धांत हैं, जिन्हें मॉडलिंग, तैयारी और विकास की प्रक्रिया के द्वारा व्यक्ति सीखता है। ये भी सीखे जा सकते हैं।

जब मैं इन चारों लीडर्स के संपर्क में आया, जिनका मैं वर्णन करने जा रहा हूँ, तो उनकी योग्यताएँ भिन्न थीं, परंतु उनमें प्रबल इच्छा थी।

अनुयायी लीडर बन जाता है

बारबरा ब्रूमैगिन ग्यारह साल तक मेरी व्यक्तिगत सहयोगी थी। वह एक योग्य सेक्रेटरी के रूप में मेरे पास आई थी। उसने कड़ी मेहनत की और उसमें सेवा भाव बहुत था, परंतु उसने दूसरों का नेतृत्व नहीं किया। यह उसके व्यक्तित्व का नैसर्गिक हिस्सा नहीं था, न ही वह नेतृत्व करने के लिए अच्छी तरह से तैयार थी। वह हमेशा अनुयायी रही थी, परंतु मैं देख सकता था कि उसमें बहुत क्षमता थी। इससे भी महत्त्वपूर्ण बात यह थी कि उसमें प्रबल इच्छा थी।

जब मैं पहले-पहल स्काईलाइन चर्च में आया, तो मैं सहयोगी की तलाश करने लगा। मेरे एक सहयोगी पादरी ने मुझे बारबरा का नाम सुझाया। जब हम उस पद पर विचार करने के लिए मिले और मैंने उससे सवाल पूछे, तो उसने बहुत कम जवाब दिए। इतने कम कि उसे असभ्य माना जा सकता था। मैंने तत्काल अपना रवैया बदला और ख़ुद बोलने लगा : मैं उसे अपने

लक्ष्य बताने लगा। मैं उसे बताने लगा कि चर्च, स्वयं और उसके लिए मेरे लक्ष्य तथा मेरी भविष्य-दृष्टि क्या थी। कुछ मिनट तक सुनने के बाद वह मेरे साथ संप्रेषण करने लगी। मैंने तत्काल देख लिया कि वह उस पद के लिए आदर्श थी और मैंने उसे नौकरी पर रख लिया। बाद में मुझे पता चला कि वह उस इंटरव्यू में अपनी इच्छा के ख़िलाफ़ आई थी, क्योंकि उसे लग रहा था कि चर्च में सेक्रेटरी बनना बोरियत भरा काम है और वहाँ विकास के अवसर नहीं होंगे। सीखने और विकास करने में उसकी बहुत रुचि थी और उसने विकास किया। बारबरा स्पंज की तरह थी।

बारबरा का विकास करते समय मैंने धीमी गति से काम किया। अपने पद पर आत्मविश्वास का अनुभव करने और लीडरशिप के लक्षण प्रदर्शित करने में उसे लगभग दो साल का समय लगा। मैंने लीडरशिप की मॉडलिंग की, उसे प्रशिक्षित किया और उसके साथ सक्रिय मेहनत की। मैं हमेशा सावधान रहा कि उसे न सिर्फ़ यह समझाऊँ कि मैं उससे क्या काम करवाना चाहता था, बल्कि यह भी बताऊँ कि मैं उससे वे काम क्यों करवाना चाहता था। उसने एक बार मुझे बताया कि उसे महसूस होता था, जैसे हर दिन मैं उसे व्यक्तिगत रूप से विकसित कर रहा था। जब हमने कुछ सालों तक एक साथ काम किया, तो वह मुझे इतनी अच्छी तरह जानने लगी कि वह मुझसे पूछे गए किसी भी सवाल का मेरी ही तरह जवाब दे सकती थी या मेरी ही तरह निर्णय ले सकती थी। एक बार उसने और मैंने अलग-अलग एक व्यक्तित्व परीक्षण किया। मैंने हर सवाल का जवाब दिया और उसने भी ऐसा ही किया। उसने उन सवालों के जवाब उसी तरह दिए, *जिस तरह उसके हिसाब से मैं देता।* जब हमने जवाबों की तुलना की, तो उसने सिर्फ़ दो सवालों के ग़लत जवाब दिए थे। उसने तत्काल यह बता दिया कि उसके एक सवाल का जवाब तो ग़लत इसलिए हो गया था, क्योंकि मैंने एक सवाल का जवाब ग़लत दिया था - और उसकी यह बात सच थी!

आपके पास ऐसे लोग हो सकते हैं, जो बारबरा की तरह लीडर नहीं होंगे, परंतु जिन्हें आप विकसित करने की तैयारी करेंगे। अगर आप ऐसा करते हैं, तो उन्हें विकसित करते समय इन चार बातों का ध्यान रखें :

सकारात्मक माहोल बनाए रखें

जिन लोगों में पहले से ही लीडरशिप की योग्यताएँ नहीं होतीं, उन्हें ऐसा

माहौल मिलना चाहिए, जो सकारात्मक हो और उनके विकास के अनुकूल हो। ऐसे माहौल के बिना वे विकास करने में डरेंगे। ऐसा माहौल होने पर वे सीखने और नए काम करने के इच्छुक होंगे। माहौल प्रदान करें; फिर उन्हें अपने क़रीब रखें, ताकि वे उस तरह सीखना शुरू कर सकें, जिस तरह आप सोचते हैं।

उनमें विश्वास व्यक्त करें

जो लोग लीडरशिप के प्रति स्वाभाविक रुझान नहीं रखते हैं और जिनके पास लीडरशिप का कोई अनुभव नहीं होता है, वे अक्सर आसानी से हतोत्साहित हो जाते हैं। चूँकि वे पहले लीडर्स नहीं रहे हैं, इसलिए उनसे ग़लतियाँ होंगी। हो सकता है वे बहुत-सी ग़लतियाँ करें, ख़ास तौर पर शुरुआत में। इस बात की संभावना है कि उनके विकास की प्रक्रिया लंबी होगी। जब चीज़ें मुश्किल हो जाएँ, तो उनमें विश्वास जताएँ और उन्हें लगन से जुटे रहने के लिए प्रोत्साहित करें।

उन्हें सशक्त बनाएँ

शुरुआत में अनुयायी लीडरशिप की भूमिकाएँ नहीं निभाना चाहते हैं, इसलिए उन्हें लीडर्स द्वारा सशक्त बनाया जाना चाहिए। उनके साथ चलकर शुरुआत करें और उन्हें अपने अधिकार दें। समय गुज़रने के साथ ही दूसरे भी नए लीडर्स के बारे में अपने विचारों को बदल लेंगे और नए लीडर्स भी अपने बारे में विचारों को बदल लेंगे। अंततः लोग ख़ुद को अपने अधिकारों से संपन्न बना लेंगे।

अपनी शक्तियों के अनुरूप खेलें

यह अत्यावश्यक है कि आप उनकी शक्तियों के अनुरूप खेलते हुए विकास प्रक्रिया शुरू करें। चूँकि उन्हें लीडरशिप में पहले बहुत कम सफलताएँ मिली हैं, इसलिए उन्हें कुछ जीतों की ज़रूरत है। दरअसल यह विकास की प्रक्रिया को तेज़ कर देता है और नया लीडर संवेग (momentum) बनाना शुरू करता है।

जब आप किसी अनुयायी को लीडर के रूप में तैयार करना शुरू करते हैं, तो अपेक्षित समय और ऊर्जा आपकी प्रगति को धीमा कर देगी। हो

सकता है आपके मन में यह प्रलोभन आए कि आप उस व्यक्ति का विकास करना छोड़ दें, परंतु ऐसा नहीं करें। यह बहुत बड़ी ग़लती हो सकती है। बारबरा के मामले में, उसे विकसित करने में शुरुआत में थोड़ा ज़्यादा समय लगा, परंतु न सिर्फ़ उसने ग्यारह साल की अद्भुत सेवा देकर उसकी भरपाई कर दी, बल्कि अब वह दूसरों को वही सिखा रही है, जो उसने सीखा था।

मैनेजर लीडर बन जाता है

जब मैं पहली बार डैन रीलैंड और उनकी पत्नी पैटी से इंडियाना के एक लीडरशिप सम्मेलन में मिला, जिसे मैं आयोजित कर रहा था, तो डैन एक सेमिनरी स्टूडेंट था। वह स्काईलाइन का सदस्य था, चर्च में जाना चाहता था और मेरे स्काईलाइन के सीनियर पास्टर बनने से पहले ही सेमिनरी में चला गया था। चर्च में मेरे पहले वर्ष के दौरान वह इन्टर्न बनकर लौटा।

डैन का विकास बहुत रोचक था। डैन स्मार्ट था, पढ़ाई में तेज़ था और सेमिनरी में भी अच्छा विद्यार्थी था। वह जिन गतिविधियों में शामिल होता था, अक्सर उसे उनका प्रभारी बना दिया जाता था। वह अपनी क्लास का प्रेसिडेंट भी था, परंतु उसके अच्छे गुणों के बावज़ूद वह लीडर नहीं था; वह मैनेजर था।

मैनेजर लीडर से भिन्न तरीक़े से सोचते हैं। मैनेजर कामों और सिस्टमों पर ध्यान केंद्रित करते हैं। उनकी भविष्य-दृष्टि सीमित होती है और कई बार हठधर्मिता की प्रवृत्ति होती है। और सबसे बड़ी बात यह कि उनका मूल ध्यान संबंधों पर केंद्रित नहीं होता। डैन में काम निबटाने पर ध्यान केंद्रित करने की प्रवृत्ति थी। मुझे याद है, एक दिन हम कई लोग ऑफ़िस के हॉल में बातें कर रहे थे और डैन बिना कुछ बोले सीधे हमारे बीच से गुज़र गया था। उस समय मुझे लगा कि हमें एक गंभीर चर्चा करने की ज़रूरत थी, वरना वह मेरी टीम में नहीं रह सकता।

मैं डैन के साथ बैठा और संबंध बनाने की योग्यता के बारे में उससे बातचीत की, क्योंकि वह जानता था कि मुझे उसमें विश्वास था और मैं सचमुच उसकी परवाह करता था। विसंगति तो यह थी कि डैन सचमुच लोगों से प्रेम करता था और वह उनके साथ संबंध बनाना चाहता था, परंतु उसकी आंतरिक इच्छा उसके व्यवहार में नहीं झलकती थी। उसके साथ काम कर

रहे लोगों को यह पता ही नहीं था कि वे उसके लिए कितने महत्त्वपूर्ण हैं। तब मैंने उसके साथ अतिरिक्त समय बिताना शुरू किया, ताकि दूसरों के साथ संबंध बनाने की उसकी योग्यताओं को लीडर की तरह विकसित किया जाए। मैंने उसे सिखाया कि वह भीड़ में से धीमे से गुज़रे और काम करने के लिए जाते समय लोगों के साथ बातें करते हुए जाए। जैसा मैंने अध्याय तीन में ज़िक्र किया है, अब वह स्काईलाइन का एक्ज़ीक्यूटिव पास्टर बन गया है और मेरे लिए बहुमूल्य है। दूसरों के साथ संबंध बनाने की योग्यता उसके सबसे प्रबल गुणों में से एक है और इसे वह अपनी नेतृत्व क्षमता का आधार मानता है।

अगर आपके पास मैनेजर की तरह सोचने वाले क्षमतावान लीडर्स हों, तो आपका लक्ष्य यह होना चाहिए कि आप उन्हें बेहतर संबंध बनाने की योग्यता सिखाएँ और उनकी चिंतन प्रक्रिया को बदलें। किसी अनुयायी को नेतृत्व करना सिखाने के लिए आपको *धीमा* होना पड़ता है, परंतु हो सकता है मैनेजर को लीडर बनाते समय आपको पूरी तरह *रुकना* पड़े। इसका कारण यह है कि आपको कई बार अपने काम को रोककर अपनी विचार प्रक्रिया के माध्यम से उस व्यक्ति की मानसिक स्थिति की कल्पना करनी होगी और फिर उसे समझाना होगा कि आप जो कर रहे हैं, वह क्यों कर रहे हैं। आपको लगातार उसे बड़ी तसवीर दिखानी चाहिए, जब तक कि वह उसे खुद नहीं देखने लगे।

हमारी उपलब्धियों के आकार को यही बात तय करती है कि हमारी सोच कितनी बड़ी है।

मैंने पाया है कि सभी सच्चे लीडर्स के चिंतन में कुछ आम लक्षण होते हैं।

लीडर बड़ी सोच वाला होता है

लीडर हमेशा बड़ी तसवीर देखता है और जानता है कि उसकी सफलता उसके लक्ष्यों जितनी ही बड़ी होगी। जैसा डेविड श्वार्ट्ज़ ने कहा था, "सफलता के संदर्भ में लोगों को इंचों, पौंडों, कॉलेज की डिग्रियों या पारिवारिक पृष्ठभूमि के आधार पर नहीं नापा जाता : उन्हें तो उनकी सोच के आकार से नापा

जाता है। हमारी उपलब्धियों के आकार को यह बात तय करती है कि हमारी सोच कितनी बड़ी है।" आप जिन लोगों का विकास कर रहे हैं, अगर आप उन्हें लगातार बड़ी तसवीर दिखाते हैं और समस्याओं के बजाय संभावनाओं पर ज़ोर देते हैं, तो वे बड़ा सोचना शुरू कर देंगे।

लीडर दूसरों के संदर्भ में सोचता है

लीडर स्वयं पर और अपनी व्यक्तिगत सफलता पर ध्यान केंद्रित नहीं करता है। वह संगठन और अन्य लोगों की सफलता के बारे में सोचता है। उसमें दूसरों के बारे में सोचने की मानसिकता होती है। दूसरों का विकास करने के लिए आपको उन्हें इस संदर्भ में सोचना और सीखना चाहिए कि वे दूसरों को किस तरह ऊपर उठा सकते हैं, दूसरों का विकास कैसे कर सकते हैं और उन्हें साथ लेकर कैसे चल सकते हैं।

लीडर लगातार सोचता है

जो लोग लीडर नहीं हैं, वे इसी बात से संतुष्ट हो जाते हैं कि वे चुपचाप बैठे रहें और दूसरे लोग सोचते रहें। दूसरी तरफ़, लीडर लगातार नए विचार सोचता है, नए संसाधनों पर विचार करता है, सुधार के तरीक़े सोचता है, वित्तीय स्थिति पर विचार करता है और अपने समय का प्रबंधन करता है। लगातार सोचने से लीडर अपना और अपने संगठन का विकास करने में समर्थ हो जाता है। लीडर्स का विकास करते समय इस तरह के चिंतन की मॉडलिंग करें और सवाल पूछकर इसे बढ़ावा दें।

लीडर सकल लाभ के बारे में सोचता है

दूसरे लोग छोटे-छोटे विवरणों में उलझे रहते हैं, परंतु लीडर सकल लाभ के बारे में सोचता है। आप जिन लोगों का विकास कर रहे हैं, अगर आप उनसे सकल लाभ बताने को कहें, तो वे आपके पूछने से पहले ही इसके बारे में सोचने लगेंगे। अंततः वे स्वयं इस संदर्भ में सोचने लगेंगे।

लीडर बिना सीमा के सेचता है

जो लोग लीडर नहीं हैं, वे दूसरों द्वारा निर्धारित सीमाओं में सोचते हैं। शायद लोगों को ऐसा करना किंडरगार्टन में सिखाया जाता है, जब उन्हें लाइनों

प्रगति और नवाचार ऐसे लोग करते हैं, जो बिना सीमा के सोचते हैं।

के बीच में ही रंग भरने के निर्देश मिलते हैं, परंतु लीडर इससे ज़्यादा रचनात्मक होता है। वह विकल्पों और अवसरों की तलाश करता है। वह चीज़ों को किसी नई दिशा में या सीमा के पार ले जाने की कोशिश करता है। प्रगति और नवाचार ऐसे लोग करते हैं, जो बिना सीमा के सोचते हैं।

लीडर अमूर्त के संदर्भ में सोचता है

लीडर अमूर्त चिंतक होता है। वह टाइमिंग, मनोबल, नज़रिये, संवेग और माहौल जैसी अमूर्त चीज़ों के संदर्भ में सोचता है। वह लाइन के बीच में छुपी बातों को भी पढ़कर समझ लेता है। वह अनपेक्षित का पूर्वानुमान लगा लेता है।

लीडर तत्काल सोचता है

लीडर तत्काल स्थिति का आकलन कर लेता है और उसे पूरी तरह समझ लेता है। लीडर दो कारणों से ऐसा करने में समर्थ होता है। पहला तो यह कि वह बड़ी तसवीर के संदर्भ में सोचता है और दूसरा यह कि वह अपना होमवर्क कर लेता है, ताकि उसके पास पर्याप्त जानकारी रहे, जिसकी बदौलत वह तत्काल निर्णय ले सके।

लीडर के रूप में विकसित होने के बाद डैन ने मेरा बोझ काफ़ी हल्का कर दिया। उसने मेरे लिए स्काईलाइन को चलाया, तेरह पास्टर्स का निर्देशन किया और चालीस से अधिक संख्या वाले स्टाफ़ को सँभाला। परंतु डैन ने इससे भी ज़्यादा काम किया। उसकी सबसे बड़ी ख़ासियत यह है कि वह दूसरों का विकास करता है। 1987 से डैन हर साल ऐसे लोगों को चुनता है, जिनका वह व्यक्तिगत रूप से नेतृत्व करेगा। वह सौ से ज़्यादा लोगों के साथ काम कर चुका है और उन्हें विकसित कर चुका है।

लीडर्स को विकसित करने का डैन का तरीक़ा सुनियोजित है। वह विकसित करने के लिए संभावित लीडर्स की लगातार तलाश करता है और ख़ुद को लाइटनिंग रॉड के रूप में देखता है, जो लोगों को विकसित करने के लिए आवश्यक ऊर्जा को केंद्रित करती है। उसके अनुसार वह इसलिए

प्रभावकारी है, क्योंकि वह हमेशा लीडर्स तैयार करने की *भविष्य-दृष्टि* को ध्यान में रखता है। उसकी सफलता का कारण यह भी है कि उसने लोगों के विकास को अपनी *जीवनशैली* बना लिया है और वह इसके प्रति *समर्पित* है। पूरी प्रक्रिया की कुंजी संबंध हैं। डैन कहता है कि वह जिन लोगों का विकास करता है, वे आपसी संबंधों, तैयारी और आपसी आदान-प्रदान की सिनर्जी के कारण लीडर्स के रूप में विकसित होते हैं। पूरी प्रक्रिया को जिस बात से बल मिलता है, वह है संबंध बनाने वाला हिस्सा, जिसमें उसने स्वयं बहुत ज़्यादा विकास कर लिया है।

लीडर अपनी लीडरशिप शैली को बदलता है

जब मैंने अपने स्काईलाइन स्टाफ़ में शेरिल फ़्लेशर को नियुक्त किया, तो मैं जानता था कि वह एक प्रबल लीडर थी। उसके पास भविष्य-दृष्टि थी, वह निर्णय ले सकती थी, वह बड़ा सोचती थी और उसके पास सकल लाभ की मानसिकता थी, परंतु उसमें निरंकुश और थोड़ा-सा हठधर्मी बनने की प्रवृत्ति भी थी। शेरिल लीडर तो थी, परंतु वह संबंध बनाकर नेतृत्व नहीं करती थी। उसने खुद का वर्णन करते हुए कहा कि वह "लोगों" की नहीं, "मिशन" की मानसिकता वाली थी।

शेरिल के विकास में बदलाव का क्षण तब आया, जब उसने एक व्यक्ति के साथ एक मुश्किल स्थिति का सामना जितने प्रभावी तरीक़े से वह कर सकती थी, उससे कम प्रभावकारी तरीक़े से किया। उसने स्वयं यह स्वीकार किया कि इसमें उसने "शिष्टाचार की नादानी और संबंधों की मूर्खता" का परिचय दिया था। इस घटना के कुछ समय बाद मैं उसके साथ बैठा और उससे कहा कि मैं उसका समर्थन करता हूँ और मुझे उस पर विश्वास है, परंतु अगर वह टीम में योगदान देना चाहती है, तो उसे विकास करना होगा और अपनी लीडरशिप शैली को बदलना होगा। इसके बाद वह न सिर्फ़ लीडर के रूप में विकसित हुई, बल्कि टीम की सर्वश्रेष्ठ लीडर्स में से एक बन गई।

शेरिल के साथ मेरा लक्ष्य उसके व्यक्तित्व को बदलना नहीं था। यह उसके काम करने के तरीक़े यानी उसकी लीडरशिप शैली को बदलना था। वह अपनी लीडरशिप को स्थापित करने के लिए तंत्र और पद पर विश्वास करती थी। मैं चाहता था कि वह संबंध के आधार पर लीडरशिप स्थापित

करे और लोगों का सशक्तिकरण करे। कई बार तो मुझे अपने बाक़ी काम छोड़कर उसे दुबारा प्रशिक्षित करना पड़ा, परंतु मेरे प्रयासों का निश्चित रूप से फल मिला। जब भी आप किसी लीडर की शैली को बदलना चाहते हों, तो आपको निम्न कार्य करना चाहिए :

बेहतर लीडरशिप शैली के मॉडल बनें

आपको सबसे पहली चीज़ यह करनी है कि आप उन्हें अपनी बेहतर लीडरशिप शैली दिखा दें। अगर आपको नेतृत्व करने का कोई बेहतर तरीक़ा नहीं मालूम है, तो वे कभी नहीं बदलेंगे।

पहचानें कि उनसे कहाँ ग़लती होती है

ध्यान देकर यह निर्धारित करें कि वे कहाँ ग़लती करते हैं। अगर आप यह नहीं जानते कि क्या बदला जाना है, तो आप उन्हें नहीं बदल पाएँगे।

उन्हें बदलने के लिए उनकी अनुमति लें

अगर वे बदलाव की प्रक्रिया के प्रति समर्पित नहीं हैं और इस काम में आपको मदद करने की अनुमति नहीं देते हैं, तो आपकी सारी कोशिशें बेकार जाएँगी। लोग आपको तभी अपनी अनुमति देंगे जब या तो वे इतने आहत हों कि उन्हें परिवर्तन की आवश्यकता महसूस हो, वे इतना सीख जाएँ कि परिवर्तन करना चाहें, या फिर उन्हें इतना मिल जाए कि वे बदलने में सक्षम हों।

उन्हें दिखाएँ कि यहाँ से वहाँ तक कैसे पहुँचा जाता है

भले ही वे जानते हों कि उन्हें बदलने की ज़रूरत है, भले ही उनमें बदलने की इच्छा भी हो, परंतु इसके बावज़ूद हो सकता है कि वे बदल पाने में सक्षम नहीं हों। उन्हें क़दम दर क़दम रास्ता दिखा दें।

तत्काल फ़ीडबैक दें

चूँकि आप बुरी आदतें छोड़ने में उनकी मदद कर रहे हैं, इसलिए आपको उनके कार्यों पर तत्काल प्रतिक्रिया करनी चाहिए। ग़लत ढंग से सीखी गई चीज़ को भुलाने के बजाय पहली बार कोई चीज़ सीखना हमेशा आसान

होता है। मैंने यह सबक़ तब सीखा, जब मैंने अपने गोल्फ़ स्विंग के तरीक़े को बदलने की कोशिश की। जब आप संबंध के आधार पर नेतृत्व करने के लिए लोगों को पुनः प्रशिक्षित करें, तो उन्हें अच्छे तथा ख़राब दोनों कामों के लिए तत्काल फ़ीडबैक दें।

जब शेरिल बड़ी हुई और दिल से नेतृत्व करने लगी, तो वह लीडर्स का अविश्वसनीय ढंग से विकास करने लगी। उसने लोगों के विकास को अपने जीवन का प्रबल लक्ष्य बना लिया है। जब वह स्काईलाइन में व्यक्तिगत विकास मिनिस्ट्रीज़ की पास्टर बनी, तो डैन की तरह वह भी विकसित करने के लिए हमेशा लोगों को खोजती रही। जिन महिलाओं को शेरिल विकसित करने के लिए खोजती थी, उनमें वह निम्न गुणों को देखती थी :

वफ़ादार	उन्हें अपने कार्यों में एकरूप होना चाहिए। उन्हें विश्वसनीय और समर्पित होना चाहिए।
उपलब्ध	उन्हें व्यक्तिगत रूप से उसके संपर्क में होना चाहिए और विकास करने का इच्छुक होना चाहिए।
पहल करना	उन्हें विकास करने के लिए उत्सुक और जिज्ञासु होना चाहिए।
सिखाने योग्य	उन्हें मार्गदर्शन तथा प्रशिक्षण की उसकी शैली ग्रहण करने में सक्षम होना चाहिए।
ईमानदार	उन्हें पारदर्शी होना चाहिए और दूसरों का विकास करने का सचमुच इच्छुक होना चाहिए।

शेरिल और मैंने एक बार बैठकर उस तरीक़े के बारे में बात की कि किस तरह से वह लोगों को विकसित करती है। मैं सोचता हूँ कि उसे तो यह भी याद नहीं है कि उसने कितनी महिलाओं के साथ काम किया है, परंतु वह उस सकारात्मक प्रभाव के बारे में बहुत जागरूक है, जो उसके मार्गदर्शन देने की वजह से स्काईलाइन पर पड़ा है। उसने मुझे बताया कि वह यह पहचानती है कि लोग कहाँ हैं, वह उनसे वहाँ जाकर मिलती है, उनसे प्रेम करती है, उन्हें स्वीकार करती है और फिर उन्हें मार्गदर्शन देती है। उसका लक्ष्य उन लोगों का विकास करके ऐसे व्यक्तियों में बदलना है, जिसकी क्षमता ईश्वर

ने उन्हें दी है। और वह उन लोगों से लीडरशिप विकास की इस परंपरा को आगे बढ़ाने को कहती है। वह इसमें सफल भी होती है। उसने बताया कि एक बार एक कमरे में *लीडर्स की छह पीढ़ियाँ* बैठी थीं, जिनका मार्गदर्शन शेरिल से शुरू हुआ था। यह बहुत बड़ी उपलब्धि थी। आज शेरिल विलो क्रीक कम्युनिटी चर्च के स्टाफ़ की सदस्य के रूप में प्रभाव डाल रही है।

अच्छा लीडर महान लीडर बन सकता है

डिक पीटरसन जब मुझसे पहली बार मिले, तो वे पहले से ही प्रथम श्रेणी के लीडर थे। जब मैं स्काईलाइन में आया, तो वे उस समय अमेरिका की शीर्षस्थ कंपनी आई.बी.एम. में मैनेजर थे। दरअसल, डिक आई.बी.एम. के प्रशासनिक क्षेत्र में देश के तीन शीर्षस्थ मैनेजरों में से एक थे। अगर वे आई.बी.एम. में ही बने रहते, तो उसके बाद वे क्षेत्रीय प्रबंधक बन गए होते और फिर वाइस प्रेसिडेंट। मुझे विश्वास है कि वे इसमें सफल हुए होते। लीडर के रूप में वे शायद देश के शीर्षस्थ 5 प्रतिशत लोगों में आते थे।

जब मुझे स्काईलाइन में लगभग एक साल हो गया, तो मैंने उनसे चर्च को बोर्ड का सदस्य बनने का आग्रह किया। मैं उन्हें अपनी टीम में रखना चाहता था। मैं जानता था कि वे चर्च और मुझे काफ़ी अच्छा योगदान देंगे तथा मुझे विश्वास था कि इस अनुभव से उन्हें भी लाभ होगा। मैं अपने बोर्ड के लोगों के विकास पर जितना विचार, समय और ध्यान देता हूँ, उतना अपने परिवार को छोड़कर अन्य किसी पर नहीं देता। बोर्ड के सदस्य शीर्षस्थ लीडर्स और प्रभावकर्ता हैं, जिनके साथ मेरा संपर्क होता है।

डिक के बोर्ड में आने के बाद उन्हें विकसित करने में मैंने तीन साल लगाए। मैंने उनके साथ अच्छे व्यक्तिगत संबंध बनाए। मैंने समय का निवेश करके उन्हें तैयार किया और लगातार विकास करने की चुनौती दी। एक बार जब मैं बड़े पैमाने पर लीडर्स को तैयार करने के तरीक़ों के बारे में कुछ लोगों से चर्चा करने के लिए डलास जा रहा था, तो मैं डिक को अपने साथ ले गया। वे उस चर्चा का हिस्सा थे, जिससे इन्जॉय का जन्म हुआ। लीडर के रूप में वे सीधे कूद पड़े और उन्होंने इन्जॉय शुरू करने में मदद की। वे स्वयंसेवक के रूप में इससे जुड़े। बाद में उन्होंने आई.बी.एम. से

इस्तीफ़ा दे दिया और एक दशक से भी ज़्यादा समय तक पूर्णकालिक रूप से इन्जॉय को चलाया।

जो व्यक्ति पहले से ही लीडर हो, उसका विकास करने में एक अच्छी बात यह है कि इससे आपको संवेग मिलता है। अनुयायियों का विकास *धीमी गति* से करना चाहिए, मैनेजरों का विकास करते समय *ठहरना* चाहिए, दिशा से भटके लीडर्स की शैली को बदलने के लिए *पीछे लौटना* चाहिए, परंतु अच्छे लीडर्स को बेहतर बनाने के लिए *गति को तेज़* रखा जा सकता है। वे व्यावहारिक रूप से ख़ुद को सिखा सकते हैं। वे सिर्फ़ आपके आसपास रहकर ही चीज़ें सीख लेते हैं और आपको इसमें अक्सर बहुत कम प्रयास करना पड़ता है या बिलकुल भी नहीं करना पड़ता।

अगर आप इतने सौभाग्यशाली हैं कि आपके प्रभाव क्षेत्र में प्रबल लीडर्स हों, तो नीचे दिए गए काम करके उन्हें विकसित करना शुरूकरें :

उन्हें विकास की व्यक्तिगत योजना बताएँ

अधिकांश अच्छे लीडर्स विकास तो करते हैं, परंतु उनके पास प्रायः विकास की व्यक्तिगत योजना नहीं होती। जब आप उन्हें अच्छी तरह से जान लें यानी उनकी शक्तियों, कमज़ोरियों, इच्छाओं, लक्ष्यों आदि को जान लें, तो उनके साथ बैठें और उनकी आवश्यकताओं के अनुरूप उनके लिए एक व्यक्तिगत विकास योजना तैयार करें। फिर उन्हें प्रोत्साहित करने के लिए समय-समय पर अवलोकन करें, उनकी प्रगति की जाँच करें और तालमेल करने में उनकी मदद करें।

उन्हें थोड़ा अधिक करने के अवसर दें

जब हम ऐसे काम करते हैं, जो हमें अपनी क्षमताओं से परे लगते हैं, तो हमारा सबसे ज़्यादा विकास होता है। दरअसल इससे हमारे विकास की गति तीव्र हो जाती है। इससे हमें सीखे गए सिद्धांतों पर अमल करने के अतिरिक्त अवसर भी मिलते हैं। जब भी आप लीडर्स का विकास करें, तो उन्हें ऐसी स्थितियों में रखने की योजना बनाएँ, जहाँ वे थोड़ा अधिक काम कर सकें।

उनसे सीखें

जब भी मैं किसी ऐसे व्यक्ति का विकास करने में समय लगाता हूँ, जो पहले से ही अच्छा लीडर है, तो मैं भी उससे सीखता हूँ। अगर आप सीखने वाला नज़रिया रखेंगे, तो आप भी लीडर्स से काफ़ी सीखेंगे। उनके साथ साझी योजना बनाएँ। सीखने और साथ ही ज़बर्दस्त चीज़ें हासिल करने का यह बहुत बढ़िया तरीक़ा है।

डिक के विकास ने उनमें आमूलचूल परिवर्तन कर दिया है। वे पहले से ही प्रबल लीडर थे, परंतु अब वे लीडर्स के प्रबल निर्माता बन चुके हैं। लोगों का विकास करना अब उनके लिए साँस लेने की तरह है। इसके बिना वह वे नहीं बन सकते थे, जो वे आज हैं। यह अपने आसपास लीडर्स का विकास करने की कुंजी है। लीडर के रूप में आपको दूसरों का विकास करने को अपनी जीवनशैली बनाना चाहिए। जब आप इसे जीते हैं, तो ज़िंदगी में आपकी सफलता कई गुना बढ़ जाती है। आपका प्रभाव क्षेत्र आपकी व्यक्तिगत पहुँच से बहुत आगे तक जाता है। आपके लिए सकारात्मक भविष्य का द्वार खुल जाता है। जो लीडर्स लोगों का विकास नहीं करते हैं, एक दिन वे पाएँगे कि उनकी सफलता के बावज़ूद वे दीवार से सिर टकरा रहे हैं। चाहे वे कितने ही कार्यकुशल या कुशल योजनाकार हों, अंततः उनके पास समय कम पड़ जाएगा।

मैंने अपने जीवन में इस बात को सच पाया है। मैं वर्तमान में जितनी सामग्री तैयार कर रहा हूँ, व्यक्तिगत रूप से मैं उससे ज़्यादा सामग्री तैयार नहीं कर सकता। मैं वर्तमान में जितने लोगों को मार्गदर्शन दे रहा हूँ, उससे ज़्यादा लोगों को मार्गदर्शन नहीं दे सकता। मैं आज जितनी यात्रा करता हूँ और जितने सम्मेलनों में भाग लेता हूँ, उससे ज़्यादा नहीं कर सकता। मैं बहुत ऊर्जावान हूँ, परंतु मैं अपनी शारीरिक सीमाओं तक पहुँच चुका हूँ। मैं सिर्फ़ एक तरीक़े से इससे ज़्यादा काम कर सकता हूँ - दूसरों के द्वारा। जो लीडर यह सबक़ सीख लेता है और इसे अपनी जीवनशैली बना लेता है, वह कभी दीवार से सिर नहीं टकराएगा।

इसलिए अब मैं आपसे पूछता हूँ, क्या आप अपने आसपास लीडर्स को तैयार कर रहे हैं?

❖ ❖ ❖

Notes

Chapter One

1. Tom Worsham, "Are You a Goose?" *The Arizona Surveyor,* 1992.

Chapter Two

1. Edwin Markham, "Man Making"

Chapter Three

1. John C. Maxwell, *The Winning Attitude : Your Key to Personal Success* (Nashville, Tennessee : Thomas Nelson, 1993).

Chapter Four

1. David A. Seamands, Healing Grace (Wheaton, Illinois : Victor Books, 1988).
2. *Success Unlimited* (Magazine no longer in print).

Chapter Five

1. Bobb Biehl, *Increasing Your Leadership Confidence* (Sisters, Oregon : Questar, 1989).

Chapter Nine

1. Florence Littauer, *Personality Plus* (Grand Rapids, Michigan : Revel, 1994).

जॉन सी. मैक्सवेल को लीडरशिप पर अमेरिका का अग्रणी विशेषज्ञ माना जाता है। वे हर साल लाखों लोगों से आमने-सामने बात करते हैं। उन्होंने फ़ॉरचून 500 कंपनियों, अमेरिकी मिलिटरी अकादमी और एन.सी.ए.ए., एन.बी.ए. तथा एन.एफ.एल. जैसे खेल संगठनों को अपने लीडरशिप सिद्धांत सिखाए हैं।

मैक्सवेल कई संगठनों के संस्थापक हैं, जिनमें मैक्ज़िमम इम्पैक्ट शामिल है, जो लोगों की लीडरशिप क्षमता को बढ़ाने के प्रति समर्पित है। उन्होने तीस से ज़्यादा पुस्तकें लिखी हैं, जिनमें *डेवलपिंग द लीडर विदिन यू, यॉर रोड मैप फ़ॉर सक्सेस* और *द 21 इररिफ़्यूटेबल लॉज़ ऑफ़ लीडरशिप* शामिल हैं, जिनकी दस लाख से अधिक प्रतियाँ बिक चुकी हैं।

जॉन सी. मैक्सवेल के बारे में अधिक जानकारी के लिए नीचे दी गई वेबसाइट देखें

www.maximumimpact.com

Cover design: Brand Navigation LLC
Front Cover Image: PhotoDisc